县域义务教育资源城乡协调配置研究

以云南省为例

姚 辉◎著

Research on the Coordinated Allocation of Compulsory
Education Resources Between Urban and Rural Areas:
A Case Study of Yunnan Province

科学出版社

北 京

内 容 简 介

本书遵循马克思主义基本理论，运用"从定性到定量综合集成法""人地关系地域系统理论"等方法和理论，从空间尺度和时间尺度两个方面研究了云南省县域义务教育资源的城乡差异及均衡调控、协调发展问题，并提出了县域城乡义务教育资源协调配置的区域导向、基本思路和推进举措。

本书可作为义务教育管理人员、研究者和政府官员的参考读物，同时可作为教育学、教育地理学专业博士生、硕士生的参考用书。

图书在版编目（CIP）数据

县域义务教育资源城乡协调配置研究：以云南省为例 / 姚辉著. —北京：科学出版社，2021.3

　ISBN 978-7-03-067901-7

Ⅰ.①县… Ⅱ.①姚… Ⅲ.①县-地方教育-义务教育-教育资源-协调发展-研究-云南　Ⅳ.①G522.3

中国版本图书馆CIP数据核字（2020）第271718号

责任编辑：朱丽娜　黄雪雯 / 责任校对：何艳萍
责任印制：李　彤 / 封面设计：润一文化

科 学 出 版 社 出版
北京东黄城根北街 16 号
邮政编码：100717
http://www.sciencep.com

北京虎彩文化传播有限公司 印刷
科学出版社发行　各地新华书店经销
*
2021年3月第 一 版　开本：720×1000　B5
2021年3月第一次印刷　印张：13
字数：206 000

定价：88.00 元
（如有印装质量问题，我社负责调换）

民族教育信息化教育部重点实验室

教育地理学/教育学博士点

云南省高等学校潘玉君名师工作室

云南省哲学社会科学青年项目"云南城乡发展一体化进程中教育资源均衡配置研究"（QN2016018）

国家自然科学基金项目"中国义务教育时空结构、预警与均衡发展对策系统研究"（41671148）

我国义务教育自 1986 年 4 月 12 日第六届全国人民代表大会第四次会议通过《中华人民共和国义务教育法》并于同年 7 月 1 日起实施至今已有 30 余年，义务教育的区域发展状态已从协调"量"的均衡转向追求"质"的均衡。要实现区域义务教育从"量"到"质"的均衡发展方式的转变，需要从注重教育资源投入转向注重资源优化配置与有效利用，从注重资源配置均衡转向注重教育质量均衡。

受多因素的影响，义务教育资源配置存在区域间，特别是区域城乡间的不均衡现象，而义务教育资源配置的长期不均衡状态，使得义务教育对区域发展的贡献偏低、对区域经济增长的弹性较小，以及义务教育发展过程中的边际成本过高。城乡义务教育资源的不均衡配置状态，可以通过教育政策进行科学调控，从而在一定程度上促使城乡义务教育资源配置趋于均衡，进而增加义务教育对区域发展的贡献、增大义务教育对区域经济增长的弹性，以及寻求义务教育发展过程中的最小边际成本。区域义务教育资源的城乡协调发展，不是义务教育发展的单一问题，而是区域地理环境、社会发展、经济增长等多要素的城乡差异共同决定的综合问题。义务教育城乡差异是区域差异和要素差异的综合，区域差异表现为城乡区域之间义务教育整体水平的差异；要素差异表现为义务教育的要素构成及其差异。对义务教育城乡不均衡问题的研究与探讨，在理论层面上，对经济发展水平差异显著的区域义务教育发展问题具有探索意义；在现实层面上，结合区域义务教育发展的地理环境研究义务教育要素构成与区域布局问题，可为统筹省内城乡间义务教育资源配置提供实证依据和合理建议。

在区域义务教育资源城乡协调发展问题的既有研究成果和团队前期研究成

果的基础上，研究团队在云南省哲学社会科学青年项目"云南城乡发展一体化进程中教育资源均衡配置研究"（QN2016018）、国家自然科学基金项目"中国义务教育时空结构、预警与均衡发展对策系统研究"（41671148）的资助下完成本书。

全书共分为十章。第一章对区域义务教育资源城乡协调发展问题的既有研究和研究区域现行的政策进行了梳理和评述，并在此基础上阐述了研究区域义务教育协调发展的区域特征与问题。第二章分别阐释了研究区域义务教育协调发展的客观基础、基本理论和认知及研究设计。第三章内容包括实证研究中所使用的数据来源与处理、指标遴选与解释，以及实证研究所使用的模型。第四章对影响研究区域义务教育发展的外部环境进行了分析，包括人口分布格局、地形起伏度指数、经济发展水平和居民收入水平4个关键指标。第五章对研究区域县域义务教育规模需求及城乡差距进行了分析，包括学龄人口规模、在校生规模和义务教育（小学段）的生源质量状况。第六章对研究区域县域义务教育资源水平及其城乡差距进行了分析，包括教育设施供给水平、教育人员供给水平和教育信息化水平3部分内容。第七章对研究区域县域义务教育资源配置状态及城乡差距进行了分析，包括校点数量布局和班额布局2部分内容。第八章对研究区域县域义务教育发展特征及其城乡差异进行了分析，包括义务教育资源供给特征及其差异、义务教育资源配置状态及其差异和义务教育资源供需配置特征及其差异3部分内容。第九章对研究区域城乡义务教育与区域发展的协调性进行了分析，包括城乡义务教育资源供需配置差异与县域经济社会发展的协调性、城乡义务教育规模与县域城镇化水平的协调性、城镇人口比重与城镇义务教育在校生规模的协调关系3部分内容。第十章对研究区域义务教育的县域城乡协调发展提出了相应的对策，包括县域城乡义务教育资源协调配置的区域导向、基本思路和推进举措。

由于我们的研究水平有限以及研究经费、基础数据等多方面的限制，本书尚存在不足和缺点，诚请有关专家、学者和读者给予批评指正。

姚　辉

目　　录

前言

第一章
相关研究进展及区域问题现状

云南省的社会经济发展水平不仅低于全国平均水平,而且省内区域之间差距也较大。理论和实践表明,教育特别是教育的科学发展,是促进区域发展和缩小区域间差距的重要基本因素之一。

第一节　义务教育资源城乡协调发展研究述评

"十三五"时期是我国稳中求进的发展时期,既面临着难得的机遇,也存在着严峻的挑战。挑战之一是如何协调城乡发展,实现现行标准下农村贫困人口脱贫、贫困县全部摘帽,解决区域性整体贫困。这一挑战中需要解决的重大问题之一是教育资源配置及其在推进城乡一体化进程、实现教育脱贫中的调控作用如何实现。我国现阶段的教育资源,特别是义务教育资源,在区域间呈不均衡分布态势,受历史因素和地理环境因素的影响,这一不均衡分布态势在我国西南民族地区的云南省尤为显著。云南省可通过义务教育资源的县域、城乡优化配置,实现教育资源区域均衡发展和调控区域间社会差距的双重目标。

科学认识云南省县域城乡间社会发展水平的区域差异,通过合理调控县域城乡间义务教育资源的空间配置,实现缩小区域间、城乡间社会发展水平的差距,是落实科学发展观、实现区域协调、推进全面建成小康社会所必须完成的重大任务。

一、关于城乡社会发展水平差异的研究

国际上一般用人类发展指数（human development index，HDI）度量社会发展水平，20 世纪 80 年代以来，联合国开发计划署（The United Nations Development Programme，UNDP）使用人类发展指数对世界各个国家或地区的社会发展水平进行了年度测评。2000 年以来，联合国开发计划署委托瑞典斯德哥尔摩国际环境研究院和中国发展研究基金会等机构，使用人类发展指数对中国各个省（自治区、直辖市）的社会发展水平进行了年度测评。国内关于城乡社会发展水平的研究中，既有涉及构成度量社会发展水平的诸要素的分项或综合研究，如劳动力要素对社会发展水平的影响；也有涉及构成度量社会发展水平的诸要素之间关系的研究；更有涉及城乡社会发展水平差距所带来的影响的研究。显然，我国城乡社会发展水平的差异性客观存在，且其诸多影响要素之间亦存在可质化或量化的相互关系，教育特别是基础教育的资源投入对城乡社会发展水平差异具有显著影响。

二、关于城乡基础教育资源配置差异的研究

我国基础教育的发展已从量的均衡转变为质的均衡与公平（国家教育督导团，2006，2009；瞿瑛，2010；中央教育科学研究所教育督导评估研究中心，2010；于建福，2002），构建适宜评价我国基础教育空间均衡与公平的指标体系是推进我国基础教育质的均衡的关键问题（袁振国，2003；翟博，2006；彭世华等，2012），并要求基础教育在县域、市域、省域和国家层面上协同推进（教育部基础教育一司等，2012a，2012b，2012c，2012d）。2000 年以来，我国基础教育空间均衡指标体系研究主要涉及入学（园）率、经费投入、学校占地（建筑）面积、多媒体普及化程度、教师合格率（翟博，2006；柳海民，周霖，2007；潘玉君等，2013a，2013b；楼世洲，2012；傅禄建，汤林春，2013）、教师学历结构（朱益明，贺绍禹，2000；张谦舵，2014）、要素的时空结构演变。研究类型上，主要包括民族地区与非民族地区比较研究（张谦舵等，2014；潘玉君等 2013a，2013b；潘玉君等，2014a，2014b）、农村地区与城镇地区比较研究（财政部教科文司等，2005）、不同空间尺度上的均衡研究（校际均衡，如安晓敏，2012；市域尺度，如卢晓旭等，2010，2011；县域尺度，如周守军，2013；多尺度，如张珏，张振

助，2011；田芬，2004；翟博，2013；刘生旺，陈鑫，2012；高庆彦，2014）等。笔者及其所在团队在城乡基础教育资源协调发展的问题领域具有一定的研究基础和区域影响力。

三、关于优化教育资源配置、协调城乡发展的研究

在优化基础教育资源配置、协调城乡社会发展的既有研究中，既有通过教育投入促进社会公平的相关研究；也有通过教育投入影响居民收入，进而缩小区域社会发展差距的相关研究；还有通过教育资源的空间配置提升区域社会保障能力，从而缩小区域城乡间发展不均衡问题的研究。优化资源配置是实现义务教育区域均衡的基础与保障条件，既有研究中不乏对义务教育资源配置的相关研究。其中，段晓芳（2009）在对我国义务教育师资配备、办学经费和物质配备方面现状进行描述及原因分析的基础上，提出了合理配置教育资源促进义务教育均衡发展的思路。金东海等（2010）对西北民族地区农村义务教育学校教师资源配置状况进行了实证调查，从教师结构、生师比、教师编制等方面分析了样本学校在教师资源配置方面存在的问题，并在此基础上，从多方面提出了优化西北民族地区农村义务教育学校教师资源的建议。李慧勤、刘虹（2012）通过生均校舍建筑面积、生均教学及辅助用房面积、生均体育运动场（馆）面积及师生比等九个指标，对云南省县域间义务教育均衡发展现状进行了实证分析，并提出了调整对策。这些具体研究，均围绕着教育资源配置与城乡社会发展之间是否协调的问题，即通过协调基础教育资源配置与城乡社会发展之间的关系，来达到缩小城乡社会发展差距的调控目标。但是，既有研究中鲜有关于区域特别是西南民族地区该问题的系统研究成果。

上述结果表明：①迄今未见通过缩小区域城乡社会发展水平差距来协调基础教育资源的空间配置的系统研究成果；②也未见通过优化基础教育资源配置来缩小区域城乡社会发展水平差距的研究成果。所以，这是一项可以为国家发展战略和发展规划提供一定决策根据的前沿性研究，亟待开拓与系统研究。本书尝试在国内特别是西南民族地区的云南省已有关于基础教育均衡、发展研究的基础上，凸显义务教育资源配置在缩小区域社会发展水平差距方面的杠杆作用，在实践目标上为义务教育及区域城乡社会协调发展提供实证基础和参考借鉴。

第二节　区域现行义务教育资源调控政策及实效

为贯彻落实《国家中长期教育改革和发展规划纲要（2010—2020 年）》，巩固提高九年义务教育水平，深入推进义务教育均衡发展，国务院于 2012 年 9 月发布了《国务院关于深入推进义务教育均衡发展的意见》，对义务教育发展中的办学资源、教师资源、义务教育机会、义务教育质量、学校管理以及组织领导和督导评估等方面工作提出了具体的目标和发展要求。云南省各级政府机关、教育机构等也对推动省内义务教育的均衡发展工作做出了巨大努力，出台了多项政策，高标准、严要求地促进了省内义务教育均衡工作的扎实推进。云南省在区域特征上有着国内其他省（自治区、直辖市）均不具备或不同时具备的特殊性，这些特殊性不仅表现在区域内的自然环境基础上，还表现在区域内的人文环境基础上。这样的特殊条件也决定了云南省在义务教育均衡政策实施中的综合性、复杂性及前瞻性。

义务教育作为一项国家教育行为，其均衡发展的调控主体是政府。近年来，云南省立足政府调控的主体地位，颁布了多项极力促进云南省义务教育均衡发展的政策。这些政策主要归为以下三类。

一、义务教育宏观调控政策

云南省人民政府于 2011 年 7 月 22 日发布了《云南省人民政府关于促进义务教育均衡发展的实施意见》，该意见的任务目标及具体措施都以义务教育的区域均衡为主线。2013 年，云南省人民政府发布《云南省人民政府关于贯彻落实国务院深入推进义务教育均衡发展的意见》，明确了云南省义务教育发展的近期目标和长远目标，制定了专项措施，以规范和有序地推进义务教育均衡工作。2014 年 5 月 20 日，云南省人民政府发布了《云南省人民政府关于深入推进义务教育均衡发展的实施意见》，提出"到 2020 年，全省 95% 以上的县、市、区实现义务教育基本均衡，九年义务教育巩固率达到 95% 以上，办好每一所义务教育学校，努力做到校园环境、设施设备、生均公用经费、教师素质、管理水平大体相当，县域内学校之间差距明显缩小，力争实现起点公平、过程公平和结果公平，全省城乡教育和谐发展"的总体目标，将义务教育区域均衡的目标和标准给予明确化。2016年8月，云南省人民政府发布《云南省人民政府关于进一步完善城乡义务教育经费保障机制的通知》，提出在整合农村义务教育经费保障机制和城市义务教育奖补政策的基础上，建立城乡统一、重在农村的义务教育经费保障机制。

二、义务教育学校办学标准化

云南省教育厅于2013年发布《云南省教育厅关于印发云南省义务教育学校办学基本标准的通知》，又于2016年印发《云南省义务教育学校办学基本标准》，对义务教育学校的学校建设、教育基础设施、师资、教育经费、教学制度、学校管理制度、质量评价体系等义务教育内容进行了标准化。这些政策的实施都以区域间的均衡发展为目标和方向，有利于教育资源配置向欠发展区域倾斜或教育资源从发展地区向欠发展地区流动。

三、义务教育均衡督导

2014年，《云南省人民政府教育督导委员会关于印发〈云南省县域义务教育均衡发展督导评估实施办法〉的通知》发布，内容包括义务教育均衡发展的评估对象、评估内容和标准、评估认定程序、过程督导与定期复查、奖励与处罚等。

在加快推进义务教育区域均衡发展的进程中，云南省政府作为调控主体付出了很大努力，也取得了一些成绩：2015年底，昆明市五华区等9个县（市、区）通过义务教育基本均衡发展国家督导评估认定，楚雄市等17个县（市、区）通过省级督导评估；2016年，又有昆明市盘龙区等32个县（市、区）通过省级督导评估。在取得成绩的同时，我们也需要对现行义务教育区域均衡政策及其后效进行梳理与反思：①区域义务教育的均衡标准设置问题。义务教育的发展离不开外部条件的支撑，云南省内部经济社会发展的不均衡决定了义务教育发展条件的不均衡。在此状态下，现行义务教育区域均衡政策缺乏清晰的均衡标准。②义务教育标准化建设的科学性问题。义务教育资源是调控义务教育均衡发展的可控因子，通过资源的倾斜投入可在一定程度上达到调控目标。然而，现行政策中缺乏对义务教育资源配置的科学引导，即资源在一定地域空间内如何集中或分散配置才能有效减少义务教育资源的配置性消耗。③义务教育均衡与区域间、城乡间经济社会均衡的关系问题。义务教育均衡的最终目标是实现区域间经济社会发展的均衡或协调，既有政策中已着力将义务教育资源更多地投入到经济社会发展欠发达的区域，但是义务教育发展和区域经济社会的协调发展之间的关系仍不明确，尚待厘清。

第三节　云南城乡义务教育协调发展的区域特征与问题

不同区域在义务教育实施过程中所表现出的发展特征具有明显的差异性，当义务教育内部系统各要素一致时，这一差异性主要由义务教育发展的外部环境决定。研究义务教育发展问题的视角，不仅受义务教育内部系统要素及要素间关系的影响，同时也受义务教育发展的外部环境因素的影响。

一、云南城乡义务教育发展的区域特征

从少数民族的种类构成和数量构成两项指标综合来看，云南是我国少数民族聚居最多的省。受地理环境状况、民族分布特征等因素的影响，云南省义务教育及其均衡政策的实施具有有别于其他区域的特殊性，主要表现在以下三个方面。

1. 云南省义务教育均衡政策的实施关注人地协调问题

省内少数民族聚居的地貌类型以高原、山地为主，地理环境对人类生产、生活影响较为直接，人地关系矛盾突出，区域间人地关系矛盾差异性较大。教育特别是义务教育的实施，既是区域内人对环境产生影响的重要组成部分，也是区域人地关系协调的重要方式，还是对区域间人地关系矛盾差异性调控的重要途径。

2. 云南省义务教育均衡政策的实施关注民族发展问题

民族共同体必须以社会的形式存在,社会生活必须通过政治建立和维持秩序,民族必须同政治结合在一起,并因此具有政治属性。义务教育作为一种教育制度,是区域内各民族社会生活的重要组成部分,包含着不同民族共同体的政治诉求和政治利益,其均衡发展政策是区域内民族和谐发展的必要调控措施。

3. 云南省义务教育均衡政策的实施关注边疆发展问题

在地理位置上,云南省与越南、老挝和缅甸三国毗邻,处于我国面向南亚、东南亚的"桥头堡"位置,省内义务教育均衡发展的状况、本省与国内其他省(自治区、直辖市)之间义务教育均衡发展的差异、本省与境外义务教育发展的差异化程度,都是区域义务教育不协调问题转化为国家安全问题的影响因素,且这一影响因素长期存在。在此基础上,云南省义务教育均衡政策的实施有助于区域教育功能的实现,并以教育影响区域发展的方式促进边疆安全与发展。

二、云南城乡义务教育均衡政策实施的问题

云南省义务教育发展的既有均衡政策为云南省义务教育均衡特别是区域均衡发展提供了有力保障,但政策制定和实施过程中也存在一定的问题。

1. 缺乏对义务教育发展区域差异的系统认知

就研究现状而言,云南省义务教育区域差异研究的系统性尚不完备,没有形成义务教育区域差异测量—评价—监测—调控的常态化机制。在这种机制缺失的情况下,无法对云南省义务教育区域差异的现状和趋势进行准确把握和预测,差异的时序性和空间性规律不明确,也为义务教育区域均衡调控政策的制定和实施带来很大难度。

2. 义务教育区域均衡的判别标准不清晰

在云南省义务教育区域差异从不均衡到均衡的调控过程中,关于均衡和不均衡状态的判定缺乏区域适应性,即在云南省特殊的教育条件下,如何科学地确立义务教育发展的区域均衡和不均衡的标准,而这一标准的选择,又如何与云南省义务教育发展条件的特殊性保持一致,这是进行云南义务教育区域协调评价研究的关键问题。

3. 义务教育均衡政策的区域导向性不强

云南省义务教育均衡政策的区域适用性和调控性不强，缺乏特殊区域的差异性调控策略。政策的区域尺度选择、区域力度把握和区域后效评价等都有待完善。

三、云南城乡义务教育协调的区域一般性与特殊性

不同区域的城乡义务教育均衡问题的表现形式存在差异，既体现出问题的一般性，也因区域差异而存在特殊性。就义务教育均衡问题在空间上的一般性而言，在区域城乡一体化进程中，义务教育资源布局的差异主要表现为城镇与乡村之间的差异，在县域尺度上，这一差异一般指：①市辖区、城镇与乡村之间的差异，即市辖区、城镇与乡村之间经济社会发展水平和教育资源布局的差异；②县域内城镇与乡村之间的差异，即县域内城镇与乡村之间经济社会发展水平和教育资源布局的差异。就云南县域尺度而言，义务教育资源布局的城乡差异除表现为上述两种地域差异外，还表现为：①民族自治县与非自治县之间的差异，即民族自治县与非自治县之间在经济社会发展水平和教育资源布局上的差异；②边境县与非边境县之间的差异，即边境县与非边境县之间在经济社会发展水平和教育资源布局上的差异等。对云南省义务教育资源城乡均衡布局问题的研究和决策，势必伴随着多元价值选择的过程，其优先调控区域、重点调控区域的判定及调控政策的制定和实施都具有特殊性。

第二章
城乡义务教育协调发展的客观基础、基本理论和认知及研究设计

我国义务教育区域均衡发展问题由来已久，在这较长的研究时期内，国内外学者尝试从诸多视角对该问题进行分析和研究，但基于空间视角的系统研究仍显不足。义务教育资源区域协调发展问题在学科上可以从教育学和地理学的交叉学科——教育地理学来探讨。教育地理学是教育学和地理学两个主要学科在深化发展过程中所形成的交叉学科。该学科是以教育地域系统为研究对象，研究教育的地理整体性、差异性和关联性。其中，整体性反映的是区域教育之间、区域教育内部的整体关系，以及其在区域发展过程中所担负的教育功能；差异性是指教育在地理空间中的布局实况乃至布局规律的差异；关联性是指教育内部构成要素与地理环境要素之间的隐性或显性的相关关系。

第一节 城乡义务教育协调发展的客观基础

云南省城乡义务教育均衡政策实施的客观基础按其实现难度存在三个层次，即实现对区域义务教育构成要素的分布实况、分布格局乃至分布规律的把握；实现对区域义务教育均衡发展的调控方向、调控目标和调控结果的把握；实现对区域义务教育均衡发展调控方法、调控路径及影响后效的把握。

一、客观基础Ⅰ：科学基础

义务教育均衡政策的制定与实施不是建立在主观臆想或功利性的教育发展战略之上的，而是也必须是以义务教育均衡发展的基本状态为科学依据。义务教育发展的基本状态是义务教育内外部要素交互作用所形成的事实状态，具备要素的对内结构完整性和对外要素关联性特征，所以对义务教育均衡发展基本状态的科学认识必须基于"状态"的整体性，而非义务教育要素的单一性来展开。义务教育研究都于各自的认知视角——规模、结构、质量和效益内形成了特定的结构框架。

基于上述特定的结构框架，对云南省一定时期内义务教育均衡发展的基本状态进行系统分析可得出以下基础认知：①云南省义务教育规模、结构、质量和效益的基本状态的历史过程及其发展趋势；通过云南省义务教育均衡发展评价指标集合及其评价模型，分析云南省义务教育均衡状况的历史过程及其发展趋势。②在省域尺度、市域尺度、县域尺度和乡镇域尺度以及校际尺度上，分析云南省义务教育规模、结构、质量和效益的省域格局及其演变趋势；通过云南省义务教育均衡发展评价指标集合及其评价模型，分析云南省义务教育均衡状况的省域格局及其演变趋势。③义务教育要素之间的相关关系，包括义务教育发展的校点、学生、教师、资产、教学用房、教育经费等内部要素之间的相关关系及差异状况；区域支撑义务教育发展的外部条件的保障能力、负担能力和需求度（简称"两能一度"）及其之间的关系；义务教育内部要素发展水平与义务教育外部条件基础的交互关系。这些认知维度和认知结果，是云南省义务教育均衡政策实施的科学基础。

二、客观基础Ⅱ：价值基础

义务教育均衡状态评价是云南省义务教育均衡政策实施的价值基础。对云南省义务教育均衡状态的评价首先基于一般评价理论，即科学确立区域均衡评价所遵循的基本标准；其次，从不同维度进行评价，判断多维度组合状况下的均衡状态；最后，评价的结果通过评价所涉及要素的变化在一定程度上可以发生转化，从而构成义务教育均衡状态评价的"优-劣"转化机制。

义务教育均衡状态评价是对诸多研究对象基于同一标准值的优劣判断,该标准值的选择一般有 3 种:①最优值评价标准。最优值评价标准以程度评价为核心思想,根据评价所选取的基础指标,以指标的正负及指向程度进行优劣评价,若指标为正向指标,则指标值越大,评价结果越好。②均值评价标准。均值评价标准的实质是比较评价,它以多个研究对象(区域)为样本,评价多个样本的既定指标与相对指标平均值的分布状态,一般评价结果分为"高于平均水平"、"等于平均水平"和"低于平均水平"3 种。③固定值评价标准。固定值评价标准是判定评价,即选定的基础指标存在最优值或最优区间,指标值接近(等于)最优值或处在最优区间内的指标被判定为最优。

义务教育均衡状态评价一般基于 3 个基本评价维度来进行,即评价的水平维度、评价的趋势维度和评价的状态维度。①评价的水平维度。这里的"水平"是指义务教育发展水平,其指标值直观反映义务教育发展的优劣状况。②评价的趋势维度。这里的"趋势"是指义务教育发展指标在不同时段内存在的均衡或不均衡变化情况,评价的趋势维度用来衡量评价结果在未来时段内是否发生变化、向何种方向变化以及发生变化的周期。③评价的状态维度。这里的"状态"是指义务教育发展水平指标在一定时期内的发展轨迹,根据轨迹的波动状况评价其是否稳定和趋于常态化。这 3 个基本评价维度的全组合方式,反映区域义务教育的发展程度、均衡趋势和稳定性状态。

三、客观基础Ⅲ:伦理基础

云南省义务教育均衡政策实施的伦理基础,是与云南省义务教育均衡政策实施的科学基础——"是什么"和云南省义务教育均衡政策实施的价值基础——"好不好"相对应的实践环节,即"怎么做"。云南省内部区域在发展水平上存在显著差异,从这一差异的不均衡到均衡的调控过程中,义务教育应当发挥其促进经济社会发展的功能和作用。在宏观教育政策的引领下,义务教育发展水平较高区域对口扶持或援助发展水平较低区域,增加区域发展水平较低区域的义务教育投入,扩大区域发展水平较低区域的义务教育规模,优化区域发展水平较低区域的义务教育结构,提高区域发展水平较低区域的义务教育质量,提升区域发展水平较低区域的义务教育效益,在义务教育内部要素作用于外部条件—外部条件支撑义务教育要素发展的循环过程中推进云南省义务教育均衡政策的实施，使得这一政策的影响和后效更具经济社会价值和人文价值，是云南省义务教育均衡政策实施的伦理基础。

第二节　城乡义务教育协调的基本理论和认知

对云南城乡义务教育资源协调配置问题的研究，既是对云南县域义务教育发展和空间布局问题的研究，又是对云南县域经济社会发展水平差距及其综合调控的整体问题的研究。仅就义务教育资源空间布局而言，研究前期论证主要涉及以下基本理论和认知。

一、人地关系地域系统理论

人地关系地域系统中的地域系统有两个理解的角度：要素关系和地域关系。

1. 要素关系角度的概念

地域系统，是指某一地域内的各种地理要素（自然地理要素、经济地理要素和人文地理要素）之间通过能量流、物质流、信息流等及各种因果反馈关系而形成和维持的系统。其中，等级较高的是这个地域内的人的群体活动子系统与这个地域内的资源和环境子系统之间的人-地关系。

2. 地域关系角度的概念

地域系统，是指某一个地域和与其有关的其他地域——它的背景地域、相关地域和次级地域——之间通过能量流、物质流、信息流等及各种因果反馈关系而形成和维持的系统。

二、教育内外部关系规律

1980 年，厦门大学潘懋元教授到湖南大学讲学时正式提出教育的两条基本规律：一条是教育的外部关系规律，另一条是教育的内部关系规律，合称教育的内外部关系规律。其主要内容有以下几点。

1）教育的外部关系规律是指教育系统作为一个子系统与整个社会系统及其他子系统的相互关系的规律。此规律的要旨是教育要与社会的发展相适应。适应分两个方面：一方面，教育要受社会经济、政治、文化等的制约；另一方面，教育对社会经济、政治、文化等的发展起作用。简言之，"适应"就是"受制约"和"起作用"。

2）教育的内部关系规律是指作为一个相对独立的系统，教育内部各个因素或子系统之间的关系的规律。此规律的具体内容包括：教育与教育对象身心发展以及个性特征的关系；人的全面发展教育的各个组成部分——德育、智育、体育、美育等之间的关系；在教育过程中，教育者（教师）、教育对象（学生）、教育影响（教育载体、媒体）等诸要素之间的关系。

3）就教育的两条规律的关系来讲，内部关系规律的运行受外部关系规律的制约；外部关系规律发挥作用需要通过内部关系规律来实现，教育的内部关系规律和外部关系规律相互起作用。具体而言，只有在社会经济、政治、文化等条件的支持下，培养人的工作才能够实现；反过来，教育主要是通过培养人来满足社会各方面的需要的。

4）在运用教育内外部关系规律时，特别是处理教育与社会的关系时，教育应主动适应社会发展，而不是被动适应。

三、义务教育的演进规律

在前期相关研究中，笔者总结了义务教育区域发展的演进规律，这也是本书研究开展的认知基础。所谓演进，即指事物阶段性发展的规律，事物在不同的发展阶段具备不同的状态特征，这一状态特征可以由事物的结构构成要素来表达，也可以由事物所属空间之间的状态关系来表达。遵循理论演绎和实证归纳相统一的探析思路，从教育地理学学科研究视角出发，对云南省义务教育发展的地域演进和要素演进两个演进维度进行尝试性探索，可以得出义务教育发展演进的些许特征性规律。

1. 地域演进

所谓义务教育发展的地域演进，是指某两个或多个同级的相关地域的义务教育发展（或资源配置）水平从低形态地域向高形态地域反复波动逐步提升的过程；地域形态的高低，以地域内义务教育的发展水平和阶段为依据进行度量。

如图 2-1 中的地域 R 所辖的各层级地域 R_1、R_2 和 R_3，R_{31}、R_{32} 和 R_{33} 之间的地域形态有差异性，R_1 和 R_{31} 为高形态地域，R_3 和 R_{33} 为低形态地域。随着义务教育资源要素的不断投入，R 地域内存在 R_3 地域向 R_1 地域（E_1）、R_{33} 地域向 R_{31} 地域（E_2）的形态过渡中产生反复的提升状态，且随着这一提升状态的发展，R 地域内义务教育发展会从低水平状态向高水平状态演进。

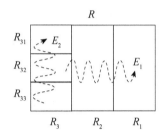

图 2-1　义务教育发展的地域演进示意图

此外，义务教育的投入状态存在地域上的竞争和互补关系。当义务教育在地域 R_1 和 R_{31}、R_2 和 R_{32} 中同为适应状态时，地域间义务教育状态存在相似性，产生空间竞争关系；当义务教育在地域 R_1 和 R_3、R_{31} 和 R_{33} 中同为非协调状态时，地域间义务教育状态存在补偿性，产生空间互补关系；义务教育状态总是不断在地域竞争和地域互补关系中转换。

2. 要素演进

所谓义务教育发展的要素演进，是指义务教育某构成要素的发展变化，以及它和其他义务教育构成要素间的渐变或突变关系。图 2-2 中，S 为义务教育某构成要素随时间（t）变化而产生的要素水平（l）的变化，t_0—t_1 时期为要素 S 的低速率产生阶段，t_1—t_3 时期为要素 S 的高速率发展阶段，t_3 时期以后为要素 S 的低速率稳定阶段。S' 为义务教育的其他构成要素随时间（t）变化而产生的要素水平（l）的变化，t_0—t_1、t_1—t_2 两个时期内要素 S 和 S' 变化速率低、结构稳定；t_1—t_3、t_2—t_4 两个时期内要素 S 和 S' 变化速率高、结构不稳定；t_4 以后时期要素 S 和 S' 变化速率低，结构稳定。义务教育各构成要素所处的变化时段不同，直接影响义务教育结构的稳定性。

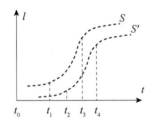

图 2-2　义务教育发展的要素演进示意图

第三节　城乡义务教育协调的研究设计

系统论认知视角下，教育从属于社会系统，是构成社会系统的子系统。一方面，区域教育发展水平是区域社会发展水平的重要构成部分，其水平的高低直接影响社会发展水平；另一方面，区域教育发展水平影响区域社会发展水平的其他构成要素，如城镇化率、人均收入、医疗卫生、社会保障等，通过促进或制约其他构成要素的方式影响社会发展水平。本书以云南省为研究区域，研究解析尺度为县域及城乡，以构成区域城乡社会的若干要素为研究对象，通过对义务教育资源的合理配置，实现区域城乡社会协调发展目标。

一、研究的总体框架

云南县域义务教育资源城乡协调配置研究的总体框架主要由以下四部分内容构成。

1. 云南县域城乡义务教育资源配置的空间格局及发展趋势分析

该部分主要对区域内义务教育的规模需求、资源供给以及资源配置方式进行系统分析，科学判断区域内义务教育资源的水平差异及配置特征，包括义务教育资源配置差距Ⅰ：城乡之间义务教育资源配置的空间格局及发展趋势；义务教育资源配置差距Ⅱ：民族自治县与非民族自治县之间义务教育资源配置的空间格局及发展趋势；义务教育资源配置差距Ⅲ：市辖区与行政县之间义务教育资源配置的空间格局及发展趋势。

2. 云南县域城乡社会发展水平差距的空间格局及发展趋势分析

该部分主要对影响区域社会发展水平的构成要素进行系统分析，量化区域内县域城乡间社会差异状况，包括社会发展水平差距Ⅰ：城乡之间社会发展水平的空间格局及发展趋势；社会发展水平差距Ⅱ：民族自治县与非民族自治县之间社会发展水平的空间格局及发展趋势；社会发展水平差距Ⅲ：市辖区与行政县之间社会发展水平的空间格局及发展趋势。

3. 云南县域城乡义务教育资源配置对社会其他构成要素的影响机制分析

该部分通过因子分析、模糊数学、相关分析等方法，对区域内义务教育资源配置对社会其他构成要素的影响机制进行系统分析，包括显性影响机制Ⅰ：义务教育资源配置对区域城镇化的影响机制；显性影响机制Ⅱ：义务教育资源配置对区域居民收入的影响机制；隐性影响机制：义务教育资源配置对区域社会发展水平的影响机制。

4. 云南协调城乡社会发展过程中的义务教育资源配置方案

该部分按照义务教育资源配置的目的导向，拟定义务教育资源的县域城乡尺度、县域尺度的多尺度配置方案，包括配置方案Ⅰ：基于县域的城乡尺度之间社会发展水平差距的基础教育资源配置方案；配置方案Ⅱ：基于民族自治县与非民族自治县社会发展水平差距的义务教育资源配置方案；配置方案Ⅲ：基于市辖区与行政县之间社会发展水平差距的义务教育资源配置方案。

二、研究的整体思路

在云南省县域社会发展水平差距的基本格局及态势研究的基础上，通过教育资源配置杠杆的"可控主要原因"，探索研究区域县域、县域城乡间社会发展水平的科学调控模型，提出推进云南城乡社会协调发展的义务教育资源多尺度配置方案。

除了运用经济学、社会学、教育学和地理学等学科的一般研究方法之外，本书还遵循钱学森院士的"从定性到定量的综合集成法"和吴传钧院士的"人地关系地域系统"思想，在概念模型的基础上建立区域发展的数学模型，并运用地理信息系统（geographic information system，GIS）方法和社会分析软件SPSS等，进行跨学科的整合研究。

本书将从如下思路（图2-3）进行研究，以期达到研究区域基础教育资源在空间上实现科学配置，进而实现为缩小研究区域内市域、县域和城乡间社会发展水平差距提供一定的决策根据的目标。

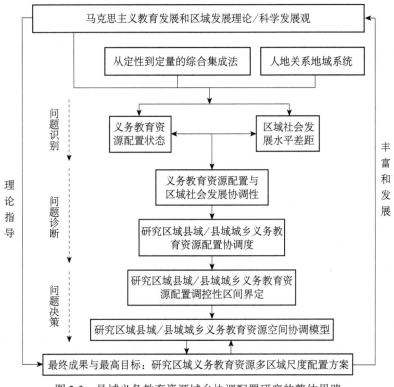

图2-3 县域义务教育资源城乡协调配置研究的整体思路

三、研究视角与模型

教育与经济发展之间的相互关系已被大众所认同，义务教育作为一项国家教育投入行为，在缩小区域差距、实现区域间协调发展方面有着不可或缺的责任与担当；同时，义务教育协调区域间发展差距的杠杆功能也是义务教育区域功能的重要内容。受历史原因和自然环境影响，云南县域、县域城乡之间经济社会发展较不均衡，对县域、县域城乡义务教育资源进行优化配置，以义务教育促进区域经济社会发展的基本功能加快县、县域城乡之间协调发展目标的实现，是云南省县域、县域城乡义务教育发展的必由之路。

1. 研究视角

教育与政治、经济、文化的本质之间的关系是客观存在的，人们对此早有所认识。随着近年来学科的不断深化和发展，交叉学科、新兴学科解决经济社会发展中的重大问题的能力和价值越来越得到体现与彰显。以往的教育理论研究主要以普通学校教育为主要研究对象，而普通学校教育与社会生产力、政治经济制度以及文化科学发展之间的关系比较间接，因而只能从总体上把握教育与社会诸因素的关系，难以深入地探讨这些关系的具体机制。教育研究的对象是人或教育体，这一对象不直接与区域发展紧密相关，因而教育与区域协调发展方面的研究和探讨稍显薄弱。义务教育资源配置及其均衡发展不是单一的教育问题，而是社会资源综合配置与协调发展的系统问题，因此，本书引入教育地理学的研究视角。教育地理学是教育学和地理学两个主要学科在深化发展过程中所形成的交叉学科。该学科是以教育地域系统为研究对象，研究教育的地理整体性、差异性和关联性的学科。

将教育地理学应用于县域义务教育资源配置研究的主要思路在于：①义务教育资源配置的县域整体性。县域整体性旨在反映县域义务教育内部的整体关系，以及其在区域发展过程中所担负的教育功能。②义务教育资源配置的县域差异性。县域差异性是指义务教育在地理空间中的布局实况乃至布局规律的差异；③义务教育资源配置的县域关联性。县域关联性是指义务教育资源及其配置要素与地理环境要素之间的隐性或显性的相关关系。

2. 研究模型

县域义务教育资源配置实证研究是基于义务教育资源供需及配置关系，以及义务教育与区域经济社会发展之间的相关关系展开的。

（1）县域义务教育资源供需配置内部结构关系

系统层中的县域义务教育资源供需配置由资源需求、资源供给和资源配置状态三个目标层构成。其中，义务教育资源需求与义务教育资源供给反映义务教育资源供需的简单平衡关系，即资源供给要在数量和质量上满足资源需求，且在不同区域之间资源供给与资源需求的比对关系可反映区域义务教育资源供需的差异。义务教育资源配置状态是资源供给满足资源需求的状态量化，即多区域在资源供给与资源需求对等的条件下，资源配置水平的差异决定资源供给对资源需求的实现度。

（2）县域义务教育资源供需配置与外部条件的互动关系

系统层中的县域义务教育资源供需配置与县域义务教育发展外部条件之间存在互动关系。县域自然条件深刻影响义务教育的配置状态，自然条件较好的区域可以对区域内义务教育资源进行集中配置，从而减少资源配置性消耗。县域社会条件与县域义务教育资源供需配置之间存在同步发展的应然关系，且在实现缩小区域间社会发展水平差距的前提下，义务教育资源供需配置的水平应适度高于区域经济社会发展水平。

（3）县域义务教育资源配置差异及调控模型

根据县域义务教育资源配置的系统层及其构成因子，县域义务教育资源配置差异和调控模型可表达为影响因子公式

$$y = f(x_e,\ x_a,\ d,\ t) \tag{2-1}$$

式中，y 为县域义务教育资源配置水平，x_e 为县域义务教育资源的供需配置状态，x_a 为县域经济社会发展水平，d 为 x_e 与 x_a 之间的关系变量，t 为时间变量。

1）在考虑县域义务教育资源配置的城乡差异与县域经济社会发展水平的城乡差异之间的关系时，若 d_e 为县域义务教育资源供需配置状态的城乡差异，d_a 为县域经济社会发展水平的城乡差异，则有以下 4 种现实情境和 8 类县域基本状态。

① 当 $x_e > 0$，$x_a > 0$ 时，存在 $d_e > d_a$（Ⅰ）、$d_e < d_a$（Ⅱ）。

② 当 $x_e > 0$，$x_a < 0$ 时，存在 $d_e > d_a$（Ⅲ）、$d_e < d_a$（Ⅳ）。

③ 当 $x_e < 0$，$x_a > 0$ 时，存在 $d_e > d_a$（Ⅴ）、$d_e < d_a$（Ⅵ）。

④ 当 $x_e < 0$，$x_a < 0$ 时，存在 $d_e > d_a$（Ⅶ）、$d_e < d_a$（Ⅷ）。

若以评估义务教育资源配置水平及其城乡差异为目标，则各区域类型的优劣状态为：Ⅱ＞Ⅳ＞Ⅵ＞Ⅷ＞Ⅶ＞Ⅴ＞Ⅲ＞Ⅰ。在以义务教育资源配置实现区域协调发展目标的价值取向和伦理导向下，对区域义务教育资源进行综合调控的先后顺序为：Ⅰ＞Ⅲ＞Ⅴ＞Ⅶ＞Ⅷ＞Ⅵ＞Ⅳ＞Ⅱ。

2）在仅考虑县域义务教育资源配置的城乡差异与县域经济社会发展水平之间的关系时，若 d_e 为县域义务教育资源供需配置状态的城乡差异，$\overline{d_e}$ 为义务教育资源供需配置状态差距的县域平均值，$\overline{x_a}$ 为经济社会发展水平的县域平均值，则有以下 4 种现实情境和 4 类县域基本状态。

① 当 $d_e > \overline{d_e}$ 且 $x_a > \overline{x_a}$ 时，则该区域经济社会发展水平较高，但义务教育发

展水平的城乡差距较大（Ⅰ）。

②　当 $d_e > \overline{d_e}$ 且 $x_a < \overline{x_a}$ 时，则该区域经济社会发展水平较低且义务教育发展水平的城乡差距较大（Ⅱ）。

③　当 $d_e < \overline{d_e}$ 且 $x_a < \overline{x_a}$ 时，则该区域经济社会发展水平较低，但义务教育发展水平的城乡差距较小（Ⅲ）。

④　当 $d_e < \overline{d_e}$ 且 $x_a > \overline{x_a}$ 时，则该区域经济社会发展水平较高且义务教育发展水平的城乡差距较小（Ⅳ）。

若以评估义务教育资源配置水平及其城乡差异为目标，则各区域类型的优劣状态为：Ⅳ＞Ⅲ＞Ⅱ＞Ⅰ。在以义务教育资源配置实现区域协调发展目标实现的价值取向和伦理导向下，对区域义务教育资源进行配置倾斜的先后顺序为：Ⅰ＞Ⅱ＞Ⅲ＞Ⅳ。

3）在仅考虑县域义务教育资源配置水平与县域经济社会发展水平之间关系时，存在教育发展与区域发展的适应问题，即义务教育资源配置水平应与县域经济社会发展水平相适应，且义务教育发展在一定程度上超越和引导县域经济社会发展，特别是当县域经济社会发展水平较低时，义务教育发展对县域经济社会发展的调控作用更为显著。

第三章
研究所使用数据、指标及模型

除了运用社会学、教育学、经济学和地理学等学科的基本研究方法外，本书还遵循马克思主义"从感性具体到抽象，再到理性具体"和"演绎与归纳互补"等哲学方法论，运用钱学森院士创立的"从定性到定量的综合集成法"等科学方法论，并综合使用以下方法或技术手段：①使用教育统计学的回归分析、相关分析、聚类分析、预测分析等研究方法；②使用经济计量分析中的模型分析的研究方法；③使用地理信息系统技术平台进行数据和结果的综合集成分析。本章包括研究过程中所涉及的数据来源、数据处理、指标选择与解释以及研究的实证模型等内容。

第一节   数据来源及预处理

一、数据来源

如无特殊说明，本项研究所使用数据均主要来源于以下文献。

1）云南省教育厅发展规划处.云南省各级各类教育事业统计报表（2013、2015）；

2）云南省统计局.云南统计年鉴（2014、2016）. 北京：中国统计出版社；

3）云南省统计局.云南省国民经济和社会发展统计公报（2013、2015）；

4）云南省教育厅.2015 年云南省教育事业发展统计公报；

5）云南省人民政府.云南年鉴（2013、2015）. 昆明：云南年鉴社。

二、数据处理方法

（1）数据标准化方法

$$x' = \frac{nx_0}{X_0}\left(1 + \frac{x_n - x_0}{x_0}\right) \quad\quad (3\text{-}1)$$

式中，x' 为某县区某年份标准化后的指标值；x_0 为某县区起始年份的指标值；X_0 为各县区某年份指标的平均值；x_n 为某县区末年的指标值；n 为区域个数，在本书中，$n=129$。

（2）逆指标正向化处理方法

将待处理逆向指标的数列值按升序排列，则有

$$x_1' = \left(\max_{(x)} - \min_{(x)}\right)\left[1 + \frac{x_1}{\left(\max_{(x)} - \min_{(x)}\right)}\right] \quad\quad (3\text{-}2)$$

$$x_{n+1}' = x_n' - \left(\max_{(x)} - \min_{(x)}\right)\left[\frac{x_{n+1}}{\left(\max_{(x)} - \min_{(x)}\right)} - \frac{x_n}{\left(\max_{(x)} - \min_{(x)}\right)}\right] \quad (3\text{-}3)$$

式中，x_1' 为第一个正向化处理后的指标数，$\max_{(x)}$ 为数列中的最大值，$\min_{(x)}$ 为数列中的最小值，$1 \leqslant n \leqslant 129$。

（3）教育基尼系数

基尼系数是 1943 年美国经济学家阿尔伯特·赫希曼根据劳伦茨曲线所定义的判断收入分配公平程度的指标。基尼系数是比例数值，取值在 0—1，是国际上用来综合考察居民内部收入分配差异状况的一个重要分析指标。在本研究中，笔者引入基尼系数的概念和算法，用以评价教育指标的省域间差异状况，其计算公式如下

$$G = \frac{1}{2n(n-1)u}\sum_{j=1}^{31}\sum_{i=1}^{31}\left|E_j - E_i\right| \quad\quad (3\text{-}4)$$

式中，G 为某指标的区域间基尼系数；$\left|E_j - E_i\right|$ 为任何两个区域某指标的指标值之差的绝对值（$i, j = 1, 2, 3, \cdots, 129$），$u$ 为各区域某指标值的平均值。G 是一个在 0—1 的值，当 $G < 0.2$ 时，说明教育指标在区域间绝对均衡；当 $0.2 \leqslant G < 0.3$ 时，说明教育指标在区域间比较均衡；当 $0.3 \leqslant G < 0.4$ 时，说明教育指标在区域间相对均衡；当 $0.4 \leqslant G < 0.5$ 时，说明教育指标在区域间差距较大；当 $G \geqslant$

0.5 时，说明教育指标在区域间悬殊。

（4）城乡差距

在义务教育城乡二元格局差距的计算中，本书选取绝对差值的计算方法，即考虑城乡间指标的绝对差值，并通过其绝对差值的变化状况来反映城乡差距的加大与缩小。其计算公式为

$$\mu = \left| e_i - e_j \right| \tag{3-5}$$

式中，μ 为城乡义务教育水平差距，e_i 为第 i 类区域类型（城镇）义务教育某指标发展水平，e_j 为第 j 类区域类型（乡村）义务教育某指标发展水平。

第二节 指标选择及解释

一、指标遴选

在区域经济社会发展的不同时期内，义务教育资源均衡配置研究具有不同的侧重，这是由义务教育在不同阶段的发展形态以及义务教育与区域之间相互关系的影响共同决定的。

本书在对县域义务教育资源均衡配置问题进行解析时，既考虑了义务教育资源供需配置指数（E），包括其教育规模需求指数（E_1）、教育供给水平指数（E_2）和教育配置状态指数（E_3），也考虑了义务教育资源配置的影响因素（I），包括经济社会环境因素（I_1）和空间布局影响因素（I_2）。基于研究思路，本书将从义务教育资源配置的影响因素和义务教育资源供需配置指数的发展水平、结构状态以及城乡差距等对县域义务教育资源均衡配置进行研究。同时，通过对义务教育资源配置的影响因素和义务教育资源供需配置指数之间的类型构成关系，对研究区域进行类型特征分析和差距调控的梯度分析。

指标集合中，义务教育资源配置的影响因素的基础指标包括人均国内生产总值（gross domestic product，GDP）（I_{11}）、人均收入（I_{12}）、人口密度（I_{21}）和地形起伏度指数（I_{22}）。义务教育资源供需配置指数的基础指标包括在校生规模（E_{11}）、学龄人口数（E_{12}）、教育设施指数（E_{21}）、教育人员指数（E_{22}）、信息化

指数（E_{23}）、校点布局指数（E_{31}）和班额布局指数（E_{32}）。其中，教育设施指数由均量校舍面积指数（E_{211}）、均量固定资产指数（E_{212}）和均量校藏图书指数（E_{213}）合成；教育人员指数由师生比指数（E_{221}）、生均教师学历指数（E_{222}）和教师培训指数（E_{223}）合成；信息化指数由均量计算机指数（E_{231}）、均量网络教室指数（E_{232}）和均量数字资源指数（E_{233}）合成（表 3-1）。

表 3-1　云南县域义务教育资源均衡配置指标集合

总指标	一级指标	二级指标	三级指标	四级指标
县域义务教育资源均衡配置	义务教育资源配置的影响因素	经济社会环境因素	人均 GDP	
			人均收入	
		空间布局影响因素	人口密度	
			地形起伏度指数	
	义务教育资源供需配置指数	教育规模需求指数	在校生规模	
			学龄人口数	
		教育供给水平指数	教育设施指数	均量校舍面积指数
				均量固定资产指数
				均量校藏图书指数
			教育人员指数	师生比指数
				生均教师学历指数
				教师培训指数
			信息化指数	均量计算机指数
				均量网络教室指数
				均量数字资源指数
		教育配置状态指数	校点布局指数	
			班额布局指数	

本研究对区域城镇化的综合测度从人口城镇化、土地城镇化和经济城镇化三个维度展开，并选取相应指标。其中，人口城镇化维度选取城镇人口比重和城镇人口密度来反映，土地城镇化维度选取区域建成区面积指标来反映，经济城镇化维度选取区域产业结构指数、区域人均收入和区域人均 GDP 三个基础指标来反映。在权重测算方面，本研究选取熵值法对区域城镇化指标进行赋值（表 3-2）。

表 3-2 区域城镇化指标集合

目标层	标准层	指标层	权重	属性
区域城镇化指数	人口城镇化	城镇人口比重	0.2704	正向
		城镇人口密度	0.0192	正向
	土地城镇化	区域建成区面积	0.1667	正向
	经济城镇化	区域产业结构指数	0.1809	正向
		区域人均收入	0.1601	正向
		区域人均 GDP	0.2028	正向

二、指标解释与算法

1. 县域义务教育资源配置的影响因素

在义务教育资源配置特别是县域城乡义务教育资源配置过程中，区域地理环境——自然地理环境和人文地理环境对教育资源的空间配置水平、配置方式和结构都有深远影响，这种影响表现为区域对教育资源的需求和区域可以为教育发展提供的基础条件之间的矛盾，以及因此而产生的教育资源区域不均衡状态。本研究对义务教育资源配置影响因素的度量主要基于其经济社会环境因素和空间布局影响因素两个基本维度，其计算方法为

$$I = \frac{I_1 + I_2}{2} \tag{3-6}$$

式中，I 为区域义务教育资源配置影响因素，I_1 为区域经济社会环境因素，I_2 为区域空间布局影响因素。

（1）经济社会环境因素

在义务教育资源配置的影响因素中，经济社会环境因素是区域义务教育发展的经济和社会基础，且在理论上存在区域经济社会环境与教育发展水平的相对一致性，即区域经济社会发展水平越高，其对区域义务教育的促进作用越显著。具体表现为区域经济社会发展对教育财政、师资、生源质量以及校外辅助教育——家庭教育和社会教育等的影响。本研究以区域人均 GDP 和人均收入两个指标来度量区域经济社会环境因素，其计算方法如下

$$I_1 = \frac{I_{11} + I_{12}}{2} \tag{3-7}$$

式中，I_1 为区域经济社会环境因素指数，I_{11} 为区域人均 GDP 指数，I_{12} 为区域人均收入指数。

（2）空间布局影响因素

义务教育的实施是通过教育资源、活动等在区域的具体布局来实现的，在这一布局过程中，区域地形、交通等因素对其的影响和作用均比较显著。本研究选取区域地形起伏度指数来量化该指标，具体计算公式为

$$I_2 = \frac{I_{21} + I_{22}}{2} \qquad (3-8)$$

式中，I_2 为区域空间布局影响因素指数，I_{21} 为区域人口密度指数[①]，I_{22} 为区域地形起伏度指数。其中，地形起伏度指数的计算公式为

$$\text{RDLS} = \frac{\text{ALT}}{1000} + \frac{\left[\max_{(H)} - \min_{(H)}\right] \times \left[1 - P_{(A)} / A\right]}{500} \qquad (3-9)$$

式中，RDLS 为县域地形起伏度指数，ALT 为研究区域平均海拔；$\max_{(H)}$ 和 $\min_{(H)}$ 分别为研究区域的最高和最低海拔，$P_{(A)}$、A 分别为研究区域内的平地面积（坡度≤5°）和研究区域总面积。

2. 县域义务教育资源供需配置指数

义务教育资源供需配置指数包含三个基础指数，即义务教育规模需求指数、义务教育供给水平指数和义务教育配置状态指数。其指数内涵在于综合表达区域义务教育资源的总供给，以及在以具有区域特殊性的义务教育配置状态下，是否满足区域义务教育规模的需求问题。区域义务教育资源供需配置指数有两种分析思路，即指数合成的分析思路和区域分类的分析思路，其中，在指数合成分析思路中，该指数的计算公式为

$$E = \frac{\dfrac{E_1}{E_3} + \dfrac{E_2}{E_3} + \dfrac{E_2}{E_1}}{3} \qquad (3-10)$$

式中，E 为义务教育资源供需配置指数，E_1 为义务教育规模需求指数，E_2 为义务教育供给水平指数，E_3 为义务教育配置状态指数。

基于义务教育资源供需配置指数区域分类的分析思路，根据义务教育资源供需配置指数的分指数 E_1、E_2 和 E_3 之间指数值的高低水平以及分指数之间的相关关系，可将本研究的若干区域（129 个县级行政区）划分为以下八种基本类型：Ⅰ类

---

① 人口密度指数中所使用的土地面积为县域内小于等于 15° 的土地面积。

地区，区域义务教育规模需求较大、供给水平较高且配置状态较好的地区；Ⅱ类地区，区域义务教育规模需求较小、供给水平较高且配置状态较好的地区；Ⅲ类地区，区域义务教育规模需求较大、供给水平较高但配置状态较差的地区；Ⅳ类地区，区域义务教育规模需求较小、供给水平较高但配置状态较差的地区；Ⅴ类地区，区域义务教育规模需求较小、供给水平较低但配置状态较好的地区；Ⅵ类地区，区域义务教育规模需求较大、供给水平较低但配置状态较好的地区；Ⅶ类地区，区域义务教育规模需求较小、供给水平较低且配置状态较差的地区；Ⅷ类地区，区域义务教育规模需求较大、供给水平较低且配置状态较差的地区（表3-3）。根据分类依据，在县域义务教育资源供需配置指数所划分的区域基本类型中，Ⅰ类地区的县域义务教育资源供需配置类型最优，Ⅷ类地区的县域义务教育资源供需配置类型最差。

表 3-3　县域义务教育资源供需配置指数的区域基本类型划分

供给水平	规模需求		配置状态
	较大	较小	
较高	Ⅰ	Ⅱ	较好
	Ⅲ	Ⅳ	较差
较低	Ⅵ	Ⅴ	较好
	Ⅷ	Ⅶ	较差

（1）义务教育规模需求指数

仅从教育视角分析：在应然状态层面，决定区域义务教育规模需求的主要因素为区域学龄人口数量；在实然状态层面，决定区域义务教育规模需求指数的主要因素为区域在校生规模。本研究对义务教育规模需求指数的界定，综合考虑了区域义务教育规模需求的应然状态和实然状态，其计算公式如下

$$E_1 = \frac{E_{11} + E_{12}}{2} \tag{3-11}$$

式中，E_1 为区域义务教育规模需求指数，E_{11} 为区域在校生规模，包括小学一至六年级（包括留级生）、初中一至三年级（包括留级生）的在学人数，E_{12} 为区域学龄人口数，是区域年度内6—12岁（小学阶段）、12—15岁（初中阶段）学龄人口数。

（2）县域义务教育供给水平指数

义务教育供给水平主要指义务教育资源的区域布局状态，既有研究对义务教育资源的分类方法有很多，涉及教师、教学用房、体育运动场馆、固定资产值等多项具体指标。本研究以教育设施指数、教育人员指数和教育信息化指数三个分指数量化义务教育供给水平指数，其计算公式如下

$$E_2 = \frac{E_{21} + E_{22} + E_{23}}{3} \tag{3-12}$$

式中，E_2 为区域义务教育供给水平指数，E_{21} 为区域义务教育的教育设施指数，E_{22} 为区域义务教育的教育人员指数，E_{23} 为区域义务教育的教育信息化指数。

①教育设施指数

区域义务教育教育设施指数包括均量校舍面积指数、均量固定资产指数和均量校藏图书指数三个基础指数，其计算公式如下

$$E_{21} = \frac{\frac{1}{3}(E_{211} + E_{212} + E_{213})}{\frac{1}{2}(S + E_{11})} \tag{3-13}$$

式中，E_{21} 为区域义务教育的教育设施指数，E_{211} 为区域义务教育均量校舍面积指数，E_{212} 为区域义务教育均量固定资产指数，E_{213} 为区域义务教育均量校藏图书指数，S 为区域义务教育学校数量，E_{11} 为区域义务教育学校在校生规模。

②教育人员指数

区域义务教育学校的教育人员包括学校管理人员、专任教师和后勤保卫人员等，本研究对该指数的度量主要基于专任教师角度，包括专任教师数量（师生比指数）、教师学历指数和培训指数三方面内容，其计算公式为

$$E_{22} = \frac{E_{221} + E_{222} + E_{223}}{3} \tag{3-14}$$

$$E_{221} = \frac{T}{E_{11}} \tag{3-15}$$

$$E_{222} = \frac{\sum_{i=1}^{5} T_i \times r_i}{E_{11}} \tag{3-16}$$

$$E_{223} = \frac{P}{T} \tag{3-17}$$

式 3-14 中，E_{22} 为区域义务教育学校的教育人员指数，E_{221}、E_{222} 和 E_{223} 分别为区

域义务教育学校的师生比指数、生均教师学历指数和教师培训指数。式 3-15 中，T 为区域义务教育学校专任教师数，E_{11} 为区域义务教育在校生规模。式 3-16 中，T_i 为区域义务教育学校第 i 类教师数量，r_i 为第 i 类学历的受教育年限[①]。式 3-17 中，P 为区域义务教育学校专任教师参加培训的总人次。

③教育信息化指数

信息化程度是现阶段义务教育发展的重要度量指标，也是切实缩小义务教育区域差距、城乡差距的重要手段。本研究的教育信息化指数主要考虑义务教育学校信息化的场地基础、硬件基础及软件（信息化资源）基础，以均量网络教室指数、均量计算机指数和均量数字资源指数来反映。区域义务教育信息化指数计算方法为

$$E_{23} = \frac{E_{231} + E_{232} + E_{233}}{3} \tag{3-18}$$

式中，E_{23} 为教育信息化指数，E_{231} 为均量计算机指数，E_{232} 为均量网络教室指数，E_{233} 为均量数字资源指数，其均量值均由指标总量比在校生数计算得出。

基于义务教育资源供给水平区域分类的分析思路，根据教育信息化指数的分指数 E_{231}、E_{232} 和 E_{233} 之间指数值的高低水平及其之间的相关关系，可将本研究的若干区域（129 个县级行政区）划分为以下八种基本类型：Ⅰ类地区，区域义务教育教育设施指数较高、信息化指数较高且教育人员指数较高的地区；Ⅱ类地区，区域义务教育教育设施指数较高、信息化指数较高但教育人员指数较低的地区；Ⅲ类地区，区域义务教育教育设施指数较高、信息化指数较低但教育人员指数较高的地区；Ⅳ类地区，区域义务教育教育设施指数较低、信息化指数较高且教育人员指数较高的地区；Ⅴ类地区，区域义务教育教育设施指数较低、信息化指数较高但教育人员指数较低的地区；Ⅵ类地区，区域义务教育教育设施指数较低、信息化指数较低但教育人员指数较高的地区；Ⅶ类地区，区域义务教育教育设施指数较高、信息化指数较低且教育人员指数较低的地区；Ⅷ类地区，区域义务教育教育设施指数较低、信息化指数较低且教育人员指数较低的地区。根据分类依据，县域义务教育资源不同的供给类型之间存在竞争-互补关系。

---

①　教师学历的受教育年限的赋值方式为：高中以下学历赋值为 9 年，高中学历赋值为 12 年，专科学历赋值为 15 年，本科学历赋值为 16 年，研究生学历赋值为 19 年。

（3）县域义务教育配置状态指数

所谓义务教育资源配置状态，即将固有的义务教育资源如何分配到各个具体区域之中，以实现义务教育资源促进或保障义务教育发展的基本功能。义务教育资源在空间上的具体配置模式有校点配置、班额配置，并受区域环境等的影响。在区域义务教育规模需求和供给一定的情况下，优化义务教育资源配置状态是缩小义务教育区域差距、城乡差距的重要手段。校点配置是义务教育资源空间配置的基本形式，即通过义务教育学校布局实现义务教育资源空间配置，满足区域内人口义务教育入学需求。其中，学校规模、区域人口密度等因素都影响着单位校点的服务人口数量及区域服务半径。同时，校点的空间布局也是义务教育入学机会均等和区域教育公平问题的基点。班额配置是县域义务教育学校资源配置状态的基础指标，班额的大小由学校规模和在校生数量综合决定。县域义务教育配置状态指数由校点布局指数和班额布局指数合成得出，其计算方法为

$$E_3 = \frac{E_{31} + E_{32}}{2} \tag{3-19}$$

$$E_{31} = \frac{1}{2} \times \frac{S}{I_{21} + I_{22}} \tag{3-20}$$

$$E_{32} = \frac{C'}{C} \tag{3-21}$$

式 3-19 中，E_3 为县域义务教育配置状态指数，E_{31} 为校点布局指数，E_{32} 为班额布局指数；式 3-20 中，S 为县域义务教育学校数量；式 3-21 中，C 为县域义务教育学校班级数量，C' 为县域义务教育学校班级规模小于 45 人的班级数量。

3. 区域城镇化指数

区域城镇化指数是指区域在经济社会发展过程中自乡村向城镇发展过渡的程度，这一过程不仅包括人口的聚集、土地利用类型的变更，还包括区域产业结构的变化等其他综合因素。其计算方法如下

$$C_i = \sum_{j=1}^{6} y_{ij} r_j \tag{3-22}$$

式中，C_i 为第 i 个区域城镇化指数，y_{ij} 为第 i 个区域第 j 个指标值，r_j 为第 j 个指标值所对应的权重。

第三节　义务教育区域差距模型

本书着眼于云南县域城乡义务教育发展过程中的教育资源需求-教育资源配置-教育资源供给的对应关系，以科学识别义务教育城乡差距为问题起始，对县域义务教育资源的城乡差距进行系统识别；通过因子分析方法，对"差距"进行诊断，度量城乡义务教育资源各构成要素之间的差距以及这些差距的组合特征；基于差距问题的识别和系统诊断，依据义务教育资源在"供、需、配置"综合关系上的满足和区域调控，构建优化云南县域城乡义务教育资源配置的调控模型。

一、城乡义务教育差距识别模型

城乡义务教育差距表现形式的多样性决定了对其识别的选择性，基于资源配置视角，本研究对城乡义务教育差距的识别主要采用以下模型

$$Y_t = f\big[(x_1,\psi_1),(x_2,\psi_2),t,\lambda\big] \tag{3-23}$$

式中，Y_t 为城乡义务教育资源配置差距的识别度，x_1、x_2 分别为城乡义务教育资源的存量和增率，ψ_1 和 ψ_2 分别为城乡义务教育资源的存量和增率的构成结构，t 为时间变量，λ 为其他不显著或不可控变量。则有：①城乡义务教育资源存量的差距，存量的差距是过去状态的历史延续，在时间变量的作用下决定区域义务教育发展和差距的现有状况；②城乡义务教育资源增率的差距，增率的差距是未来状态的变化起始，在时间变量的作用下影响区域义务教育发展和差距的未来格局；③城乡义务教育资源存量构成结构的差距，存量类型的差距是要素结构的功能体现，城乡义务教育资源增率构成结构的差距、增率类型的差距是要素结构变化引起功能变化的体现，其二者在时间变量的作用下共同影响区域义务教育发展特征及其域间关系。

二、城乡义务教育差距诊断模型

城乡义务教育差距诊断的关键在于其教育资源的需求、供给和配置三个环节

的相互关系界定，具体诊断模型如下

$$y_i = f(d_i, p_i, k_i) \tag{3-24}$$

式中，y_i 为 i 类或 i 组城乡义务教育资源配置差距，d_i 为 i 类或 i 组城乡义务教育资源需求程度，p_i 为 i 类或 i 组城乡义务教育资源供给水平，k_i 为 i 类或 i 组城乡义务教育资源配置状态。设城乡义务教育资源配置差距的调控红线取值为 0，城乡义务教育资源需求程度、供给水平和配置状态的区域均值为 0，当 $y_i > 0$ 时，则有：①若 $d_i > 0$ 且 $p_i > 0$，或 $d_i < 0$ 且 $p_i < 0$，则 $k_i > 0$，城乡义务教育资源配置状态不良；②若 $d_i > 0$ 且 $k_i > 0$，或 $d_i < 0$ 且 $k_i < 0$，则 $p_i < 0$，城乡义务教育资源供给水平不足。当 $y_i < 0$ 时，则有：①若 $d_i > 0$ 且 $p_i < 0$，则 $k_i > 0$，城乡义务教育资源配置状态优异；②若 $d_i > 0$ 且 $k_i < 0$，则 $p_i > 0$，城乡义务教育资源供给水平较高。

三、城乡义务教育差距决策模型

城乡义务教育资源配置的关键在于调控区域间义务教育资源配置的关系。如图 3-1 所示，依据人地关系地域系统理论，在城乡义务教育资源差距调控过程中，当区域 R_3 的次级地域 R_{31}、R_{32}、R_{33} 之间的城乡差距大于区域 R 的次级地域 R_1、R_2、R_3 之间的城乡差距时，需要协调义务教育资源配置的次序，将有限的义务教育资源在 R_{31}、R_{32}、R_{33} 之间实行梯度分配，优先调控 R_{31}、R_{32}、R_{33} 之间的城乡差距。当区域 R 的次级地域 R_1、R_2、R_3 之间的城乡义务教育资源配置差距不大，但义务教育资源要素结构混乱无序、不同类别义务教育资源要素之间差距过大时，应以平衡区域城乡义务教育资源配置结构为调控要点，将要素资源有侧重地进行区域投入。当区域 R 的次级地域 R_1、R_2、R_3 之间对义务教育资源倾向同质需求时，应通过改变教育资源配置状态转化资源需求矛盾，协调并促使区域间的竞争关系转换为互补关系。

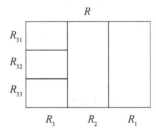

图 3-1　城乡义务教育资源配置决策模型示意图

第四章
云南义务教育外部环境的县域差异

区域义务教育发展所依托的地理环境——自然地理环境、经济地理环境和人文地理环境的差异，在很大程度上影响了区域义务教育资源的配置水平和质量。根据地理环境与区域义务教育资源配置之间关系的紧密程度，本章选取人口密度指数、地形起伏度指数、经济发展水平指标和居民收入水平指标进行差异分析。

第一节　人口分布格局及其县域差异

区域人口是区域义务教育服务的对象，其数量决定了义务教育的区域规模布局。在县域尺度上，人口数量及其分布是县域义务教育资源整体规模、空间布局的重要影响因素，这一影响因素以人口密度指数进行度量。其中，在人口数量众多且分布较为集中的县（市、区），义务教育资源的县域布局表现为面上规模较大、点上分布集中；在人口数量稀少且分布较为分散的县（市、区），义务教育资源的县域布局表现为面上规模较小、点上分布离散。

一、人口密度指数及其县域差异

2015 年，云南省县域人口密度指数较大的县（市、区）为盘龙、五华、福贡、西山和官渡，其人口密度指数的指标值每万平方米大于等于 107 人；县域人口密度指数较小的县（市、区）为石林彝族自治县（以下简称石林）、马龙、砚山、陇川和玉龙纳西族自治县（以下简称玉龙），其人口密度指数的指标值每万平方米小于等于 6 人；人口密度指数最大的县（市、区）和最小的县（市、区）之间相差约 62 倍（表 4-1）。

根据各县（市、区）人口密度指数的指标值对其进行聚类分析，可将云南省内 129 个县（市、区）划分为 4 个基本区域类型，其中，一类地区包括盘龙、五华、福贡、西山、官渡、绿春、河口瑶族自治县（以下简称河口）、绥江、贡山独龙族怒族自治县（以下简称贡山）、泸水、盐津、威信、红河和呈贡 14 个县（市、区），其人口密度指数每万平方米均等于或高于 51 人；二类地区包括南涧、金平、云县、大关、墨江、大理、红塔、凤庆、元阳、镇雄、水富、巍山、临翔、麻栗坡、德钦、个旧、兰坪、西盟、屏边、思茅、西畴、维西、永平、楚雄、东川、安宁、景洪、永善、漾濞、景东、云龙、富宁和双江 33 个县（市、区），其人口密度指数每万平方米在 20—51 人；三类地区包括通海、古城、元江哈尼族彝族傣族自治县（以下简称元江）、大姚、巧家、弥渡、沧源佤族自治县（以下简称沧源）、彝良、隆阳、南华、宁洱哈尼族彝族自治县（以下简称宁洱）、富民、马关、祥云、昭阳、澜沧拉祜族自治县（以下简称澜沧）、镇沅彝族哈尼族拉祜族自治县（以下简称镇沅）、龙陵、勐腊、麒麟、鲁甸、江川、姚安、澄江、易门、施甸、广南、双柏、晋宁、禄劝彝族苗族自治县（以下简称禄劝）、开远、昌宁、瑞丽、牟定、华宁、新平彝族傣族自治县（以下简称新平）、江城哈尼族彝族自治县（以下简称江城）、华坪、香格里拉、梁河、宜良、芒市、蒙自、宣威、禄丰、永胜、镇康、武定、峨山彝族自治县（以下简称峨山）、洱源和宾川 51 个县（市、区），其人口密度指数每万平方米在 10—19 人；四类地区包括会泽、嵩明、石屏、鹤庆、富源、元谋、耿马傣族佤族自治县（以下简称耿马）、景谷傣族彝族自治县（以下简称景谷）、罗平、建水、永德、陆良、腾冲、盈江、剑川、勐海、孟连傣族拉祜族佤族自治县（以下简称孟连）、泸西、文山、永仁、宁蒗彝族自治县（以下简称宁蒗）、师宗、弥勒、丘北、沾益、寻甸回族彝族自治县（以下简称寻甸）、玉龙、陇川、砚山、马龙和石林 31 个县（市、区），其人口密度指数每万平方米均低于 10 人（表 4-1）。

表4-1　2015年云南省人口密度指数及其年增长率指标值的县域格局

地区	人口密度指数（人/万m²）	年增长率	地区	人口密度指数（人/万m²）	年增长率	地区	人口密度指数（人/万m²）	年增长率	地区	人口密度指数（人/万m²）	年增长率	地区	人口密度指数（人/万m²）	年增长率	地区	人口密度指数（人/万m²）	年增长率
五华	262	0.0041	宣威	11	0.0095	镇雄	35	0.0086	永德	9	0.0051	泸西	7	0.0075	南涧	48	0.0058
盘龙	314	0.0049	红塔	36	0.0047	彝良	18	0.0082	镇康	10	0.0075	元阳	35	0.0073	巍山	32	0.0047
官渡	107	0.0069	江川	15	0.0035	威信	54	0.0081	双江	20	0.0069	红河	53	0.0077	永平	23	0.0059
西山	133	0.0045	澄江	15	0.0159	水富	33	0.0067	耿马	9	0.0069	金平	43	0.0068	云龙	20	0.0059
东川	21	0.0072	通海	19	-0.0003	古城	19	0.0063	沧源	19	0.0068	绿春	94	0.0084	洱源	10	0.0049
呈贡	51	0.0092	华宁	13	0.0039	玉龙	6	0.0034	楚雄	23	0.0018	河口	84	0.0080	剑川	8	0.0061
晋宁	13	0.0102	易门	15	0.0028	永胜	10	0.0031	双柏	14	0.0009	文山	7	0.0041	鹤庆	9	0.0052
富民	17	0.0133	峨山	10	0.0122	华坪	12	0.0044	牟定	13	0.0007	砚山	5	0.0041	瑞丽	13	0.0285
宜良	11	0.0058	新平	13	0.0022	宁蒗	7	0.0053	南华	18	0.0012	西畴	26	0.0041	芒市	11	0.0130
石林	5	0.0079	元江	19	0.0045	思茅	26	0.0075	姚安	15	0.0030	麻栗坡	31	0.0041	梁河	11	0.0061
嵩明	9	0.0271	隆阳	18	0.0052	宁洱	18	0.0055	大姚	19	0.0016	马关	16	0.0041	盈江	8	0.0095
禄劝	13	0.0074	施甸	14	0.0051	墨江	39	0.0034	永仁	7	0.0009	丘北	6	0.0041	陇川	5	0.0132
寻甸	6	0.0032	腾冲	8	0.0053	景东	20	0.0037	元谋	9	0.0027	广南	14	0.0041	泸水	64	0.0029
安宁	21	0.0140	龙陵	16	0.0057	景谷	9	0.0036	武定	10	0.0025	富宁	20	0.0041	福贡	249	0.0027
麒麟	16	0.0061	昌宁	13	0.0053	镇沅	16	0.0026	禄丰	11	0.0009	景洪	20	0.0044	贡山	68	0.0031
马龙	5	0.0071	昭阳	16	0.0085	江城	12	0.0064	个旧	29	0.0045	勐海	7	0.0056	兰坪	28	0.0027
陆良	9	0.0055	鲁甸	15	0.0090	孟连	7	0.0040	开远	13	0.0044	勐腊	16	0.0061	香格里拉	11	0.0026
师宗	7	0.0056	巧家	19	0.0081	澜沧	16	0.0014	蒙自	11	0.0072	大理	37	0.0037	德钦	31	0.0037
罗平	9	0.0053	盐津	54	0.0078	西盟	27	0.0097	弥勒	6	0.0072	漾濞	20	0.0048	维西	24	0.0018
富源	9	0.0035	大关	41	0.0078	临翔	32	0.0068	屏边	27	0.0023	祥云	16	0.0049			
会泽	9	0.0044	永善	20	0.0077	凤庆	36	0.0052	建水	9	0.0057	宾川	10	0.0048			
沾益	6	0.0058	绥江	71	0.0070	云县	41	0.0053	石屏	9	0.0062	弥渡	19	0.0044			

二、人口密度指数的年增长率及其县域差异

2015 年，云南省县域人口密度指数的年增长率较大的县（市、区）为瑞丽、嵩明、澄江、安宁和富民，其人口密度指数的年增长率指标值大于等于 0.0133；县域人口密度指数的年增长率较小的县（市、区）为通海、牟定、永仁、禄丰和双柏，其人口密度指数的年增长率指标值小于等于 0.0009，其中通海县为负增长（表 4-1）。

根据各县（市、区）人口密度指数的年增长率指标值对其进行聚类分析，可将云南省内 129 个县（市、区）划分为 4 个基本区域类型。其中，一类地区包括瑞丽、嵩明、澄江、安宁、富民、陇川、芒市、峨山、晋宁、西盟、宣威、盈江、呈贡、鲁甸、镇雄、昭阳、绿春、彝良、威信、巧家和河口 21 个县（市、区），其指标值大于等于 0.0080；二类地区包括石林、大关、盐津、红河、永善、镇康、思茅、泸西、禄劝、元阳、东川、弥勒、蒙自、马龙、绥江、耿马、双江、官渡、临翔、金平、沧源、水富、江城、古城、石屏、麒麟、勐腊、剑川、梁河、云龙、永平、宜良、南涧、沾益、建水、龙陵、勐海、师宗、宁洱、陆良、云县、腾冲、宁蒗、昌宁、罗平、凤庆、鹤庆、隆阳、施甸和永德 50 个县（市、区），其指标值在 0.0051—0.0080；三类地区包括洱源、盘龙、祥云、漾濞、宾川、巍山、红塔、西山、元江、个旧、景洪、弥渡、开远、会泽、华坪、五华、麻栗坡、砚山、丘北、文山、西畴、马关、富宁、广南、孟连、华宁、景东、德钦、大理、景谷、富源、江川、墨江、玉龙、寻甸、永胜、贡山和姚安 38 个县（市、区），其指标值在 0.0030—0.0050；四类地区包括泸水、易门、元谋、福贡、兰坪、镇沅、香格里拉、武定、屏边、新平、维西、楚雄、大姚、澜沧、南华、双柏、禄丰、永仁、牟定和通海 20 个县（市、区），其指标值均小于 0.0030（表 4-1）。

三、人口密度指数的县域类型差异

根据云南省 2015 年县域人口密度指数的平均值和 2013—2015 年人口密度指数的年增长率，本研究将云南省 129 个县（市、区）划分为 4 种基本类型：一类地区为人口密度指数较高、区域增长速度较快的地区，包括官渡、绿春、河口、绥江、盐津、威信、红河、呈贡、金平、大关、元阳、镇雄、水富和临翔 14 个

县（市、区）；二类地区为人口密度指数较高、区域增长速度较慢的地区，包括盘龙、五华、福贡、西山、贡山、泸水、南涧、云县、墨江、大理、红塔、凤庆、巍山、麻栗坡、德钦和个旧 16 个县（市、区）；三类地区为人口密度指数较低、区域增长速度较快的地区，包括西盟、思茅、东川、安宁、永善、双江、古城、巧家、沧源、彝良、富民、昭阳、勐腊、麒麟、鲁甸、澄江、晋宁、禄劝、瑞丽、江城、梁河、芒市、蒙自、宣威、镇康、峨山、嵩明、石屏、耿马、盈江、剑川、泸西、弥勒、陇川、马龙和石林 36 个县（市、区）；四类地区为人口密度指数较低、区域增长速度较慢的地区，包括兰坪、屏边、西畴、维西、永平、楚雄、景洪、漾濞、景东、云龙、富宁、通海、元江、大姚、弥渡、隆阳、南华、宁洱、马关、祥云、澜沧、镇沅、龙陵、江川、姚安、易门、施甸、广南、双柏、开远、昌宁、牟定、新平、华坪、香格里拉、宜良、禄丰、永胜、武定、洱源、宾川、会泽、鹤庆、富源、元谋、景谷、罗平、建水、永德、陆良、腾冲、勐海、孟连、文山、永仁、宁蒗、师宗、丘北、沾益、寻甸、玉龙、砚山和华宁 63 个县（市、区）（图 4-1）。

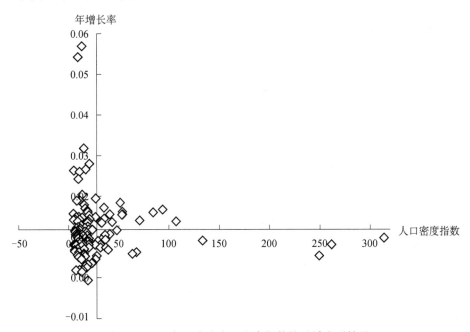

图 4-1　2015 年云南省人口密度指数的县域类型差异

注：此类图为软件截图，余同。

第二节　地形起伏度指数及其县域差异

在影响县域义务教育布局的自然地理环境因素中，地形因素的影响最为直接，一方面，它影响县域人口的空间分布，进而影响县域义务教育的校点布局；另一方面，它影响县域的交通状况，进而影响义务教育学校的区域辐射半径（入学距离）。地形起伏度指数是对区域地形起伏状况的量化，是研究县域城乡义务教育资源配置状态的重要参照标准。

2015 年，云南省县域地形起伏度指数较小的县（市、区）为瑞丽、水富、景洪、富宁和勐腊，其地形起伏度指数的指标值小于等于 0.6233；县域地形起伏度指数较大的县（市、区）为贡山、德钦、香格里拉、玉龙和维西，其地形起伏度指数的指标值大于等于 1.6611；地形起伏度指数最大的县（市、区）和最小的县（市、区）之间相差 3 倍多（表 4-2）。

根据各县级行政区地形起伏度指数的指标值对其进行聚类分析，可将云南省内 129 个县（市、区）划分为 4 个基本区域类型。其中，一类地区包括瑞丽、水富、景洪、富宁、勐腊、河口、绥江、威信、盐津、西畴、砚山、思茅、陇川、江城、广南、西盟、勐海、石林、弥勒、梁河、孟连、麒麟、陆良和江川 24 个县（市、区），其地形起伏度指数均小于等于 0.7974；二类地区包括师宗、元谋、马龙、芒市、丘北、墨江、呈贡、罗平、通海、沾益、红塔、宜良、泸西、镇雄、开远、澄江、安宁、蒙自、麻栗坡、五华、盘龙、官渡、西山、澜沧、建水、嵩明、华宁、景谷、元江、沧源、峨山、绿春、马关、屏边、文山、晋宁、宁洱、禄丰、富民、牟定、富源、耿马、个旧、易门、石屏、镇康、永仁、彝良、红河、金平、大关、昌宁、元阳、施甸、龙陵、云县、弥渡、华坪和姚安 59 个县（市、区），其地形起伏度指数在 0.9956—0.7974；三类地区包括镇沅、新平、宣威、双柏、盈江、双江、祥云、楚雄、凤庆、南华、宾川、永平、巍山、寻甸、景东、永德、南涧和武定 18 个县（市、区），其地形起伏度指数在 1.0883—0.9955；四类地区包括临翔、隆阳、昭阳、腾冲、永善、大理、鲁甸、鹤庆、大姚、永胜、洱源、古城、会泽、漾濞、剑川、巧家、云龙、东川、泸水、禄劝、兰坪、宁蒗、福贡、维西、玉龙、香格里拉、德钦和贡山 28 个县（市、区），其地形起伏度指数均高 1.0883（表 4-2）。

表 4-2 2015 年云南省地形起伏度指数的县域格局

地区	指标值	地区	指标值	地区	指标值	地区	指标值	地区	指标值	地区	指标值
五华	0.8696	宣威	1.0123	镇雄	0.8471	永德	1.0718	泸西	0.8425	南涧	1.0780
盐龙	0.8696	红塔	0.8370	彝良	0.9614	镇康	0.9585	元阳	0.9725	巍山	1.0644
官渡	0.8696	江川	0.7974	威信	0.6790	双江	1.0243	红河	0.9627	永平	1.0590
西山	0.8696	澄江	0.8589	水富	0.6160	耿马	0.9302	金平	0.9650	云龙	1.3856
东川	1.4138	通海	0.8304	古城	1.2995	沧源	0.8877	绿春	0.9008	洱源	1.2840
呈贡	0.8274	华宁	0.8802	玉龙	1.7353	楚雄	1.0333	河口	0.6253	剑川	1.3381
晋宁	0.9098	易门	0.9349	永胜	1.2479	双柏	1.0127	文山	0.9067	鹤庆	1.2100
富民	0.9267	峨山	0.8967	华坪	0.9892	牟定	0.9271	砚山	0.7075	瑞丽	0.5163
宜良	0.8371	新平	1.0088	宁蒗	1.5858	南华	1.0531	西畴	0.6911	芒市	0.8226
石林	0.7736	元江	0.8815	思茅	0.7143	姚安	0.9956	麻栗坡	0.8689	梁河	0.7871
嵩明	0.8764	隆阳	1.1129	宁洱	0.9142	大姚	1.2190	马关	0.9009	盈江	1.0159
禄劝	1.4860	施甸	0.9758	墨江	0.8265	永仁	0.9610	丘北	0.8261	陇川	0.7192
寻甸	1.0685	腾冲	1.1436	景东	1.0707	元谋	0.8190	广南	0.7340	泸水	1.4620
安宁	0.8599	龙陵	0.9758	景谷	0.8805	武定	1.0883	富宁	0.6219	福贡	1.6374
麒麟	0.7959	昌宁	0.9718	镇沅	1.0026	禄丰	0.9167	景洪	0.6188	贡山	2.2210
马龙	0.8209	昭阳	1.1386	江城	0.7278	个旧	0.9320	勐海	0.7683	兰坪	1.5666
陆良	0.7967	鲁甸	1.1616	孟连	0.7949	开远	0.8490	勐腊	0.6233	香格里拉	1.9401
师宗	0.8179	巧家	1.3648	澜沧	0.8738	蒙自	0.8633	大理	1.1608	德钦	2.2113
罗平	0.8303	盐津	0.6908	西盟	0.7678	弥勒	0.7778	漾濞	1.3063	维西	1.6611
富源	0.9287	大关	0.9680	临翔	1.1079	屏边	0.9058	祥云	1.0300		
会泽	1.3029	永善	1.1464	凤庆	1.0390	建水	0.8752	宾川	1.0583		
沾益	0.8336	绥江	0.6561	云县	0.9842	石屏	0.9558	弥渡	0.9869		

第三节 经济发展水平及其县域差异

县域经济发展是义务教育发展的重要外部条件，一方面，县域经济发展为义务教育发展提供物质基础和财政经费；另一方面，义务教育的发展间接促进区域经济的增长，为区域发展提供基本的智力资源。

一、人均 GDP 及其县域差异

2015 年，云南省县域人均 GDP 较大的县（市、区）为红塔、五华、官渡、安宁和麒麟，其人均 GDP 的指标值大于等于 6.93 万元/人；县域人均 GDP 较小的县（市、区）为镇雄、威信、彝良、巧家和元阳，其人均 GDP 的指标值小于等于 0.98 万元/人；人均 GDP 最大的县（市、区）和最小的县（市、区）之间相差约 17 倍多（表 4-3）。

根据县域人均 GDP 的指标值对其进行聚类分析，可将云南省内 129 个县（市、区）划分为 4 个基本区域类型。其中，一类地区包括红塔、五华、官渡、安宁、麒麟、盘龙、西山、香格里拉、呈贡、古城、大理、楚雄、弥勒、水富、开远、个旧、易门、澄江、新平、思茅、瑞丽、富民、文山、晋宁、峨山、沾益、德钦、宜良、河口、蒙自、景洪、华宁、嵩明和通海 34 个县（市、区），其人均 GDP 均高于等于 3.02 万元/人；二类地区包括景谷、元江、东川、临翔、石林、禄丰、昭阳、永仁、师宗、勐海、江川、贡山、勐腊、祥云、罗平、宾川、耿马、盈江、昌宁、马龙、建水、维西、玉龙、泸水、宁洱、腾冲、隆阳、云龙、龙陵、兰坪、元谋、陆良、鹤庆、砚山、大姚、芒市、南涧和南华 38 个县（市、区），其人均 GDP 在 2.00 万元/人—3.02 万元/人；三类地区包括武定、洱源、云县、镇沅、双江、江城、永平、凤庆、陇川、镇康、马关、泸西、双柏、禄劝、沧源、石屏、华坪、牟定、漾濞、姚安、麻栗坡、会泽、富宁、永善、孟连、永胜、宣威、富源、屏边、寻甸、施甸、景东和巍山 33 个县，其人均 GDP 介于 1.54 万元/人—1.99 万元/人；四类地区包括剑川、弥渡、墨江、永德、丘北、梁河、鲁甸、

表4-3 2015年云南省人均GDP及其年增长率的县域格局

地区	人均GDP(万元/人)	年增长率	地区	人均GDP(万元/人)	年增长率	地区	人均GDP(万元/人)	年增长率	地区	人均GDP(万元/人)	年增长率	地区	人均GDP(万元/人)	年增长率	地区	人均GDP(万元/人)	年增长率
五华	10.67	0.0563	宣威	1.66	-0.0378	镇雄	0.66	-0.0339	永德	1.35	0.1013	泸西	1.83	0.0981	南涧	2.04	0.0830
盘龙	6.34	0.0758	红塔	12.13	0.0227	彝良	0.87	-0.0300	镇康	1.92	0.0161	元阳	0.98	0.1008	巍山	1.54	0.0559
官渡	10.25	0.0646	江川	2.53	0.1481	威信	0.74	-0.0796	双江	1.94	0.0813	红河	1.01	0.1368	永平	1.93	0.0633
西山	5.85	0.0484	澄江	4.00	0.0993	水富	4.65	0.0315	耿马	2.40	0.0799	金平	1.14	0.1449	云龙	2.17	0.0269
东川	2.76	0.0228	通海	3.02	0.1286	古城	5.02	0.1482	沧源	1.82	0.0792	绿春	1.14	0.1254	洱源	1.96	0.1087
呈贡	5.43	0.1682	华宁	3.20	0.1282	玉龙	2.26	0.0820	楚雄	5.01	0.1116	河口	3.44	0.1019	剑川	1.46	0.0425
晋宁	3.76	0.0760	易门	4.15	0.2330	永胜	1.68	0.1075	双柏	1.83	0.1306	文山	3.81	0.0945	鹤庆	2.11	0.0646
富民	3.81	0.0842	峨山	3.69	0.1144	华坪	1.81	-0.1308	牟定	1.80	0.0341	砚山	2.11	0.0504	瑞丽	3.82	0.2745
宜良	3.47	-0.0205	新平	3.89	0.0928	宁蒗	1.15	0.0260	南华	2.00	0.1607	西畴	1.16	0.1722	芒市	2.05	0.0669
石林	2.74	0.0141	元江	2.86	0.1267	思茅	3.83	0.1512	姚安	1.78	0.0314	麻栗坡	1.75	0.0998	梁河	1.18	0.0837
嵩明	3.18	0.1198	隆阳	2.18	0.1191	宁洱	2.22	0.0902	大姚	2.06	0.1087	马关	1.89	0.1374	盈江	2.38	0.0583
禄劝	1.82	0.1349	施甸	1.60	0.1259	墨江	1.36	0.0810	永仁	2.59	0.2029	丘北	1.31	0.1692	陇川	1.93	0.0842
寻甸	1.63	0.0819	腾冲	2.20	0.0903	景东	1.58	0.0697	元谋	2.13	0.1629	广南	1.13	0.1212	泸水	2.23	0.1833
安宁	7.09	0.0485	龙陵	2.16	0.1184	景谷	2.93	0.0934	武定	1.99	0.1814	富宁	1.74	0.1080	福贡	1.15	0.2342
麒麟	6.93	0.0311	昌宁	2.37	0.1043	镇沅	1.95	0.1018	禄丰	2.69	-0.0506	景洪	3.32	0.1053	贡山	2.52	0.2733
马龙	2.28	0.0910	昭阳	2.62	0.0663	江城	1.93	0.0297	个旧	4.36	0.0775	勐海	2.54	0.1032	兰坪	2.15	0.1659
陆良	2.13	0.0570	鲁甸	1.16	0.0525	孟连	1.69	0.1050	开远	4.63	0.0764	勐腊	2.50	0.0564	香格里拉	5.62	0.1063
师宗	2.55	0.0670	巧家	0.94	0.0293	澜沧	1.13	0.0882	蒙自	3.34	0.0998	大理	5.01	0.0769	德钦	3.62	0.1315
罗平	2.45	0.0116	盐津	0.99	0.0264	西盟	1.15	0.1749	弥勒	4.77	0.0764	漾濞	1.80	0.0527	维西	2.27	0.0957
富源	1.65	-0.1326	大关	1.07	0.1636	临翔	2.76	0.1817	屏边	1.63	0.1303	祥云	2.45	0.0403			
会泽	1.74	0.0638	永善	1.74	0.2113	凤庆	1.93	0.0346	建水	2.28	0.0843	宾川	2.44	0.0382			
沾益	3.67	0.0344	绥江	1.15	-0.0088	云县	1.96	0.0416	石屏	1.82	0.0968	弥渡	1.38	0.0400			

西畴、宁蒗、福贡、绥江、西盟、绿春、金平、澜沧、广南、大关、红河、盐津、元阳、巧家、彝良、威信和镇雄24个县（市、区），其人均GDP均低于1.54万元/人（表4-3）。

二、人均GDP的年增长率及其县域差异

2015年，云南省县域人均GDP的年增长率较大的县（市、区）为瑞丽、贡山、福贡、易门和永善，其人均GDP的年增长率指标值大于等于0.2113；县域人均GDP的年增长率较小的县（市、区）为富源、华坪、威信、禄丰和宣威，其人均GDP的年增长率指标值小于等于−0.0378，均为负增长（表4-3）。

根据县域人均GDP的年增长率指标值对其进行聚类分析，可将云南省内129个县（市、区）划分为4个基本区域类型。其中，一类地区包括瑞丽、贡山、福贡、易门、永善、永仁、泸水、临翔、武定、西盟、西畴、丘北、呈贡、兰坪、大关、元谋、南华、思茅、古城、江川、金平、马关、红河、禄劝、德钦、双柏和屏边27个县（市、区），其指标值大于等于0.1303；二类地区包括通海、华宁、元江、施甸、绿春、广南、嵩明、隆阳、龙陵、峨山、楚雄、大姚、洱源、富宁、永胜、香格里拉、景洪、孟连、昌宁、勐海、河口、镇沅、永德和元阳24个县（市、区），其指标值在0.1008—0.1303；三类地区包括麻栗坡、蒙自、澄江、泸西、石屏、维西、文山、景谷、新平、马龙、腾冲、宁洱、澜沧、建水、富民、陇川、梁河、南涧、玉龙、寻甸、双江、墨江、耿马、沧源、个旧、大理、开远、弥勒、晋宁、盘龙、景东、师宗、芒市、昭阳、鹤庆、官渡、会泽、永平、盈江、陆良、勐腊、五华、巍山、漾濞、鲁甸和砚山46个县（市、区），其指标值介于0.0504—0.1007；四类地区包括安宁、西山、剑川、云县、祥云、弥渡、宾川、凤庆、沾益、牟定、水富、姚安、麒麟、江城、巧家、云龙、盐津、宁蒗、东川、红塔、镇康、石林、罗平、绥江、宜良、彝良、镇雄、宣威、禄丰、威信、华坪和富源32个县（市、区），其指标值均小于0.0504（表4-3）。

三、人均GDP的县域类型差异

根据云南省2015年县域人均GDP的平均值和2013—2015年人均GDP的

年增长率，本研究将云南省 129 个县（市、区）划分为 4 种基本类型：一类地区为人均 GDP 较高、区域增长速度较快的地区，包括呈贡、嵩明、澄江、通海、华宁、易门、峨山、新平、元江、古城、思茅、景谷、临翔、楚雄、蒙自、河口、文山、景洪、瑞丽、香格里拉和德钦 21 个县（市、区）；二类地区为人均 GDP 较高、区域增长速度较慢的地区，包括五华、盘龙、官渡、西山、东川、晋宁、富民、宜良、石林、安宁、麒麟、沾益、红塔、水富、禄丰、个旧、开远、弥勒和大理 19 个县（市、区）；三类地区为人均 GDP 较低、区域增长速度较快的地区，包括禄劝、马龙、江川、隆阳、施甸、腾冲、龙陵、昌宁、大关、永善、永胜、宁洱、镇沅、孟连、澜沧、西盟、永德、双柏、南华、大姚、永仁、元谋、武定、屏边、石屏、泸西、元阳、红河、金平、绿春、西畴、麻栗坡、马关、丘北、广南、富宁、勐海、洱源、泸水、福贡、贡山、兰坪和维西 43 个县（市、区）；四类地区为人均 GDP 较低、区域增长速度较慢的地区，包括寻甸、陆良、师宗、罗平、富源、会泽、宣威、昭阳、鲁甸、巧家、盐津、绥江、镇雄、彝良、威信、玉龙、华坪、宁蒗、墨江、景东、江城、凤庆、云县、镇康、双江、耿马、沧源、牟定、姚安、建水、砚山、勐腊、漾濞、祥云、宾川、弥渡、南涧、巍山、永平、云龙、剑川、鹤庆、芒市、梁河、盈江和陇川 46 个县（市、区）（图 4-2）。

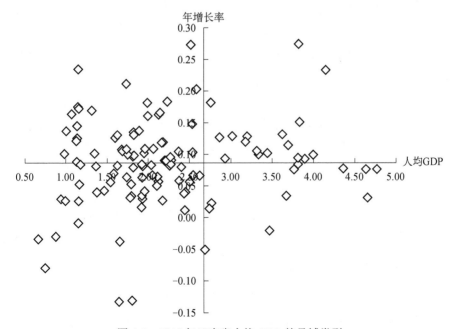

图 4-2　2015 年云南省人均 GDP 的县域类型

第四节　居民收入水平及其县域差异

县域义务教育的发展水平不仅取决于传统的学校教育，也与其他教育形式——家庭教育、社会教育等息息相关，居民收入水平在很大程度上影响着家庭教育和社会教育等教育形式的质量和水平。同时，居民收入水平是县域经济社会发展水平的重要度量指标，其在应然状态中与区域义务教育发展水平呈正相关关系。

一、人均纯收入及其县域差异

2015 年，云南省县域人均纯收入较多的县（市、区）为官渡、西山、呈贡、盘龙和五华，其人均纯收入的指标值大于等于 1.48 万元/人；县域人均纯收入较少的县（市、区）为福贡、贡山、兰坪、泸水和宁蒗，其人均纯收入的指标值小于等于 0.55 万元/人；人均纯收入最大的县（市、区）和最小的县（市、区）之间相差 2 倍多（表4-4）。

根据各县（市、区）人均纯收入的指标值对其进行聚类分析，可将云南省内129 个县（市、区）划分为 4 个基本区域类型。其中，一类地区包括官渡、西山、呈贡、盘龙、五华、安宁、古城、红塔、通海、麒麟、大理、晋宁、个旧、宾川、澄江、宜良、开远、景洪、石林、富民、陆良、嵩明、罗平、华宁、沾益、易门、蒙自、屏边、新平、江川和石屏 31 个县（市、区），其人均纯收入均高于等于1.01 万元/人；二类地区包括峨山、元江、元谋、河口、富源、建水、隆阳、华坪、泸西、宣威、禄丰、勐海、师宗、楚雄、祥云、瑞丽、马龙、思茅、云县、芒市、龙陵、文山、水富、耿马、玉龙、景谷、腾冲、漾濞、凤庆、永德、勐腊、镇沅、姚安、洱源、盈江、永胜、临翔、砚山、宁洱、景东、双江、镇康和富宁43 个县（市、区），其人均纯收入在 0.80 万元/人—1.01 万元/人；三类地区包括昭阳、南华、大姚①、昌宁、鹤庆、沧源、丘北、会泽、施甸、墨江、永平、牟定、弥渡、马关、巍山、麻栗坡、武定、双柏、永仁、云龙、江城、孟连、盐

---

① 表4-4 中的数据为四舍五入后的结果，所以昭阳、南华和大姚三地的实际人均纯收入并未达到0.80 万元/人，余同。

表4-4　2015年云南省人均纯收入及其年增长率的县域格局

地区	人均纯收入(万元/人)	年增长率	地区	人均纯收入(万元/人)	年增长率	地区	人均纯收入(万元/人)	年增长率	地区	人均纯收入(万元/人)	年增长率	地区	人均纯收入(万元/人)	年增长率	地区	人均纯收入(万元/人)	年增长率
五华	1.48	0.1156	宣威	0.92	0.1956	镇雄	0.72	0.2988	永德	0.82	0.1865	泸西	0.92	0.2978	南涧	0.71	0.2010
盘龙	1.50	0.1149	红塔	1.30	0.1120	彝良	0.68	0.2633	镇康	0.80	0.2279	元阳	0.64	0.2943	巍山	0.76	0.2746
官渡	1.57	0.0589	江川	1.02	0.1009	威信	0.71	0.2425	双江	0.81	0.1990	红河	0.64	0.3684	永平	0.77	0.1645
西山	1.54	0.0609	澄江	1.16	0.1222	水富	0.84	0.2288	耿马	0.84	0.1384	金平	0.64	0.3842	云龙	0.76	0.3167
东川	0.64	0.1234	通海	1.26	0.0963	古城	1.33	0.1605	沧源	0.79	0.2257	绿春	0.64	0.3915	洱源	0.82	0.1833
呈贡	1.52	0.1092	华宁	1.07	0.0978	玉龙	0.84	0.1673	楚雄	0.90	0.1300	河口	0.95	0.3443	剑川	0.68	0.2410
晋宁	1.21	0.0631	易门	1.04	0.1455	永胜	0.81	0.1942	双柏	0.76	0.1810	文山	0.85	0.1561	鹤庆	0.79	0.1586
富民	1.12	0.0684	峨山	1.00	0.1079	华坪	0.92	0.1253	牟定	0.77	0.1770	砚山	0.81	0.2144	瑞丽	0.87	0.1574
宜良	1.15	0.0675	新平	1.03	0.1585	宁蒗	0.55	0.1584	南华	0.80	0.1698	西畴	0.72	0.2036	芒市	0.85	0.2324
石林	1.13	0.0654	元江	0.98	0.1118	思茅	0.86	0.1533	姚安	0.82	0.1617	麻栗坡	0.76	0.2137	梁河	0.67	0.2637
嵩明	1.11	0.1006	隆阳	0.93	0.2005	宁洱	0.81	0.1853	大姚	0.80	0.1714	马关	0.76	0.1781	盈江	0.82	0.1211
禄劝	0.66	0.1064	施甸	0.78	0.2227	墨江	0.78	0.3469	永仁	0.76	0.1805	丘北	0.79	0.2203	陇川	0.73	0.2364
寻甸	0.68	0.1042	腾冲	0.83	0.0608	景东	0.81	0.1794	元谋	0.96	0.1223	广南	0.73	0.1946	泸水	0.49	0.1787
安宁	1.39	0.1325	龙陵	0.85	0.2462	景谷	0.83	0.1453	武定	0.76	0.1868	富宁	0.80	0.2173	福贡	0.45	0.3676
麒麟	1.25	0.1483	昌宁	0.79	0.1225	镇沅	0.82	0.2426	禄丰	0.92	0.1287	景洪	1.14	0.1405	贡山	0.45	0.3575
马龙	0.86	0.1979	昭阳	0.80	0.2471	江城	0.75	0.2882	个旧	1.17	0.1302	勐海	0.91	0.1982	兰坪	0.49	0.1788
陆良	1.11	0.1851	鲁甸	0.73	0.3546	孟连	0.75	0.2916	开远	1.15	0.1433	勐腊	0.82	0.1967	香格里拉	0.66	0.0833
师宗	0.91	0.1907	巧家	0.72	0.2932	澜沧	0.73	0.5042	蒙自	1.04	0.2589	大理	1.22	0.1707	德钦	0.65	0.0512
罗平	1.11	0.1961	盐津	0.74	0.2727	西盟	0.73	0.4644	弥勒	0.64	-0.0186	漾濞	0.83	0.1945	维西	0.64	0.0943
富源	0.95	0.1776	大关	0.69	0.3139	临翔	0.81	0.1854	屏边	1.04	0.9550	祥云	0.89	0.1633			
会泽	0.78	0.3287	永善	0.71	0.2766	凤庆	0.83	0.1541	建水	0.94	0.1991	宾川	1.16	0.3180			
沾益	1.06	0.1777	绥江	0.72	0.2581	云县	0.86	0.1372	石屏	1.01	0.3371	弥渡	0.77	0.2332			

津、西盟、澜沧、鲁甸、广南、陇川、西畴、巧家、镇雄、绥江、永善、南涧和威信 35 个县（市、区），其人均纯收入在 0.71 万元/人—0.79 万元/人；四类地区包括大关、剑川、寻甸、彝良、梁河、禄劝、香格里拉、德钦、金平、红河、元阳、弥勒、维西、东川、绿春、宁蒗、泸水、兰坪、贡山和福贡 20 个县（市、区），其人均纯收入均低于 0.71 万元/人（表 4-4）。

二、人均纯收入的年增长率及其县域差异

2015 年，云南省县域人均纯收入的年增长率较大的县（市、区）为屏边、澜沧、西盟、绿春和金平，其人均纯收入的年增长率指标值大于等于 0.3842；县域人均纯收入的年增长率较小的县（市、区）为弥勒、德钦、官渡、腾冲和西山，其人均纯收入的年增长率指标值小于等于 0.0609，其中弥勒县为负增长（表 4-4）。

根据各县（市、区）人均纯收入的年增长率指标值对其进行聚类分析，可将云南省内 129 个县（市、区）划分为 4 个基本区域类型。其中，一类地区包括屏边、澜沧、西盟、绿春、金平、红河、福贡、贡山、鲁甸、墨江、河口、石屏、会泽、宾川、云龙、大关、镇雄、泸西、元阳、巧家、孟连、江城、永善、巍山、盐津、梁河、彝良、蒙自、绥江、昭阳、龙陵、镇沅、威信、剑川、陇川、弥渡、芒市、水富、镇康、沧源、施甸、丘北、富宁、砚山、麻栗坡、西畴、南涧和隆阳 48 个县（市、区），其指标值大于等于 0.2005；二类地区包括建水、双江、勐海、马龙、勐腊、罗平、宣威、广南、漾濞、永胜、师宗、武定、永德、临翔、宁洱、陆良、洱源、双柏、永仁、景东、兰坪、泸水、马关、沾益、富源、牟定、大姚和大理 28 个县（市、区），其指标值在 0.1707—0.2005；三类地区包括南华、玉龙、永平、祥云、姚安、古城、鹤庆、新平、宁蒗、瑞丽、文山、凤庆、思茅、麒麟、易门、景谷、开远、景洪、耿马、云县、安宁、个旧和楚雄 23 个县（市、区），其指标值在 0.1300—0.1706；四类地区包括禄丰、华坪、东川、昌宁、元谋、澄江、盈江、五华、盘龙、红塔、元江、呈贡、峨山、禄劝、寻甸、江川、嵩明、华宁、通海、维西、香格里拉、富民、宜良、石林、晋宁、西山、腾冲、官渡、德钦和弥勒 30 个县（市、区），其指标值均小于 0.1300（表 4-4）。

三、人均纯收入的县域类型差异

根据云南省 2015 年县域人均纯收入的平均值和 2013—2015 年人均纯收入

的年增长率，本研究将 129 个县（市、区）划分为 4 种基本类型：一类地区为人均纯收入较高、区域增长速度较快的地区，包括蒙自、屏边、石屏、泸西、河口和宾川 6 个县市；二类地区为人均纯收入较高、区域增长速度较慢的地区，包括五华、盘龙、官渡、西山、呈贡、晋宁、富民、宜良、石林、嵩明、安宁、麒麟、陆良、师宗、罗平、富源、沾益、宣威、红塔、江川、澄江、通海、华宁、易门、峨山、新平、元江、隆阳、古城、华坪、楚雄、元谋、禄丰、个旧、开远、建水、景洪、勐海、大理和祥云 40 个县（市、区）；三类地区为人均纯收入较低、区域增长速度较快的地区，包括会泽、施甸、龙陵、昭阳、鲁甸、巧家、盐津、大关、永善、绥江、镇雄、彝良、威信、水富、墨江、镇沅、江城、孟连、澜沧、西盟、镇康、沧源、元阳、红河、金平、绿春、砚山、西畴、麻栗坡、丘北、富宁、弥渡、南涧、巍山、云龙、剑川、芒市、梁河、陇川、福贡和贡山 41 个县（市、区）；四类地区为人均纯收入较低、区域增长速度较慢的地区，包括东川、禄劝、寻甸、马龙、腾冲、昌宁、玉龙、永胜、宁蒗、思茅、宁洱、景东、景谷、临翔、凤庆、云县、永德、双江、耿马、双柏、牟定、南华、姚安、大姚、永仁、武定、弥勒、文山、马关、广南、勐腊、漾濞、永平、洱源、鹤庆、瑞丽、盈江、泸水、兰坪、香格里拉、德钦和维西 42 个县（市、区）（图 4-3）。

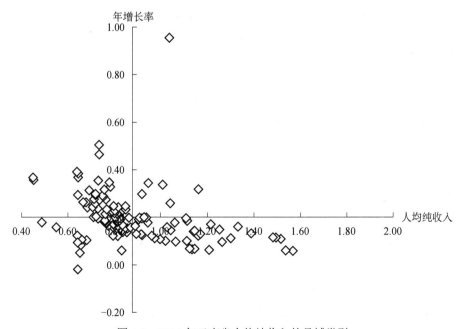

图 4-3　2015 年云南省人均纯收入的县域类型

义务教育规模需求在很大程度上决定了区域义务教育的资源供给数量和结构状态，也就是说，区域义务教育资源首先要满足区域内人口的教育需求。区域义务教育规模需求一般有潜在需求和实际需求两种，前者在本研究中用学龄人口规模来反映，后者用义务教育在校生规模来度量，同时义务教育城乡学生在生源质量上也存在差距。义务教育规模需求的区域和城乡差距直接影响义务教育资源的城乡配置。

第一节　学龄人口规模的城乡差距及其基本态势

义务教育学龄人口是指达到规定的小学和初中入学年龄的人口或人口数。学龄人口规模的城乡差距，一方面影响义务教育资源数量布局的城乡差异，另一方面影响义务教育资源配置状态的城乡差异。这两方面的差异具体表现为城区义务教育办学的"集中"和乡镇义务教育办学的"分散"，前者易形成义务教育办学的规模效应。

一、城乡义务教育（小学段）学龄人口规模差距及其基本态势

1. 学龄人口（小学段）规模及其县域差异

2015 年，云南省县域小学段学龄人口规模较大的县（市、区）为镇雄、宣威、会泽、官渡和富源，其学龄人口规模的指标值大于等于 3.09；小学段学龄人口规

模较小的县（市、区）为贡山、德钦、永仁、西盟和河口，其学龄人口规模的指标值小于等于 0.26。小学段学龄人口规模最大的县（市、区）和最小的县（市、区）之间相差约 53 倍（表 5-1）。2013—2015 年，在省内县域小学段学龄人口规模的变化状况中，镇雄、宣威、会泽、官渡和富源 5 个县（市、区）的变化量较大，变化值在 0.12—0.21，各县（市、区）时段年平均增长率①约为 4.06%。

根据各县（市、区）小学段学龄人口规模的指标值对其进行聚类分析，可将云南省内 129 个县（市、区）划分为 4 个基本区域类型。其中，一类地区包括镇雄、宣威、会泽、官渡、富源、昭阳、广南、麒麟、罗平、陆良、隆阳、腾冲、五华、彝良、盘龙、巧家、西山、石屏、丘北、富宁、文山、大理和师宗 23 个县（市、区），其指标值大于等于 1.54；二类地区包括鲁甸、元阳、砚山、泸西、屏边、楚雄、祥云、寻甸、金平、永善、景洪、沾益、红塔、蒙自、威信、个旧、云县、禄丰、宜良、红河、盐津、芒市、禄劝、马关和澜沧 25 个县（市、区），其指标值在 1.00—1.54；三类地区包括凤庆、宾川、宁蒗、永德、建水、永胜、盈江、巍山、临翔、昌宁、耿马、弥渡、开远、安宁、龙陵、勐腊、通海、施甸、大关、景东、东川、思茅、嵩明、洱源、勐海、鹤庆、绿春、墨江、麻栗坡、晋宁、景谷、石林、新平、马龙、江川、武定、南华、西畴、南涧、兰坪、大姚、华宁、瑞丽、元江、泸水、元谋、云龙和镇康 48 个县（市、区），其指标值在 0.50—0.99；四类地区包括陇川、剑川、永平、古城、呈贡、澄江、香格里拉、沧源、镇沅、富民、玉龙、姚安、维西、牟定、易门、双江、华坪、峨山、孟连、梁河、宁洱、绥江、双柏、弥勒、福贡、江城、水富、漾濞、河口、西盟、永仁、德钦和贡山 33 个县（市、区），其指标值均小于 0.50（表 5-1）。

2. 学龄人口（小学段）规模及其城乡差异

2015 年，云南省县域小学段学龄人口规模城乡差异较大的县（市、区）为镇雄、宣威、会泽、官渡和富源，其学龄人口规模城乡差异的指标值大于等于 2.59；小学段学龄人口规模城乡差异较小的县（市、区）为贡山、德钦、永仁、西盟和河口，其学龄人口规模城乡差异值小于等于 0.22；小学段学龄人口规模城乡差异最大的县（市、区）和最小的县（市、区）之间相差约 56 倍。2013—2015 年，在省内县域小学段学龄人口规模城乡差异的变化状况中，宣威、镇雄、昭阳、会

---

① 年均增长率为各县（市、区）指标年增长率的平均值。

表 5-1　2015 年云南省义务教育（小学段）学龄人口规模指标值及其城乡差异的县域格局

地区	指标值	μ	地区	指标值	μ	地区	指标值	μ	地区	指标值	μ	地区	指标值	μ	地区	指标值	μ
五华	2.03	1.70	宣威	5.01	4.20	镇雄	5.39	4.52	永德	0.94	0.79	泸西	1.42	1.19	南涧	0.64	0.53
盘龙	1.74	1.46	红塔	1.25	1.05	彝良	1.91	1.60	镇康	0.50	0.42	元阳	1.45	1.21	巍山	0.89	0.74
官渡	3.09	2.59	江川	0.68	0.57	威信	1.15	0.96	双江	0.39	0.32	红河	1.08	0.91	永平	0.49	0.41
西山	1.69	1.41	澄江	0.46	0.39	水富	0.28	0.24	耿马	0.87	0.73	金平	1.35	1.14	云龙	0.51	0.43
东川	0.79	0.66	通海	0.82	0.69	古城	0.49	0.41	沧源	0.43	0.36	绿春	0.75	0.63	洱源	0.77	0.64
呈贡	0.48	0.40	华宁	0.56	0.47	玉龙	0.41	0.34	楚雄	1.38	1.16	河口	0.26	0.22	剑川	0.50	0.42
晋宁	0.73	0.61	易门	0.40	0.33	永胜	0.89	0.75	双柏	0.35	0.29	文山	1.56	1.31	鹤庆	0.75	0.63
富民	0.41	0.35	峨山	0.38	0.32	华坪	0.38	0.32	牟定	0.40	0.33	砚山	1.43	1.20	瑞丽	0.54	0.46
宜良	1.10	0.93	新平	0.69	0.58	宁蒗	0.95	0.80	南华	0.65	0.55	西畴	0.65	0.54	芒市	1.07	0.90
石林	0.70	0.59	元江	0.54	0.46	思茅	0.77	0.65	姚安	0.40	0.34	麻栗坡	0.74	0.62	梁河	0.37	0.31
嵩明	0.77	0.65	隆阳	2.12	1.77	宁洱	0.36	0.31	大姚	0.57	0.48	马关	1.03	0.87	盈江	0.89	0.75
禄劝	1.06	0.89	施甸	0.81	0.68	墨江	0.74	0.62	永仁	0.23	0.19	丘北	1.64	1.37	陇川	0.50	0.42
寻甸	1.37	1.15	腾冲	2.03	1.70	景东	0.79	0.67	元谋	0.52	0.43	广南	2.75	2.31	泸水	0.53	0.45
安宁	0.85	0.71	龙陵	0.83	0.69	景谷	0.71	0.59	武定	0.66	0.56	富宁	1.60	1.35	福贡	0.31	0.26
麒麟	2.50	2.10	昌宁	0.87	0.73	镇沅	0.42	0.36	禄丰	1.12	0.94	景洪	1.27	1.06	贡山	0.10	0.08
马龙	0.69	0.58	昭阳	2.89	2.43	江城	0.29	0.24	个旧	1.14	0.96	勐海	0.76	0.64	兰坪	0.61	0.51
陆良	2.16	1.81	鲁甸	1.46	1.22	孟连	0.38	0.32	开远	0.86	0.72	勐腊	0.82	0.69	香格里拉	0.44	0.37
师宗	1.54	1.29	巧家	1.73	1.45	澜沧	1.00	0.84	蒙自	1.15	0.97	大理	1.56	1.31	德钦	0.14	0.11
罗平	2.24	1.88	盐津	1.08	0.90	西盟	0.25	0.21	弥勒	0.32	0.26	漾濞	0.27	0.23	维西	0.40	0.34
富源	3.09	2.59	大关	0.80	0.68	临翔	0.88	0.74	屏边	1.41	1.18	祥云	1.37	1.15			
会泽	3.36	2.82	永善	1.33	1.11	凤庆	0.98	0.83	建水	0.92	0.77	宾川	0.98	0.82			
沾益	1.26	1.06	绥江	0.36	0.30	云县	1.13	0.95	石屏	1.65	1.39	弥渡	0.86	0.72			

注：μ 表示城乡差异，为县（市、区）内城镇指标值减去乡村指标值的绝对值，表示县（市、区）内城乡同该指标值的差异程度，余同。

泽和石屏 5 个县（市、区）的城乡差异变化量较大，变化值在 1.38—3.97，各县（市、区）时段内城乡差异的变化状态相对不稳定。

根据各县（市、区）小学段学龄人口规模城乡差异的差值对其进行聚类分析，可将云南省内 129 个县（市、区）划分为 4 个基本区域类型。其中，一类地区包括镇雄、宣威、会泽、官渡、富源、昭阳、广南、麒麟、罗平、陆良、隆阳、腾冲、五华和彝良 14 个县（市、区），其指标值大于等于 1.60；二类地区包括盘龙、巧家、西山、石屏、丘北、富宁、文山、大理、师宗、鲁甸、元阳、砚山、泸西、屏边、楚雄、祥云、寻甸、金平、永善、景洪、沾益和红塔 22 个县（市、区），其指标值介于 1.05—1.60；三类地区包括蒙自、威信、个旧、云县、禄丰、宜良、红河、盐津、芒市、禄劝、马关、澜沧、凤庆、宾川、宁蒗、永德、建水、永胜、盈江、巍山、临翔、昌宁、耿马、弥渡、开远、安宁、龙陵、勐腊、通海、施甸、大关、景东、东川、思茅、嵩明、洱源、勐海、鹤庆、绿春、墨江、麻栗坡、晋宁、景谷、石林、新平、马龙、江川、武定、南华、西畴、南涧和兰坪 52 个县（市、区），其指标值介于 0.51—1.04；四类地区包括大姚、华宁、瑞丽、元江、泸水、元谋、云龙、镇康、陇川、剑川、永平、古城、呈贡、澄江、香格里拉、沧源、镇沅、富民、玉龙、姚安、维西、牟定、易门、双江、华坪、峨山、孟连、梁河、宁洱、绥江、双柏、弥勒、福贡、江城、水富、漾濞、河口、西盟、永仁、德钦和贡山 41 个县（市、区），其指标值均小于 0.51（表 5-1）。

3. 学龄人口规模的县域类型差异

根据云南省 2015 年县域义务教育（小学段）学龄人口规模的平均值和学龄人口规模的城乡差异，本研究将 129 个县（市、区）划分为 2 种基本类型：一类地区为学龄人口规模较大、城乡差异较大的地区，包括镇雄、宣威、会泽、官渡、富源、昭阳、广南、麒麟、罗平、陆良、隆阳、腾冲、五华、彝良、盘龙、巧家、西山、石屏、丘北、富宁、文山、大理、师宗、鲁甸、元阳、砚山、泸西、屏边、楚雄、祥云、寻甸、金平、永善、景洪、沾益、红塔、蒙自、威信、个旧、云县、禄丰、宜良、红河、盐津、芒市和禄劝 46 个县（市、区）；四类地区为学龄人口规模较小、城乡差异较小的地区，包括马关、澜沧、凤庆、宾川、宁蒗、永德、建水、永胜、盈江、巍山、临翔、昌宁、耿马、弥渡、开远、安宁、龙陵、勐腊、通海、施甸、大关、景东、东川、思茅、嵩明、洱源、勐海、鹤庆、绿春、墨江、麻栗坡、晋宁、景谷、石林、新平、马龙、江川、武定、南华、西畴、南涧、兰坪、大姚、华宁、瑞丽、元江、泸水、元谋、云龙、镇康、陇川、剑川、永平、古城、呈贡、澄江、香格里拉、沧源、镇沅、富民、玉龙、姚安、维西、牟定、易门、双江、华坪、峨山、孟连、梁河、宁洱、绥江、双柏、弥勒、福贡、江城、水富、漾濞、河口、西盟、永仁、德钦和贡山83个县（市、区）（图5-1）。

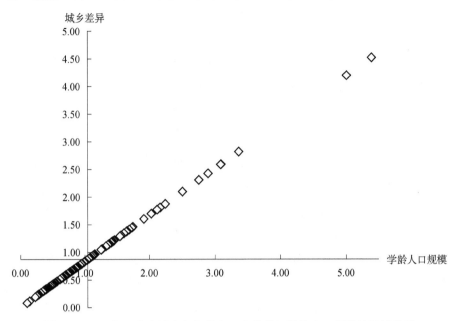

图5-1　2015年云南省城乡义务教育（小学段）学龄人口规模的县域类型

4. 县级市、市辖区与行政县学龄人口规模的差距

2013年，云南省县级市、市辖区小学段学龄人口规模占全省小学段学龄人口规模的比例约为33%，行政县的这一比例为67%。县级市、市辖区小学段学龄人口规模的城乡差距为7.68，小于行政县的城乡差距（35.54）。至2015年，云南省31个县级市、市辖区小学段学龄人口规模占全省小学段学龄人口规模的比例约为33%，行政县的这一比例为67%。县级市、市辖区小学段学龄人口规模的城乡差距为37.28，小于行政县的城乡差距（75.34）。

5. 自治县[①]与非自治县学龄人口规模的差距

2013年，云南省自治县小学段学龄人口规模占全省小学段学龄人口规模的比例约为47%，非自治县的这一比例为53%。自治县小学段学龄人口规模的城乡差距为

———————————
① 自治县包括民族自治县及民族自治州所辖县区；计算时，将相同类型区域的指标值进行加总得出各类型区域的指标值。

18.05，大于非自治县的城乡差距（9.81）。至 2015 年，云南省自治县小学段学龄人口规模占全省小学段学龄人口规模的比例约为 47%，非自治县的这一比例为 53%。自治县小学段学龄人口规模的城乡差距为 52.46，小于非自治县的城乡差距（60.15）。

二、城乡义务教育（初中段）学龄人口规模差距及其基本态势

1. 学龄人口（初中段）规模及其县域差异

2015 年，云南省县域初中段学龄人口规模较大的县（市、区）为镇雄、宣威、会泽、富源和昭阳，其学龄人口规模的指标值大于等于 2.99；初中段学龄人口规模较小的县（市、区）为德钦、贡山、永仁、河口和西盟，其学龄人口规模的指标值小于等于 0.24；初中段学龄人口规模最大的县（市、区）和最小的县（市、区）之间相差 72 倍多（表 5-2）。2013—2015 年，在省内县域初中段学龄人口规模的变化状况中，镇雄、宣威、会泽、官渡和富源 5 个县（市、区）的变化较大，变化值在 0.49—1.22，各县（市、区）时段内变化状态相对不稳定。

根据各县（市、区）初中段学龄人口规模的指标值对其进行聚类分析，可将云南省内 129 个县（市、区）划分为 4 个基本区域类型。其中，一类地区包括镇雄、宣威、会泽、富源、昭阳、麒麟、广南、罗平、陆良、官渡、隆阳、巧家、彝良、腾冲、五华、鲁甸、永善、威信、大理、文山和弥勒 21 个县（市、区），其指标值大于等于 1.53；二类地区包括祥云、丘北、砚山、师宗、富宁、建水、楚雄、泸西、西山、盐津、沾益、寻甸、金平、红塔、景洪、盘龙、芒市、云县、宜良、大关、禄丰、元阳、蒙自、澜沧和禄劝 25 个县（市、区），其指标值在 1.03—1.53；三类地区包括红河、凤庆、个旧、马关、巍山、临翔、永德、弥渡、景东、宁蒗、昌宁、石屏、盈江、思茅、宾川、安宁、通海、施甸、石林、永胜、开远、嵩明、麻栗坡、新平、东川、耿马、景谷、马龙、鹤庆、洱源、江川、绿春、龙陵、墨江、勐腊、西畴、勐海、大姚、晋宁、南华、兰坪、南涧、华宁、武定、镇康、陇川、古城、元江、剑川和易门 50 个县（市、区），其指标值在 0.50—1.02；四类地区包括沧源、云龙、姚安、泸水、永平、香格里拉、绥江、元谋、呈贡、瑞丽、牟定、梁河、维西、峨山、镇沅、水富、澄江、双江、宁洱、玉龙、孟连、富民、华坪、双柏、屏边、江城、漾濞、福贡、西盟、河口、永仁、贡山和德钦 33 个县（市、区），其指标值均小于 0.50（表 5-2）。

表5-2　2015年云南省义务教育（初中段）学龄人口规模指标值及其城乡差异的县域格局

地区	指标值	μ	地区	指标值	μ	地区	指标值	μ	地区	指标值	μ	地区	指标值	μ
五华	1.72	1.54	宣威	4.98	2.47	永德	0.90	0.13	泸西	1.39	0.56	南涧	0.61	0.33
盘龙	1.12		红塔	1.16	0.14	镇康	0.57	0.01	元阳	1.06	0.48	巍山	0.91	0.25
官渡	2.11	1.99	江川	0.71	0.23	双江	0.38	0.17	红河	0.97	0.56	永平	0.46	0.06
西山	1.38	1.22	澄江	0.38	0.06	耿马	0.73	0.04	金平	1.17	0.18	云龙	0.47	0.05
东川	0.74	0.60	通海	0.78	0.28	沧源	0.48	0.08	绿春	0.70	0.18	洱源	0.71	0.10
呈贡	0.43	0.42	华宁	0.60	0.13	楚雄	1.41	1.12	河口	0.24	0.04	剑川	0.50	0.16
晋宁	0.65	0.21	易门	0.50	0.22	双柏	0.35	0.27	文山	1.55	0.88	鹤庆	0.71	0.30
富民	0.36	0.27	峨山	0.39	0.28	牟定	0.41	0.06	砚山	1.46	0.53	瑞丽	0.42	0.32
宜良	1.09	0.50	新平	0.74	0.02	南华	0.65	0.41	西畴	0.68	0.08	芒市	1.11	0.35
石林	0.77	0.45	元江	0.50	0.25	姚安	0.47	0.10	麻栗坡	0.75	0.22	梁河	0.40	0.05
嵩明	0.75	0.12	隆阳	1.94	0.03	大姚	0.65	0.24	马关	0.94	0.48	盈江	0.83	0.22
禄劝	1.03	0.78	施甸	0.78	0.12	永仁	0.22	0.09	丘北	1.46	0.36	陇川	0.52	0.34
寻甸	1.27	0.47	腾冲	1.85	0.27	元谋	0.44	0.03	广南	2.41	0.01	泸水	0.47	0.15
安宁	0.78	0.78	龙陵	0.70	0.37	武定	0.59	0.32	富宁	1.45	0.23	福贡	0.27	0.14
麒麟	2.61	2.01	昌宁	0.85	0.37	禄丰	1.07	0.21	景洪	1.15	0.71	贡山	0.11	0.03
马龙	0.73	0.33	昭阳	2.99	0.45	个旧	0.96	0.74	勐海	0.68	0.44	兰坪	0.64	0.13
陆良	2.14	0.79	鲁甸	1.63	1.08	开远	0.76	0.13	勐腊	0.69	0.35	香格里拉	0.45	
师宗	1.45	0.77	巧家	1.91	0.60	蒙自	1.05	0.81	大理	1.55	0.82	德钦	0.09	
罗平	2.15	0.67	盐津	1.35	0.44	弥勒	1.53	1.46	漾濞	0.28	1.46	维西	0.39	
富源	3.01	2.35	大关	1.07	0.27	屏边	0.31	0.08	祥云	1.48	0.62			
会泽	3.16	0.80	永善	1.56	0.17	建水	1.43	0.92	宾川	0.81	0.18			
沾益	1.28	0.08	绥江	0.45	0.17	石屏	0.85	0.73	弥渡	0.88	0.63			

2. 学龄人口（初中段）规模及其城乡差异

2015 年，云南省县域初中段学龄人口规模城乡差异较大的县（市、区）为宣威、富源、镇雄、麒麟和官渡，其学龄人口规模城乡差异的指标值大于等于 1.99；初中段学龄人口规模城乡差异较小的县（市、区）为广南、镇康、元江、临翔、施甸、元谋和贡山，其学龄人口规模城乡差异值小于等于 0.03；初中段学龄人口规模城乡差异最大的县（市、区）和最小的县（市、区）之间相差 246 倍（表 5-2）。2013—2015 年，在省内县域初中段学龄人口规模城乡差异的变化状况中，弥勒、鲁甸、屏边、石屏、寻甸和个旧 6 个县市的城乡差异变化较大，变化值在 0.62—1.36，各县（市、区）时段内城乡差异的变化状态相对不稳定。

根据各县（市、区）初中段学龄人口规模城乡差异的差值对其进行聚类分析，可将云南省内 129 个县（市、区）划分为 4 个基本区域类型。其中，一类地区包括宣威、富源、镇雄、麒麟、官渡、五华、弥勒、西山、楚雄和鲁甸 10 个县（市、区），其指标值大于等于 1.08；二类地区包括建水、文山、大理、蒙自、会泽、陆良、禄劝、师宗、个旧、石屏、景洪、威信、思茅、罗平、弥渡、祥云、巧家、东川、泸西、红河、砚山和宜良 22 个县（市、区），其指标值在 0.50—1.08；三类地区包括彝良、元阳、马关、寻甸、景东、石林、昭阳、大关、勐海、呈贡、南华、景谷、镇沅、云县、昌宁、永胜、丘北、芒市、勐腊、陇川、南涧、马龙、武定、瑞丽、鹤庆和孟连 26 个县（市、区），其指标值在 0.30—0.49；四类地区包括新平、华宁、富民、墨江、双柏、永善、龙陵、宁蒗、隆阳、巍山、宁洱、大姚、江川、富宁、麻栗坡、峨山、盈江、晋宁、禄丰、西盟、绿春、凤庆、金平、宾川、绥江、盐津、江城、双江、剑川、泸水、福贡、红塔、永德、兰坪、开远、易门、腾冲、嵩明、洱源、姚安、永仁、玉龙、沾益、沧源、西畴、屏边、澄江、牟定、永平、云龙、梁河、河口、澜沧、耿马、贡山、元谋、施甸、临翔、元江、镇康和广南 61 个县（市、区），其指标值均小于 0.30（表 5-2）。

3. 学龄人口规模（初中段）的县域类型差异

根据云南省 2015 年县域义务教育（初中段）学龄人口规模的平均值及其城乡差异，本研究将 129 个县（市、区）划分为 4 种基本类型：一类地区为学龄人口规模较大、城乡差异较大的地区，包括五华、官渡、西山、宜良、寻甸、麒麟、陆良、师宗、罗平、富源、会泽、宣威、昭阳、鲁甸、巧家、大关、镇雄、彝良、威信、楚雄、弥勒、建水、泸西、元阳、文山、砚山、景洪、大理和祥云 29 个县（市、区）；二类地区为学龄人口规模较大、城乡差异较小的地区，包括沾益、红塔、隆阳、腾冲、盐津、永善、云县、禄丰、金平、丘北、广南、富宁和芒市13个县（市、区）；三类地区为学龄人口规模较小、城乡差异较大的地区，包括东川、石林、禄劝、思茅、景东、个旧、蒙自、石屏、红河、马关和弥渡11个县（市、区）；四类地区为学龄人口规模较小、城乡差异较小的地区，包括呈贡、晋宁、富民、嵩明、马龙、江川、澄江、华宁、易门、峨山、新平、元江、施甸、龙陵、昌宁、绥江、玉龙、永胜、宁蒗、宁洱、墨江、景谷、镇沅、江城、孟连、澜沧、西盟、临翔、凤庆、永德、镇康、双江、耿马、沧源、双柏、牟定、南华、姚安、大姚、永仁、元谋、武定、开远、屏边、绿春、河口、西畴、麻栗坡、勐海、勐腊、宾川、南涧、巍山、永平、云龙、洱源、剑川、鹤庆、瑞丽、梁河、盈江、陇川、泸水、福贡、贡山和兰坪66个县（市、区）；此外，盘龙、安宁、通海、水富、古城、华坪、漾濞、香格里拉、德钦和维西10个县（市、区）无相应数据（图5-2）。

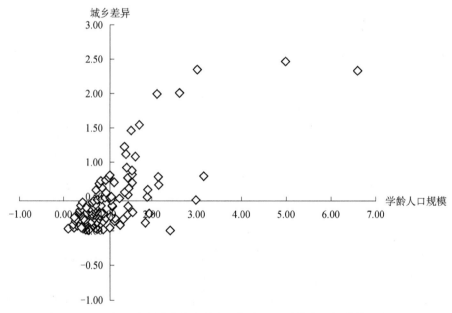

图5-2　2015年云南省城乡义务教育（初中段）学龄人口规模的县域类型

4. 县级市、市辖区与行政县学龄人口规模的差距

2013年，云南省31个县级市、市辖区初中段学龄人口规模占全省初中段学龄人口规模的比例约为31%，行政县的这一比例为69%。县级市、市辖区初中段学龄人口规模的城乡差距为 18.55，大于行政县的城乡差距（16.60）。至 2015 年，云南省 31 个县级市、市辖区初中段学龄人口规模占全省初中段学龄人口规模的比例约为 31%，行政县的这一比例为 69%。县级市、市辖区初中段学龄人口规模的城乡差距为 21.16，小于行政县的城乡差距（27.98）。

5. 自治县与非自治县学龄人口规模的差距

2013 年，云南省自治县初中段学龄人口规模占全省初中段学龄人口规模的比例约为 47%，非自治县的这一比例为 53%；自治县初中段学龄人口规模的城乡差距为 14.82，小于非自治县的城乡差距（20.33）。至 2015 年，云南省自治县初中段学龄人口规模占全省初中段学龄人口规模的比例约为 46%，非自治县的这一比例为 54%；自治县初中段学龄人口规模的城乡差距为 19.81，小于非自治县的城乡差距（29.33）。

第二节　在校生规模的城乡差距及其基本态势

在校生规模是义务教育规模的最直观指标。多年来，在区域城镇化的进程中，大量农村生源涌入城市，使得区域内城乡之间在校生规模态势发生变化：一方面使得城市义务教育资源紧缺，引发"入学难"等社会问题；另一方面也造成了农村义务教育资源的闲置与浪费。

一、城乡义务教育（小学段）在校生规模差距及其基本态势

1. 在校生规模（小学段）及其县域差异

2015 年，云南省县域小学段在校生规模较大的县（市、区）为镇雄、宣威、官渡、会泽和广南，其在校生规模的指标值大于等于 2.72；小学段在校生规模较小的县（市、区）为贡山、德钦、永仁、西盟和河口，其在校生规模的指标值小于等于 0.24；小学段在校生规模最大的县（市、区）和最小的县（市、区）之间相差约 62 倍（表 5-3）。2013—2015 年，省内县域小学段在校生规模的变化状况中，弥勒、屏边、石屏、建水和官渡 5 县（市、区）的变化较大，变化值在 0.29—1.08，各县（市、区）时段内城乡差异的变化状态相对不稳定。

表5-3　2015年云南省义务教育（小学段）在校生规模指标值及其城乡差异的县域格局

地区	指标值	μ	地区	指标值	μ	地区	指标值	μ	地区	指标值	μ	地区	指标值	μ	地区	指标值	μ
五华	1.90	1.58	宣威	4.15	0.42	镇雄	5.63	2.48	永德	0.91	0.54	泸西	1.16	0.42	南涧	0.56	0.10
盘龙	1.59	1.33	红塔	1.16	0.37	彝良	1.95	1.05	镇康	0.54	0.25	元阳	1.25	0.86	巍山	0.69	0.37
官渡	3.16	3.11	江川	0.55	0.05	威信	1.14	0.12	双江	0.36	0.05	红河	1.04	0.75	永平	0.43	0.25
西山	1.58	1.27	澄江	0.33	0.05	水富	0.28	0.02	耿马	0.85	0.35	金平	1.18	0.68	云龙	0.47	0.23
东川	0.76	0.29	通海	0.75	0.02	古城	0.52	0.37	沧源	0.42	0.06	绿春	0.63	0.46	洱源	0.67	0.44
呈贡	0.48	0.40	华宁	0.50	0.14	玉龙	0.37	0.15	楚雄	1.23	0.35	河口	0.24	0.01	剑川	0.41	0.14
晋宁	0.64	0.04	易门	0.32	0.02	永胜	0.79	0.26	双柏	0.30	0.05	文山	1.60	0.36	鹤庆	0.63	0.27
富民	0.44	0.10	峨山	0.32	0.00	华坪	0.38	0.04	牟定	0.33	0.03	砚山	1.49	0.18	瑞丽	0.56	0.15
宜良	1.02	0.08	新平	0.62	0.19	宁蒗	0.78	0.36	南华	0.53	0.12	西畴	0.57	0.28	芒市	1.13	0.17
石林	0.60	0.28	元江	0.52	0.05	思茅	0.84	0.32	姚安	0.32	0.09	麻栗坡	0.73	0.52	梁河	0.34	0.11
嵩明	0.75	0.29	隆阳	2.04	0.67	宁洱	0.36	0.06	大姚	0.52	0.12	马关	0.96	0.18	盈江	0.94	0.23
禄劝	0.97	0.16	施甸	0.73	0.45	墨江	0.69	0.17	永仁	0.21	0.00	丘北	1.55	0.85	陇川	0.52	0.10
寻甸	1.27	0.45	腾冲	1.84	0.81	景东	0.80	0.16	元谋	0.46	0.23	广南	2.72	1.47	泸水	0.53	0.10
安宁	0.79	0.72	龙陵	0.79	0.55	景谷	0.76	0.06	武定	0.62	0.12	富宁	1.36	0.53	福贡	0.29	0.22
麒麟	2.28	0.91	昌宁	0.76	0.28	镇沅	0.45	0.16	禄丰	0.96	0.30	景洪	1.40	0.11	贡山	0.09	0.00
马龙	0.52	0.12	昭阳	2.70	0.40	江城	0.30	0.03	个旧	1.11	0.41	勐海	0.76	0.00	兰坪	0.60	0.18
陆良	1.73	0.52	鲁甸	1.45	0.41	孟连	0.38	0.05	开远	0.82	0.07	勐腊	0.87	0.18	香格里拉	0.41	0.13
师宗	1.34	0.18	巧家	1.73	0.80	澜沧	1.00	0.45	蒙自	1.26	0.46	大理	1.42	0.29	德钦	0.12	0.02
罗平	1.89	0.58	盐津	1.03	0.52	西盟	0.23	0.05	弥勒	1.40	0.15	漾濞	0.24	0.05	维西	0.37	0.13
富源	2.50	1.10	大关	0.68	0.10	临翔	0.88	0.16	屏边	0.34	0.19	祥云	1.06	0.24			
会泽	2.73	1.14	永善	1.27	0.44	凤庆	0.98	0.53	建水	1.34	0.01	宾川	0.82	0.21			
沾益	1.05	0.15	绥江	0.35	0.04	云县	1.13	0.41	石屏	0.80	0.08	弥渡	0.65	0.16			

根据各县（市、区）小学段在校生规模的指标值对其进行聚类分析，可将云南省内129个县（市、区）划分为4个基本区域类型。其中，一类地区包括镇雄、宣威、官渡、会泽、广南、昭阳、富源、麒麟、隆阳、彝良、五华、罗平、腾冲、陆良、巧家、文山、盘龙、西山和丘北19个县（市、区），其指标值大于等于1.55；二类地区包括砚山、鲁甸、大理、景洪、弥勒、富宁、师宗、建水、永善、寻甸、蒙自、元阳、楚雄、金平、红塔、泸西、威信、云县、芒市、个旧、祥云、沾益、红河、盐津、宜良和澜沧26个县（市、区），其指标值在1.00—1.55；三类地区包括凤庆、禄劝、马关、禄丰、盈江、永德、临翔、勐腊、耿马、思茅、开远、宾川、景东、石屏、龙陵、永胜、安宁、宁蒗、勐海、东川、昌宁、景谷、通海、嵩明、施甸、麻栗坡、巍山、墨江、大关、洱源、弥渡、晋宁、绿春、鹤庆、武定、新平、石林、兰坪、西畴、瑞丽、南涧、江川、镇康、南华、泸水、马龙、陇川、大姚、古城、元江和华宁51个县（市、区），其指标值在0.50—0.99；四类地区包括呈贡、云龙、元谋、镇沅、富民、永平、沧源、香格里拉、剑川、孟连、华坪、玉龙、维西、双江、宁洱、绥江、梁河、屏边、澄江、牟定、峨山、姚安、易门、江城、双柏、福贡、水富、漾濞、河口、西盟、永仁、德钦和贡山33个县（市、区），其指标值均小于0.50（表5-3）。

2. 在校生规模（小学段）及其城乡差异

2015年，云南省县域小学段在校生规模城乡差异较大的县（市、区）为官渡、镇雄、五华、广南和盘龙，其在校生规模城乡差异的指标值大于等于1.33；小学段在校生规模城乡差异较小的县（市、区）为贡山、峨山、永仁、勐海和河口，其在校生规模城乡差异值小于等于0.01；小学段在校生规模城乡差异最大的县（市、区）和最小的县（市、区）之间相差约311倍（表5-3）。2013—2015年，省内县域小学段在校生规模城乡差异的变化状况中，鲁甸、昭阳、彝良、大关和巧家5个县区的城乡差异变化较大，变化值在0.39—0.60，各县（市、区）时段内城乡差异的变化状态相对不稳定。

根据各县（市、区）小学段在校生规模城乡差异的差值对其进行聚类分析，可将云南省内129个县（市、区）划分为4个基本区域类型。其中，一类地区包括官渡、镇雄、五华、广南、盘龙、西山、会泽、富源和彝良9个县区，其指标值大于等于1.05；二类地区包括麒麟、元阳、丘北、腾冲、巧家、红河、安宁、金平、隆阳、罗平、龙陵、永德、富宁、凤庆、陆良、麻栗坡和盐津17个县（市、区），其指标值在 0.52—1.05；三类地区包括蒙自、绿春、寻甸、施甸、澜沧、洱源、永善、宣威、泸西、个旧、鲁甸、云县、昭阳、呈贡、古城、巍山、红塔、宁蒗、文山、耿马、楚雄、思茅、禄丰、大理、东川、嵩明、石林、西畴、昌宁、鹤庆、永胜、永平、镇康、祥云、盈江、云龙、元谋、福贡和宾川 39 个县（市、区），其指标值介于 0.21—0.51；四类地区包括屏边、新平、兰坪、勐腊、师宗、马关、砚山、芒市、墨江、弥渡、临翔、禄劝、镇沅、景东、瑞丽、沾益、玉龙、弥勒、剑川、华宁、维西、香格里拉、威信、武定、马龙、大姚、南华、梁河、景洪、大关、泸水、陇川、南涧、富民、姚安、宜良、石屏、开远、景谷、沧源、宁洱、孟连、西盟、澄江、双柏、双江、江川、元江、漾濞、晋宁、华坪、绥江、牟定、江城、德钦、通海、易门、水富、建水、河口、勐海、永仁、峨山和贡山 64 个县（市、区），其指标值均小于 0.21（表 5-3）。

3. 在校生规模的县域类型差异

根据云南省 2015 年县域义务教育（小学段）在校生规模的平均值和在校生规模的城乡差异，本研究将云南省 129 个县（市、区）划分为 4 种基本类型：一类地区为在校生规模较大、城乡差异较大的地区，包括五华、官渡、西山、东川、宜良、禄劝、易门、元江、施甸、腾冲、昭阳、巧家、永善、镇雄、威信、思茅、凤庆、镇康、楚雄、牟定、南华、姚安、大姚、武定、弥勒、泸西、元阳、金平、西畴、麻栗坡、丘北、广南、富宁和勐海 34 个县（市、区）；二类地区为在校生规模较大、城乡差异较小的地区，包括罗平、宣威、彝良、宁蒗、景东、双江、沧源、开远、建水、勐腊、巍山、云龙和兰坪 13 个县市；三类地区为在校生规模较小、城乡差异较大的地区，包括麒麟、龙陵、鲁甸、盐津、玉龙、云县、永仁、蒙自、绿春、弥渡、瑞丽和陇川 12 个县（市、区）；四类地区为在校生规模较小、城乡差异较小的地区，包括盘龙、呈贡、晋宁、富民、石林、嵩明、寻甸、安宁、马龙、陆良、师宗、富源、会泽、沾益、红塔、江川、澄江、通海、华宁、峨山、新平、隆阳、昌宁、大关、绥江、水富、古城、永胜、华坪、宁洱、墨江、景谷、镇沅、江城、孟连、澜沧、西盟、临翔、永德、耿马、双柏、元谋、禄丰、个旧、屏边、石屏、红河、河口、文山、砚山、马关、景洪、大理、漾濞、祥云、宾川、南涧、永平、洱源、剑川、鹤庆、芒市、梁河、盈江、泸水、福贡、贡山、香格里拉、德钦和维西 70 个县（市、区）（图 5-3）。

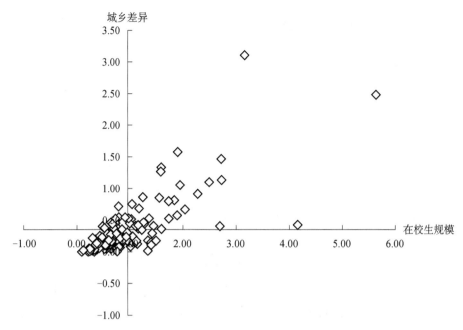

图 5-3　2015 年云南省城乡义务教育（小学段）在校生规模的县域类型

4. 县级市、市辖区与行政县在校生规模的差距

2013 年，云南省 31 个县级市、市辖区小学段在校生规模占全省小学段在校生规模的比例约为 33%，行政县的这一比例为 67%；县级市、市辖区小学段在校生规模的城乡差距为 7.71，小于行政县的城乡差距（35.69）。至 2015 年，云南省 31 个县级市、市辖区小学段在校生规模占全省小学段在校生规模的比例约为 33%，行政县的这一比例为 67%；县级市、市辖区小学段在校生规模的城乡差距为 10.79，小于行政县的城乡差距（26.38）。

5. 自治县与非自治县在校生规模的差距

2013 年，云南省自治县小学段在校生规模占全省小学段在校生规模的比例约为 46%，非自治县的这一比例为 54%；自治县小学段在校生规模的城乡差距为 17.30，大于非自治县的城乡差距（10.67）。至 2015 年，云南省自治县小学段在校生规模占全省小学段在校生规模的比例约为 47%，非自治县的这一比例为 53%；自治县小学段在校生规模的城乡差距为 11.26，大于非自治县的城乡差距（4.33）。

二、城乡义务教育（初中段）在校生规模差距及其基本态势

1. 在校生规模（初中段）及其县域差异

2015 年，云南省县域初中段在校生规模较大的县（市、区）为镇雄、宣威、会泽、富源和昭阳，其在校生规模的指标值大于等于 2.75；初中段在校生规模较小的县（市、区）为德钦、贡山、河口、西盟和福贡，其在校生规模的指标值小于等于 0.25；初中段在校生规模最大的县（市、区）和最小的县（市、区）之间相差 66 倍多（表 5-4）。2013—2015 年，在省内县域初中段在校生规模的变化状况中，弥勒、屏边、建水、石屏和巧家 5 县市的变化较大，变化值在 0.35—1.14，各县（市、区）时段内变化状态相对不稳定。

根据各县（市、区）初中段在校生规模的指标值对其进行聚类分析，可将云南省内 129 个县（市、区）划分为 4 个基本区域类型。其中，一类地区包括镇雄、宣威、会泽、富源、昭阳、麒麟、隆阳、广南、官渡、腾冲、罗平、陆良、彝良、五华、巧家、大理、楚雄、文山和鲁甸 19 个县（市、区），其指标值大于等于 1.51；二类地区包括永善、威信、祥云、弥勒、西山、建水、师宗、砚山、寻甸、丘北、红塔、富宁、泸西、盐津、景洪、沾益、盘龙、禄丰、宜良、芒市、金平、禄劝、澜沧和云县 24 个县（市、区），其指标值在 1.03—1.51；三类地区包括蒙自、凤庆、元阳、大关、昌宁、个旧、巍山、临翔、马关、红河、永胜、宁蒗、宾川、景东、施甸、盈江、安宁、思茅、永德、江川、弥渡、嵩明、东川、洱源、鹤庆、石屏、通海、龙陵、新平、开远、景谷、石林、麻栗坡、勐海、南华、勐腊、晋宁、马龙、墨江、耿马、武定、绿春、南涧、大姚、西畴、华宁、古城、兰坪、元江、镇康、元谋、陇川、云龙、剑川、瑞丽和易门 56 个县（市、区），其指标值在 0.50—1.02；四类地区包括香格里拉、永平、姚安、呈贡、牟定、沧源、绥江、泸水、峨山、玉龙、梁河、镇沅、水富、双柏、澄江、宁洱、华坪、维西、双江、富民、孟连、江城、屏边、漾濞、永仁、福贡、西盟、河口、贡山和德钦 30 个县（市、区），其指标值均小于 0.50（表 5-4）。

2. 在校生规模（初中段）及其城乡差异

2015 年，云南省县域初中段在校生规模城乡差异较大的县（市、区）为宣威、富源、镇雄、官渡和麒麟，其在校生规模城乡差异的指标值大于等于 1.91；初中段在校生规模城乡差异较小的县（市、区）为镇康、贡山、耿马、河口和云龙，

表 5-4　2015 年云南省义务教育（初中段）在校生规模指标值及其城乡差异的县域格局

地区	指标值	μ	地区	指标值	μ	地区	指标值	μ	地区	指标值	μ	地区	指标值	μ	地区	指标值	μ
五华	1.87	1.70	宣威	4.69	2.34	镇雄	6.07	2.16	永德	0.84	0.12	泸西	1.32	0.51	南涧	0.65	0.37
盘龙	1.23		红塔	1.35	0.24	彝良	1.89	0.49	镇康	0.53	0.00	元阳	0.98	0.44	巍山	0.93	0.27
官渡	2.09	1.97	江川	0.83	0.25	威信	1.45	0.70	双江	0.35	0.16	红河	0.89	0.51	永平	0.48	0.11
西山	1.42	1.25	澄江	0.39	0.06	水富	0.42		耿马	0.68	0.04	金平	1.09	0.17	云龙	0.52	0.04
东川	0.81	0.69	通海	0.78		古城	0.58	0.11	沧源	0.45	0.07	绿春	0.66	0.17	洱源	0.81	0.08
呈贡	0.46	0.45	华宁	0.60	0.26	玉龙	0.43	0.40	楚雄	1.62	1.31	河口	0.22	0.04	剑川	0.52	0.19
晋宁	0.68	0.23	易门	0.50	0.16	永胜	0.89	0.23	双柏	0.39	0.30	文山	1.53	0.88	鹤庆	0.80	0.35
富民	0.34	0.25	峨山	0.43	0.25	华坪	0.37		牟定	0.46	0.08	砚山	1.36	0.48	瑞丽	0.51	0.41
宜良	1.18	0.57	新平	0.75	0.28	宁蒗	0.88	0.73	南华	0.71	0.48	西畴	0.63	0.07	芒市	1.11	0.37
石林	0.73	0.43	元江	0.54	0.07	思茅	0.84	0.25	姚安	0.47	0.09	麻栗坡	0.72	0.24	梁河	0.42	0.05
嵩明	0.82	0.15	隆阳	2.38	0.33	宁洱	0.37	0.25	大姚	0.64	0.23	马关	0.90	0.47	盈江	0.85	0.21
禄劝	1.08	0.85	施甸	0.86	0.06	墨江	0.68	0.48	永仁	0.26	0.11	丘北	1.36	0.19	陇川	0.53	0.35
寻甸	1.36	0.68	腾冲	2.06	0.06	景东	0.87	0.40	元谋	0.53	0.06	广南	2.27	0.06	泸水	0.44	0.33
安宁	0.85		龙陵	0.76	0.26	景谷	0.73	0.40	武定	0.68	0.38	富宁	1.33	0.18	福贡	0.25	0.10
麒麟	2.52	1.91	昌宁	0.98	0.42	镇沅	0.42	0.17	禄丰	1.20	0.26	景洪	1.24	0.75	贡山	0.10	0.03
马龙	0.68	0.31	昭阳	2.75	0.48	江城	0.30	0.28	个旧	0.93	0.71	勐海	0.72	0.44	兰坪	0.58	0.14
陆良	2.04	0.78	鲁甸	1.51	0.98	孟连	0.34	0.07	开远	0.75	0.13	勐腊	0.69	0.33	香格里拉	0.48	
师宗	1.37	0.72	巧家	1.83	0.68	澜沧	1.05	0.20	蒙自	0.99	0.88	大理	1.68	0.92	德钦	0.09	
罗平	2.05	0.62	盐津	1.27	0.07	西盟	0.24	0.07	弥勒	1.43	1.37	漾濞	0.26		维西	0.37	
富源	2.86	2.24	大关	0.98	0.41	临翔	0.91	0.24	屏边	0.29	0.07	祥云	1.44	0.74			
会泽	2.97	0.75	永善	1.46	0.32	凤庆	0.99		建水	1.39	0.92	宾川	0.88	0.22			
沾益	1.24	0.07	绥江	0.45	0.17	云县	1.03	0.34	石屏	0.80	0.69	弥渡	0.82	0.59			

其在校生规模城乡差异值小于等于 0.04；初中段在校生规模城乡差异最大的县（市、区）和最小的县（市、区）之间相差约 234 倍（表 5-4）。2013—2015 年，在省内县域初中段在校生规模城乡差异的变化状况中，弥勒、屏边、鲁甸、巧家、石屏和个旧 6 个县市的城乡差异变化较大，变化值在 0.59—1.27，各县（市、区）时段内城乡差异的变化状态相对不稳定。

根据各县（市、区）初中段在校生规模城乡差异的差值对其进行聚类分析，可将云南省内 129 个县（市、区）划分为 4 个基本区域类型。其中，一类地区包括宣威、富源、镇雄、官渡、麒麟、五华、弥勒、楚雄和西山 9 个县（市、区），其指标值大于等于 1.25；二类地区包括鲁甸、建水、大理、文山、蒙自、禄劝、陆良、会泽、景洪、祥云、思茅、师宗、个旧、威信、东川、石屏、寻甸、巧家和罗平 19 个县（市、区），其指标值在 0.62—1.25；三类地区包括弥渡、宜良、泸西、红河、彝良、景东、砚山、昭阳、南华、马关、呈贡、勐海、元阳、石林、昌宁、瑞丽、大关、永胜、镇沅、景谷、武定、芒市、南涧、陇川、鹤庆、云县、隆阳、勐腊、泸水、永善、马龙和双柏 32 个县（市、区），其指标值在 0.30—0.61；四类地区包括孟连、新平、巍山、华宁、龙陵、禄丰、富民、宁洱、峨山、墨江、江川、凤庆、麻栗坡、红塔、大姚、宁蒗、晋宁、宾川、盈江、西盟、丘北、剑川、富宁、绥江、绿春、江城、金平、易门、双江、嵩明、兰坪、开远、永德、玉龙、永仁、永平、福贡、姚安、洱源、牟定、沧源、澜沧、沾益、盐津、屏边、临翔、西畴、元江、澄江、广南、施甸、腾冲、元谋、梁河、云龙、河口、耿马、贡山和镇康 59 个县（市、区），其指标值均小于 0.30；此外，盘龙、安宁、通海、水富、古城、华坪、漾濞、香格里拉、德钦和维西 10 个县（市、区）无相应数据（表 5-4）。

3. 在校生规模（初中段）的县域类型差异

根据云南省 2015 年县域义务教育（初中段）在校生规模的平均值和在校生规模的城乡差异，本研究将 129 个县（市、区）划分为 4 种基本类型：一类地区为在校生规模较大、城乡差异较大的地区，包括五华、官渡、西山、宜良、禄劝、寻甸、麒麟、陆良、师宗、罗平、富源、会泽、宣威、昭阳、鲁甸、巧家、镇雄、彝良、威信、楚雄、弥勒、建水、泸西、文山、砚山、景洪、大理和祥云 28 个县（市、区）；二类地区为在校生规模较大、城乡差异较小的地区，包括沾益、红塔、隆阳、腾冲、盐津、永善、澜沧、禄丰、金平、丘北、广南、富宁和芒市

13 个县（市、区）；三类地区为在校生规模较小、城乡差异较大的地区，包括东川、呈贡、思茅、景东、南华、个旧、蒙自、石屏、红河、马关和弥渡 11 个县（市、区）；四类地区为在校生规模较小、城乡差异较小的地区，包括晋宁、富民、石林、嵩明、马龙、江川、澄江、华宁、易门、峨山、新平、元江、施甸、龙陵、昌宁、大关、绥江、玉龙、永胜、宁蒗、宁洱、墨江、景谷、镇沅、江城、孟连、西盟、临翔、凤庆、云县、永德、镇康、双江、耿马、沧源、双柏、牟定、姚安、大姚、永仁、元谋、武定、开远、屏边、元阳、绿春、河口、西畴、麻栗坡、勐海、勐腊、宾川、南涧、巍山、永平、云龙、洱源、剑川、鹤庆、瑞丽、梁河、盈江、陇川、泸水、福贡、贡山和兰坪 67 个县（市、区）；此外，漾濞、香格里拉、德钦、维西、盘龙、安宁、通海、水富、古城和华坪 10 个区县无该类型数据（图 5-4）。

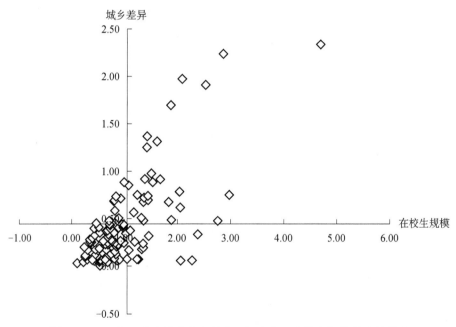

图 5-4　2015 年云南省城乡义务教育（初中段）在校生规模的县域类型

4. 县级市、市辖区与行政县在校生规模的差距

2013 年，云南省 31 个县级市、市辖区初中段在校生规模占全省初中段在校生规模的比例约为 32%，行政县的这一比例为 68%；县级市、市辖区初中段在校生规模的城乡差距为 19.80，大于行政县的城乡差距（17.91）。至 2015 年，云南

省 31 个县级市、市辖区初中段在校生规模占全省初中段在校生规模的比例约为 32%，行政县的这一比例为 68%；县级市、市辖区初中段在校生规模的城乡差距为 22.37，小于行政县的城乡差距（28.80）。

5. 自治县与非自治县在校生规模的差距

2013 年，云南省自治县初中段在校生规模占全省初中段在校生规模的比例约为 46%，非自治县的这一比例为 54%。自治县初中段在校生规模的城乡差距为 16.07，小于非自治县的城乡差距（21.64）。至 2015 年，云南省自治县初中段在校生规模占全省初中段在校生规模的比例约为 46%，非自治县的这一比例为 54%。自治县初中段在校生规模的城乡差距为 21.30，小于非自治县的城乡差距（29.87）。

第三节　生源质量的城乡差距及其基本态势

在本研究中，生源质量是指义务教育（小学段）入学新生中接受过幼儿教育的生源比例，一般而言，城镇义务教育生源中接受过幼儿教育的学生比例较高，乡村义务教育生源中接受过幼儿教育的学生比例较低。生源质量的城乡差异既是义务教育质量城乡差异的起始，也是义务教育均衡发展所需调控的重要因子。

一、小学段生源质量及其县域差异

2015 年，云南省县域小学段生源质量较大的县（市、区）为盘龙、西山、富民、嵩明和安宁等 17 个，其生源质量的指标值均等于 100.00；小学段生源质量较小的县（市、区）为贡山、西盟和彝良，其生源质量的指标值均小于 48.03；小学段生源质量最大的县（市、区）和最小的县（市、区）之间相差约 2 倍（表 5-5）。2013—2015 年，在省内县域小学段生源质量的变化状况中，德钦、福贡、弥勒、元阳和广南 5 县（市、区）的变化较大，变化值在 17.46—56.93，各县（市、区）时段内城乡差异的变化状态相对不稳定。

表 5-5　2015年云南省义务教育（小学段）生源质量指标值及其城乡差异的县域格局

地区	指标值	μ	地区	指标值	μ	地区	指标值	μ	地区	指标值	μ	地区	指标值	μ	地区	指标值	μ
五华	98.84	0.14	宣威	99.11	1.13	镇雄	57.39	29.78	永德	89.75	11.28	泸西	98.36	2.39	南涧	98.30	2.99
盘龙	100.00	0.00	红塔	94.88	5.46	彝良	48.03	49.01	镇康	65.95	45.36	元阳	75.58	29.59	巍山	93.73	8.23
官渡	96.62	3.40	江川	99.96	0.08	威信	77.83	36.18	双江	84.38	23.15	红河	71.11	23.50	永平	100.00	0.00
西山	100.00	0.00	澄江	97.22	2.14	水富	99.63	0.71	耿马	84.85	14.73	金平	68.83	29.75	云龙	99.67	1.11
东川	96.20	8.85	通海	99.92	0.07	古城	100.00	0.00	沧源	95.17	5.65	绿春	72.23	31.89	洱源	96.23	4.27
呈贡	99.31	11.17	华宁	99.86	0.23	玉龙	99.14	1.21	楚雄	98.84	3.42	河口	83.61	32.35	剑川	93.60	8.46
晋宁	99.88	0.00	易门	95.26	2.63	永胜	92.02	9.74	双柏	89.57	5.41	文山	96.91	8.46	鹤庆	100.00	0.00
富民	100.00	0.00	峨山	94.24	0.35	华坪	99.78	0.19	牟定	100.00	0.00	砚山	86.00	18.81	瑞丽	96.03	1.62
宜良	100.00	0.00	新平	90.24	8.16	宁蒗	97.52	3.32	南华	100.00	0.00	西畴	94.22	7.82	芒市	99.58	0.32
石林	99.93	0.18	元江	90.61	13.42	思茅	99.43	1.87	姚安	99.11	2.39	麻栗坡	86.56	12.55	梁河	98.27	2.52
嵩明	100.00	0.00	隆阳	95.30	5.45	宁洱	100.00	0.00	大姚	98.79	0.95	马关	97.91	3.52	盈江	96.33	0.18
禄劝	99.64	0.69	施甸	99.95	0.07	墨江	84.83	13.27	永仁	99.62	0.79	丘北	79.76	25.73	陇川	99.97	0.05
寻甸	99.46	0.74	腾冲	99.84	0.27	景东	75.28	21.52	元谋	97.17	3.79	广南	76.57	25.62	泸水	52.06	60.55
安宁	100.00	0.00	龙陵	98.86	1.37	景谷	86.76	22.96	武定	99.53	0.33	富宁	82.18	17.59	福贡	55.53	22.21
麒麟	99.15	0.15	昌宁	100.00	0.00	镇沅	99.29	1.10	禄丰	95.83	6.48	景洪	99.27	1.40	贡山	35.00	29.70
马龙	97.55	4.03	昭阳	95.73	6.29	江城	70.81	39.21	个旧	89.77	21.73	勐海	90.06	5.36	兰坪	96.43	5.01
陆良	100.00	0.00	鲁甸	84.98	16.57	孟连	67.33	43.16	开远	99.77	0.05	勐腊	86.01	21.88	香格里拉	57.45	6.90
师宗	99.95	0.09	巧家	86.36	14.34	澜沧	52.21	19.73	蒙自	98.39	4.44	大理	100.00	0.00	德钦	71.43	48.55
罗平	95.02	5.57	盐津	71.51	25.14	西盟	36.11	36.17	弥勒	99.66	0.59	漾濞	100.00	0.00	维西	70.12	7.50
富源	93.63	7.07	大关	60.50	3.87	临翔	99.18	1.15	屏边	85.18	18.33	祥云	100.00	0.00			
会泽	93.53	9.38	永善	89.39	16.08	凤庆	97.37	3.37	建水	99.99	0.03	宾川	99.10	1.42			
沾益	99.34	1.22	绥江	62.67	60.30	云县	94.13	3.18	石屏	98.27	2.23	弥渡	99.20	1.31			

根据各县（市、区）小学段生源质量的指标值对其进行聚类分析，可将云南省内 129 个县（市、区）划分为 4 个基本区域类型。其中，一类地区包括盘龙、西山、富民、宜良、嵩明、安宁、陆良、昌宁、古城、宁洱、牟定、南华、大理、漾濞、祥云、永平和鹤庆 17 个县（市、区），其指标值等于 100.00；二类地区包括建水、陇川、江川、施甸、师宗、石林、通海、晋宁、华宁、腾冲、华坪、开远、云龙、弥勒、禄劝、水富、永仁、芒市、武定、寻甸、思茅、沾益、呈贡、镇沅、景洪、弥渡、临翔、麒麟、玉龙、姚安、宣威、宾川、龙陵、楚雄、五华、大姚、蒙自、泸西、南涧、梁河、石屏、马关、马龙、宁蒗、凤庆、澄江和元谋 47 个县（市、区），其指标值在 97.17—100.00；三类地区包括文山、官渡、兰坪、盈江、洱源、东川、瑞丽、禄丰、昭阳、隆阳、易门、沧源、罗平、红塔、峨山、西畴、云县、巍山、富源、剑川、会泽、永胜、元江、新平、勐海和个旧 26 个县（市、区），其指标值在 89.77—97.16；四类地区包括永德、双柏、永善、景谷、麻栗坡、巧家、勐腊、砚山、屏边、鲁甸、耿马、墨江、双江、河口、富宁、丘北、威信、广南、元阳、景东、绿春、盐津、德钦、红河、江城、维西、金平、孟连、镇康、绥江、大关、香格里拉、镇雄、福贡、澜沧、泸水、彝良、西盟和贡山 39 个县（市、区），其指标值均小于 89.77（表 5-5）。

二、小学段生源质量及其城乡差异

2015 年，云南省县域小学段生源质量城乡差异较大的县（市、区）为泸水、绥江、彝良、德钦和镇康，其生源质量城乡差异的指标值大于等于 45.36；小学段生源质量城乡差异较小的县（市、区）为鹤庆、祥云、漾濞、南华、宁洱等 18 个，其生源质量无城乡差异；小学段生源质量城乡差异在县域差距较大（表 5-5）。2013—2015 年，在省内县域小学段生源质量城乡差异的变化状况中，澜沧、西盟、福贡、绥江和弥勒 5 个县市的城乡差异变化较大，变化值在 29.08—32.02，各县（市、区）时段内城乡差异的变化状态相对不稳定。

根据各县（市、区）小学段生源质量城乡差异的差值对其进行聚类分析，可将云南省内 129 个县（市、区）划分为 4 个基本区域类型。其中，一类地区包括泸水、绥江、彝良、德钦、镇康、孟连、江城、威信、西盟、河口、绿春、镇雄、金平、贡山、元阳、丘北、广南、盐津、红河、双江、景谷、福贡、勐腊、个旧、景东、澜沧、砚山、屏边、富宁、鲁甸、永善、耿马、巧家、元江、墨江、麻栗坡、永德和呈贡38个县（市、区），其指标值大于等于11.17；二类地区包括永胜、会泽、东川、文山、剑川、巍山、新平、西畴、维西、富源、香格里拉、禄丰、昭阳、沧源、罗平、红塔、隆阳、双柏、勐海、兰坪、蒙自、洱源、马龙、大关、元谋、马关、楚雄、官渡、凤庆、宁蒗、云县、南涧、易门、梁河、泸西、姚安、石屏、澄江、思茅、瑞丽、宾川、景洪、龙陵、弥渡、沾益、玉龙、临翔、宣威、云龙和镇沅50个县（市、区），其指标值在1.10—11.17；三类地区包括大姚、永仁、寻甸、水富、禄劝、弥勒、峨山、武定、芒市、腾冲、华宁、华坪、石林、盈江、麒麟、五华、师宗、江川、施甸、通海、陇川、开远和建水23个县（市、区），其指标值在0.00—1.09；四类地区包括晋宁、盘龙、西山、富民、宜良、嵩明、安宁、陆良、昌宁、古城、宁洱、牟定、南华、大理、漾濞、祥云、永平和鹤庆18个县（市、区），其指标值均等于0.00（表5-5）。

三、小学段生源质量的县域类型差异

根据云南省2015年县域义务教育（小学段）生源质量的平均值和生源质量的城乡差异，本研究将129个县（市、区）划分为4种基本类型：一类地区为生源质量较高、城乡差异较大的地区，包括呈贡、元江和永胜3个县区；二类地区为生源质量较高、城乡差异较小的地区，包括五华、盘龙、官渡、西山、东川、晋宁、富民、宜良、石林、嵩明、禄劝、寻甸、安宁、麒麟、马龙、陆良、师宗、罗平、富源、会泽、沾益、宣威、红塔、江川、澄江、通海、华宁、易门、峨山、新平、隆阳、施甸、腾冲、龙陵、昌宁、昭阳、水富、古城、玉龙、华坪、宁蒗、思茅、宁洱、镇沅、临翔、凤庆、云县、沧源、楚雄、牟定、南华、姚安、大姚、永仁、元谋、武定、禄丰、开远、蒙自、弥勒、建水、石屏、泸西、文山、西畴、马关、景洪、大理、漾濞、祥云、宾川、弥渡、南涧、巍山、永平、云龙、洱源、剑川、鹤庆、瑞丽、芒市、梁河、盈江、陇川和兰坪85个县（市、区）；三类地区为生源质量较低、城乡差异较大的地区，包括鲁甸、巧家、盐津、永善、绥江、镇雄、彝良、威信、墨江、景东、景谷、江城、孟连、澜沧、西盟、永德、镇康、双江、耿马、个旧、屏边、元阳、红河、金平、绿春、河口、砚山、麻栗坡、丘北、广南、富宁、勐腊、泸水、福贡、贡山和德钦36个县市；四类地区为生源质量较低、城乡差异较小的地区，包括大关、双柏、勐海、香格里拉和维西 5 个区市（图 5-5）。

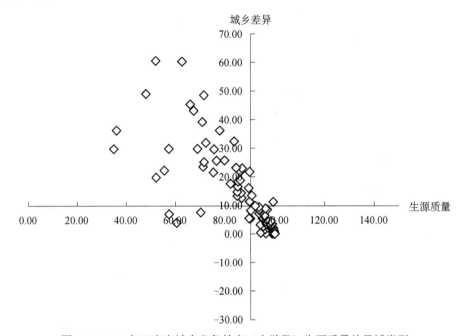

图 5-5   2015 年云南省城乡义务教育（小学段）生源质量的县域类型

第六章
云南县域义务教育资源水平及其城乡差距

县域义务教育资源水平通过资源总量和资源供需水平来反映，其中，资源总量包括县域义务教育资源的教育设施供给水平、教育人员供给水平和教育信息化供给水平，资源供需水平包括县域义务教育资源的教育设施供需水平、教育人员供需水平和教育信息化供需水平。

第一节　教育设施供给水平的城乡差距及其基本态势

义务教育是一种国家性质的社会实践活动，其活动的非物质生产性决定了其发展对教育资源的依赖，完备的教育设施是保证义务教育活动正常开展的必要前提。在现实状态中，云南县域城乡间的义务教育设施配置水平差异较大，对这一差异的科学分析，是统筹县域城乡义务教育资源均衡的重要内容。

一、教育设施供给水平的城乡差距及其基本态势

（一）城乡义务教育（小学段）教育设施供给水平差距及其基本态势

1. 教育设施供给水平及其县域差异

2015 年，云南省县域小学段教育设施供给水平较高的县（市、区）为宣威、富源、会泽、镇雄和隆阳，其教育设施供给水平的指标值大于等于 2.26；小学段

教育设施供给水平较低的县（市、区）为河口、西盟、永仁、双柏和贡山，其教育设施供给水平的指标值小于等于0.36；小学段教育设施供给水平最高的县（市、区）和最低的县（市、区）之间相差约22倍（表6-1）。2013—2015年，在省内县域小学段教育设施供给水平的变化状况中，镇雄、弥勒、建水、官渡、丘北5个县（市、区）的变化较大，变化值在0.55—1.35，各县（市、区）时段内变化状态基本持平，增长率约为24%。

根据各县（市、区）小学段教育设施供给水平的指标值对其进行聚类分析，可将云南省内129个县（市、区）划分为4个基本区域类型。其中，一类地区包括宣威、镇雄、富源、麒麟、会泽、腾冲、隆阳、五华、官渡、广南、陆良、昭阳、建水、寻甸、罗平、丘北、楚雄、宜良和大理19个县（市、区），其指标值大于等于1.51；二类地区包括彝良、西山、砚山、弥勒、景洪、红塔、临翔、禄劝、鲁甸、凤庆、永善、盘龙、云县、巧家、师宗、嵩明、沾益、泸西、富宁、禄丰、祥云、蒙自、芒市、文山、元阳、永德、永胜、个旧、澜沧、龙陵、昌宁、香格里拉和威信33个县（市、区），其指标值在1.00—1.51；三类地区包括宁蒗、石屏、红河、巍山、弥渡、盐津、鹤庆、晋宁、麻栗坡、开远、宾川、新平、景东、马龙、通海、兰坪、金平、马关、施甸、勐海、大关、思茅、大姚、东川、耿马、勐腊、石林、呈贡、玉龙、武定、绿春、江川、洱源、景谷、绥江、镇沅、镇康、盈江、西畴、沧源、维西、安宁、陇川、元江、泸水、瑞丽、双江、南涧、永平、华坪、墨江、华宁、元谋、易门、南华、富民、德钦和古城58个县（市、区），其指标值在0.50—0.99；四类地区包括剑川、澄江、峨山、水富、牟定、屏边、姚安、云龙、江城、宁洱、漾濞、福贡、孟连、梁河、河口、永仁、西盟、双柏和贡山19个县（市、区），其指标值均小于0.50（表6-1）。

2. 教育设施供给水平及其城乡差异

2015年，云南省县域小学段教育设施供给水平城乡差异较大的县（市、区）为官渡、镇雄、富源和五华，其教育设施供给水平城乡差异的指标值大于等于1.43；小学段教育设施供给水平城乡差异较小的县（市、区）为大理、宁洱、元江、瑞丽、河口和华坪，其教育设施供给水平城乡差异值小于等于0.03；小学段教育设施供给水平城乡差异最大的县（市、区）和最小的县（市、区）之间相差约193倍（表6-1）。2013—2015年，在省内县域小学段教育设施供给水平城乡差异的变化状况中，镇雄、官渡、呈贡、丘北和腾冲5个县（市、区）的城乡差异变化较大，

表6-1 2015年云南省义务教育(小学段)教育设施供给水平指标值及其城乡差异的县域格局

地区	指标值	μ	地区	指标值	μ	地区	指标值	μ	地区	指标值	μ	地区	指标值	μ	地区	指标值	μ
五华	2.06	1.43	宣威	3.58	0.25	镇雄	3.53	1.93	永德	1.11	0.58	泸西	1.23	0.62	南涧	0.59	0.17
盘龙	1.32	0.87	红塔	1.39	0.32	彝良	1.49	0.81	镇康	0.65	0.28	元阳	1.11	0.85	巍山	0.95	0.56
官渡	1.99	1.93	江川	0.73	0.15	威信	1.00	0.28	双江	0.60	0.25	红河	0.96	0.71	永平	0.58	0.39
西山	1.49	1.06	澄江	0.48	0.12	水富	0.46	0.19	耿马	0.79	0.36	金平	0.83	0.48	云龙	0.44	0.30
东川	0.80	0.30	通海	0.84	0.07	古城	0.50	0.06	沧源	0.62	0.05	绿春	0.74	0.53	洱源	0.72	0.48
呈贡	0.76	0.68	华宁	0.56	0.17	玉龙	0.74	0.48	楚雄	1.60	0.06	河口	0.36	0.01	剑川	0.49	0.18
晋宁	0.91	0.17	易门	0.55	0.10	永胜	1.09	0.43	双柏	0.34	0.15	文山	1.12	0.22	鹤庆	0.91	0.44
富民	0.53	0.09	峨山	0.47	0.13	华坪	0.58	0.00	牟定	0.46	0.18	砚山	1.47	0.12	瑞丽	0.60	0.02
宜良	1.53	0.05	新平	0.86	0.41	宁蒗	0.99	0.74	南华	0.55	0.23	西畴	0.63	0.35	芒市	1.15	0.24
石林	0.76	0.14	元江	0.61	0.03	思茅	0.80	0.23	姚安	0.45	0.31	麻栗坡	0.90	0.72	梁河	0.37	0.14
嵩明	1.25	0.57	隆阳	2.26	0.98	宁洱	0.41	0.03	大姚	0.80	0.30	马关	0.82	0.25	盈江	0.65	0.19
禄劝	1.37	0.14	施甸	0.81	0.55	墨江	0.57	0.04	永仁	0.35	0.07	丘北	1.63	1.10	陇川	0.61	0.16
寻甸	1.76	0.82	腾冲	2.27	1.16	景东	0.86	0.21	元谋	0.56	0.34	广南	1.88	0.92	泸水	0.61	0.11
安宁	0.62	0.37	龙陵	1.06	0.81	景谷	0.71	0.10	武定	0.74	0.27	富宁	1.22	0.66	福贡	0.38	0.27
麒麟	2.46	0.33	昌宁	1.03	0.33	镇沅	0.69	0.21	禄丰	1.20	0.45	景洪	1.39	0.15	贡山	0.16	0.04
马龙	0.84	0.30	昭阳	1.79	0.34	江城	0.41	0.07	个旧	1.08	0.37	勐海	0.80	0.04	兰坪	0.84	0.23
陆良	1.84	0.52	鲁甸	1.36	0.50	孟连	0.38	0.06	开远	0.89	0.25	勐腊	0.77	0.26	香格里拉	1.02	0.17
师宗	1.29	0.29	巧家	1.30	0.54	澜沧	1.06	0.56	蒙自	1.15	0.25	大理	1.51	0.03	德钦	0.51	0.08
罗平	1.75	0.82	盐津	0.94	0.52	西盟	0.35	0.07	弥勒	1.46	0.08	漾濞	0.39	0.17	维西	0.62	0.22
富源	2.94	1.73	大关	0.80	0.22	临翔	1.37	0.09	屏边	0.45	0.23	祥云	1.20	0.26			
会泽	2.36	1.26	永善	1.32	0.52	凤庆	1.34	0.75	建水	1.76	0.23	宾川	0.87	0.29			
沾益	1.25	0.40	绥江	0.70	0.24	云县	1.31	0.52	石屏	0.98	0.09	弥渡	0.94	0.35			

变化值在 0.35—0.72，各县（市、区）时段内城乡差异的变化状态相对不稳定。

根据各县（市、区）小学段教育设施供给水平城乡差异的差值对其进行聚类分析，可将云南省内 129 个县（市、区）划分为 4 个基本区域类型。其中，一类地区包括官渡、镇雄、富源、五华、会泽、腾冲、丘北和西山 8 个县（市、区），其指标值大于等于 1.06；二类地区包括隆阳、广南、盘龙、元阳、罗平、寻甸、彝良、龙陵、凤庆、宁蒗、麻栗坡、红河、呈贡、富宁、泸西、永德、嵩明、澜沧、巍山、施甸、巧家、绿春、陆良、云县、盐津、永善和鲁甸 27 个县（市、区），其指标值在 0.50—1.06；三类地区包括金平、洱源、玉龙、禄丰、鹤庆、永胜、新平、沾益、永平、安宁、个旧、耿马、西畴、弥渡、昭阳、元谋、麒麟、昌宁、红塔、姚安、马龙、云龙、东川、大姚、师宗、宾川、镇康、威信、福贡、武定、勐腊、祥云、开远、宣威、蒙自、马关、双江、绥江、芒市、南华、思茅、建水、屏边、兰坪、文山、维西、大关、景东和镇沅 49 个县（市、区），其指标值在 0.21—0.49；四类地区包括盈江、水富、剑川、牟定、晋宁、南涧、香格里拉、华宁、漾濞、陇川、江川、双柏、景洪、禄劝、梁河、石林、峨山、砚山、澄江、泸水、易门、景谷、富民、石屏、临翔、德钦、弥勒、江城、永仁、西盟、通海、古城、楚雄、孟连、宜良、沧源、贡山、墨江、勐海、大理、宁洱、元江、瑞丽、河口和华坪 45 个县（市、区），其指标值均小于 0.21（表 6-1）。

3. 教育设施供给水平的县域类型差异

根据云南省 2015 年县域义务教育（小学段）的教育设施供给水平的平均值和教育设施供给水平的城乡差异，本研究将云南省 129 个县（市、区）划分为 4 种基本类型：一类地区为教育设施供给水平较高、城乡差异较大的地区，包括官渡、镇雄、富源、五华、会泽、腾冲、丘北、西山、隆阳、广南、盘龙、元阳、罗平、寻甸、彝良、龙陵、凤庆、富宁、泸西、永德、嵩明、澜沧、巧家、陆良、云县、永善、鲁甸、禄丰、永胜和沾益 30 个县（市、区）；二类地区为教育设施供给水平较高、城乡差异较小的地区，包括个旧、昭阳、麒麟、昌宁、红塔、师宗、祥云、宣威、蒙自、芒市、建水、文山、景洪、禄劝、砚山、临翔、弥勒、楚雄、宜良和大理 20 个县（市、区）；三类地区为教育设施供给水平较低、城乡差异较大的地区，包括宁蒗、麻栗坡、红河、呈贡、巍山、施甸、绿春、盐津、金平、洱源、玉龙、鹤庆、新平和永平 14 个县（市、区）；四类地区为教育设施供给水平较低、城乡差异较小的地区，包括安宁、耿马、西畴、弥渡、元谋、姚安、马龙、云龙、东川、大姚、宾川、镇康、威信、福贡、武定、勐腊、开远、马关、双江、绥江、南华、思茅、屏边、兰坪、维西、大关、景东、镇沅、盈江、水富、剑川、牟定、晋宁、南涧、香格里拉、华宁、漾濞、陇川、江川、双柏、梁河、石林、峨山、澄江、泸水、易门、景谷、富民、石屏、德钦、江城、永仁、西盟、通海、古城、孟连、沧源、贡山、墨江、勐海、宁洱、元江、瑞丽、河口和华坪65 个县（市、区）（图 6-1）。

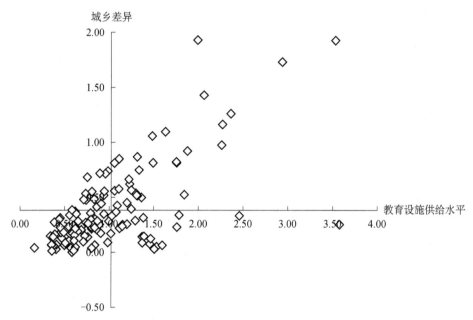

图 6-1　2015 年云南省城乡义务教育（小学段）教育设施供给水平的县域类型

4. 县级市、市辖区与行政县教育设施供给水平的差距

2013 年，云南省 31 个县级市、市辖区小学段教育设施供给水平占全省小学段教育设施供给水平的比例约为 32.15%，行政县的这一比例为 67.85%；县级市、市辖区小学段教育设施供给水平的城乡差距为 2.99，小于行政的县城乡差距（31.86）。至 2015 年，云南省 31 个县级市、市辖区小学段教育设施供给水平占全省小学段教育设施供给水平的比例约为 31.42%，行政县的这一比例为 68.58%；县级市、市辖区小学段教育设施供给水平的城乡差距为 4.64，小于行政县的城乡差距（35.14）。

5. 自治县与非自治县教育设施供给水平的差距

2013 年，云南省自治县小学段教育设施供给水平占全省小学段教育设施供给水平的比例约为 48.63%，非自治县的这一比例为 51.37%；自治县小学段教育设施供给水平的城乡差距为 17.46，大于非自治县的城乡差距（11.11）。至 2015 年，云南省自治县小学段教育设施供给水平占全省小学段教育设施供给水平的比例约为 49.17%，非自治县的这一比例为 50.83%；自治县小学段教育设施供给水平的城乡差距为 19.14，大于非自治县的城乡差距（11.36）。

（二）城乡义务教育（初中段）教育设施供给水平差距及其基本态势

1. 教育设施供给水平及其县域差异

2015 年，云南省县域初中段教育设施供给水平较大的县（市、区）为宣威、麒麟、会泽、镇雄和富源，其教育设施供给水平的指标值大于等于 1.73；初中段教育设施供给水平较小的县（市、区）为德钦、漾濞、孟连、呈贡、贡山，其教育设施供给水平的指标值小于等于 0.19；初中段教育设施供给水平最大的县（市、区）和最小的县（市、区）之间相差 42 倍（表 6-2）。2013—2015 年，在省内县域初中段教育设施供给水平的变化状况中，维西、建水、广南、弥勒和巍山 5 个县市的变化较大，变化值在 0.29—0.69，各县（市、区）时段内变化状态基本持平，增长率约为 14.49%。

根据各县（市、区）初中段教育设施供给水平的指标值对其进行聚类分析，可将云南省内 129 个县（市、区）划分为 4 个基本区域类型。其中，一类地区包括宣威、镇雄、富源、麒麟、会泽、广南、腾冲、宜良、大理、寻甸、罗平、嵩明、建水、红塔、楚雄和陆良 16 个县（市、区），其指标值大于等于 1.02；二类地区包括泸西、维西、砚山、昭阳、弥渡、芒市、师宗、巍山、禄劝、蒙自、祥云、隆阳、富宁、鹤庆、禄丰、弥勒、永善、凤庆、云县、沾益、宾川、文山、石林、彝良、永胜、马龙、新平、鲁甸、东川、江川、绥江、麻栗坡、昌宁、红河、华坪、元阳、威信和金平 38 个县（市、区），其指标值在 0.61—1.02；三类地区包括景东、开远、南华、晋宁、盐津、巧家、丘北、个旧、通海、龙陵、宁蒗、石屏、临翔、武定、景洪、澜沧、马关、施甸、元谋、峨山、盈江、绿春、香格里拉、元江、官渡、永德、富民、洱源、西畴、易门、大姚、勐腊、兰坪、五华、华宁、镇康、盘龙、大关和南涧 39 个县（市、区），其指标值在 0.40—0.60；四类地区包括古城、澄江、姚安、墨江、西山、瑞丽、思茅、玉龙、耿马、沧源、勐海、泸水、牟定、陇川、安宁、剑川、云龙、梁河、屏边、景谷、永平、双柏、双江、宁洱、永仁、水富、西盟、镇沅、福贡、德钦、江城、河口、孟连、漾濞、呈贡和贡山 36 个县（市、区），其指标值均小于 0.40（表 6-2）。

表6-2　2015年云南省义务教育（初中段）教育设施供给水平指标值及其城乡差异的县域格局

地区	指标值	μ	地区	指标值	μ	地区	指标值	μ	地区	指标值	μ	地区	指标值	μ	地区	指标值	μ
五华	0.42	0.31	宣威	2.58	1.14	镇雄	1.84	0.40	永德	0.48	0.23	泸西	0.98	0.23	南涧	0.40	0.16
盘龙	0.42	0.43	红塔	1.08	0.11	彝良	0.71	0.28	镇康	0.42	0.06	元阳	0.62	0.43	巍山	0.90	0.29
官渡	0.48	0.30	江川	0.65	0.17	威信	0.62	0.12	双江	0.23	0.04	红河	0.63	0.42	永平	0.25	0.07
西山	0.36	0.49	澄江	0.38	0.04	水富	0.21		耿马	0.34	0.25	金平	0.61	0.11	云龙	0.27	0.00
东川	0.65		通海	0.56	0.46	古城	0.38	0.05	沧源	0.33	0.07	绿春	0.49	0.22	洱源	0.47	0.02
呈贡	0.08	0.09	华宁	0.42	0.16	玉龙	0.35	0.47	楚雄	1.06	0.78	河口	0.19	0.02	剑川	0.29	0.07
晋宁	0.58	0.37	易门	0.44	0.13	永胜	0.71		双柏	0.24	0.19	文山	0.73	0.46	鹤庆	0.82	0.36
富民	0.48	0.63	峨山	0.49	0.30	华坪	0.62	0.21	牟定	0.30	0.05	砚山	0.96	0.28	瑞丽	0.36	0.19
宜良	1.31	0.37	新平	0.69	0.19	宁蒗	0.55		南华	0.59	0.37	西畴	0.44	0.17	芒市	0.92	0.20
石林	0.72	0.23	元江	0.48	0.05	思茅	0.35	0.28	姚安	0.37	0.01	麻栗坡	0.64	0.52	梁河	0.27	0.02
嵩明	1.12	0.66	隆阳	0.86	0.14	宁洱	0.23		大姚	0.43	0.08	马关	0.51	0.39	盈江	0.49	0.13
禄劝	0.87	0.67	施甸	0.50	0.08	墨江	0.37	0.11	永仁	0.22	0.04	丘北	0.57	0.08	陇川	0.30	0.22
寻甸	1.18	1.18	腾冲	1.37	0.47	景东	0.59	0.27	元谋	0.49	0.02	广南	1.55	0.22	泸水	0.31	0.22
安宁	0.29	0.36	龙陵	0.55	0.24	景谷	0.26	0.06	武定	0.53	0.24	富宁	0.85	0.01	福贡	0.20	
麒麟	1.76	0.13	昌宁	0.63	0.21	镇沅	0.20		禄丰	0.82	0.22	景洪	0.53	0.33	贡山	0.06	
马龙	0.69	0.38	昭阳	0.96	0.00	江城	0.19	0.07	个旧	0.56	0.45	勐海	0.33	0.21	兰坪	0.43	0.04
陆良	1.02	0.43	鲁甸	0.68	0.34	孟连	0.16		开远	0.59	0.08	勐腊	0.43	0.26	香格里拉	0.48	
师宗	0.91	1.43	巧家	0.57	0.25	澜沧	0.52	0.20	蒙自	0.86	0.74	大理	1.24	0.56	德钦	0.19	
罗平	1.15	0.53	盐津	0.57	0.19	西盟	0.21	0.17	弥勒	0.78	0.72	漾濞	0.13		维西	0.97	
富源	1.81	0.16	大关	0.41	0.08	临翔	0.54	0.36	屏边	0.26	0.11	祥云	0.86	0.31			
会泽	1.73		永善	0.76	0.22	凤庆	0.76	0.05	建水	1.09	0.54	宾川	0.73	0.17			
沾益	0.74		绥江	0.65	0.01	云县	0.75	0.31	石屏	0.55	0.43	弥渡	0.93	0.70			

2. 教育设施供给水平及其城乡差异

2015 年，云南省县域初中段教育设施供给水平城乡差异较大的县（市、区）为富源、麒麟、宣威、楚雄和蒙自，其教育设施供给水平城乡差异的指标值大于等于 0.74；初中段教育设施供给水平城乡差异较小的县（市、区）为姚安、富宁、绥江、昭阳和云龙，其教育设施供给水平城乡差异值小于等于 0.01；初中段教育设施供给水平城乡差异最大的县（市、区）和最小的县（市、区）之间相差约 143 倍（表 6-2）。2013—2015 年，在省内县域初中段教育设施供给水平城乡差异的变化状况中，弥勒、麒麟、弥渡、个旧和麻栗坡 5 个县（市、区）的城乡差异变化较大，变化值在 0.29—0.61，各县（市、区）时段内城乡差异的变化状态相对不稳定。

根据各县（市、区）初中段教育设施供给水平城乡差异的差值对其进行聚类分析，可将云南省内 129 个县（市、区）划分为 4 个基本区域类型。其中，一类地区包括富源、麒麟、宣威、楚雄、蒙自、弥勒、弥渡、寻甸、禄劝、宜良、大理、建水、会泽和麻栗坡 14 个县（市、区），其指标值大于等于 0.52；二类地区包括东川、永胜、腾冲、文山、通海、个旧、元阳、石屏、罗平、官渡、红河、镇雄、马关、师宗、南华、富民、石林、马龙、临翔、鹤庆、鲁甸、景洪、云县、祥云、五华、峨山和西山 27 个县（市、区），其指标值在 0.30—0.52；三类地区包括巍山、思茅、砚山、彝良、景东、勐腊、巧家、耿马、龙陵、武定、泸西、嵩明、永德、广南、永善、陇川、禄丰、泸水、绿春、勐海、宁蒗、昌宁、澜沧和芒市 24 个县（市、区），其指标值在 0.20—0.29；四类地区包括双柏、盐津、新平、瑞丽、西盟、西畴、宾川、江川、华宁、沾益、南涧、隆阳、盈江、易门、陆良、威信、金平、屏边、红塔、墨江、晋宁、开远、大姚、大关、施甸、丘北、剑川、永平、江城、沧源、景谷、镇康、玉龙、元江、牟定、凤庆、永仁、兰坪、澄江、双江、河口、洱源、元谋、梁河、姚安、富宁、绥江、昭阳和云龙 49 个县（市、区），其指标值均小于 0.20；此外，盘龙、呈贡、安宁、水富和古城等 15 个县（市、区）无该项指标数据。（表 6-2）。

3. 教育设施供给水平的县域类型差异

根据云南省 2015 年县域义务教育（初中段）教育设施供给水平的平均值和教育设施供给水平的城乡差异，本研究将云南省 129 个县（市、区）划分为 4 种基本类型：一类地区为教育设施供给水平较高、城乡差异较大的地区，包括富源、麒麟、宣威、楚雄、蒙自、弥勒、弥渡、寻甸、禄劝、宜良、大理、建水、会泽、永胜、腾冲、文山、罗平、镇雄、师宗、石林、马龙、鹤庆、鲁甸、云县、祥云、巍山、砚山和彝良28个县（市、区）；二类地区为教育设施供给水平较高、城乡差异较小的地区，包括泸西、嵩明、广南、永善、禄丰、芒市、新平、宾川、沾益、隆阳、陆良、红塔、凤庆、富宁和昭阳15个县（市、区）；三类地区为教育设施供给水平较低、城乡差异较大的地区，包括麻栗坡、东川、通海、个旧、元阳、石屏、官渡、红河、马关、南华、富民、临翔、景洪、五华、峨山、西山和思茅17个县（市、区）；四类地区为教育设施供给水平较低、城乡差异较小的地区，包括景东、勐腊、巧家、耿马、龙陵、武定、永德、陇川、泸水、绿春、勐海、宁蒗、昌宁、澜沧、双柏、盐津、瑞丽、西盟、西畴、江川、华宁、南涧、盈江、易门、威信、金平、屏边、墨江、晋宁、开远、大姚、大关、施甸、丘北、剑川、永平、江城、沧源、景谷、镇康、玉龙、元江、牟定、永仁、兰坪、澄江、双江、河口、洱源、元谋、梁河、姚安、绥江和云龙54个县（市、区）；此外，盘龙、呈贡、安宁、水富、古城、华坪、宁洱、镇沅、孟连、漾濞、福贡、贡山、香格里拉、德钦和维西15个县（市、区）无该项指标数据（图6-2）。

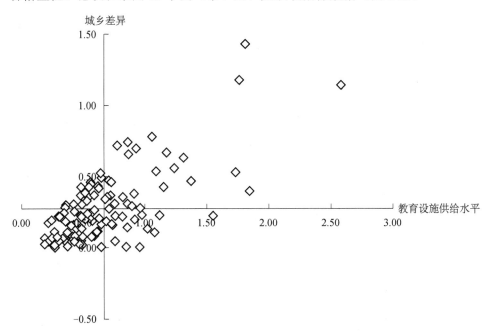

图6-2　2015年云南省城乡义务教育（初中段）教育设施供给水平的县域类型

4. 县级市、市辖区与行政县教育设施供给水平的差距

2013 年，云南省 31 个县级市、市辖区初中段教育设施供给水平占全省初中段教育设施供给水平的比例约为 28.61%，行政县的这一比例为 71.39%；县级市、市辖区初中段教育设施供给水平的城乡差距为 7.16，大于行政县的城乡差距（6.69）。至 2015 年，云南省 31 个县级市、市辖区初中段教育设施供给水平占全省初中段教育设施供给水平的比例约为 28.05%，行政县的这一比例为 71.95%；县级市、市辖区初中段教育设施供给水平的城乡差距为 9.44，小于行政县的城乡差距（15.48）。

5. 自治县与非自治县教育设施供给水平的差距

2013 年，云南省自治县初中段教育设施供给水平占全省初中段教育设施供给水平的比例约为 49.8%，非自治县的这一比例为 50.2%；自治县初中段教育设施供给水平的城乡差距为 6.43，小于非自治县的城乡差距（7.41）。至 2015 年，云南省自治县初中段教育设施供给水平占全省初中段教育设施供给水平的比例约为 51.83%，非自治县的这一比例为 48.17%；自治县初中段教育设施供给水平的城乡差距为 12.35，小于非自治县的城乡差距（12.57）。

二、教育设施供需水平及其基本类型

（一）义务教育（小学段）教育设施供需水平及其基本类型

2015 年，云南省县域小学段教育设施供需水平较大的县（市、区）为德钦、香格里拉、玉龙、绥江和贡山，其教育设施供需水平的指标值大于等于 1.77；小学段教育设施供需水平较小的县（市、区）为盈江、广南、昭阳、官渡和镇雄，其教育设施供需水平的指标值小于等于 0.70；小学段教育设施供需水平最大的县（市、区）和最小的县（市、区）之间相差约 6 倍（表 6-3）。

根据各县（市、区）小学段教育设施供需水平的指标值对其进行聚类分析，可将云南省内 129 个县（市、区）划分为 4 个基本区域类型。其中，一类地区包括德钦、香格里拉、玉龙、绥江、贡山、易门、永仁、维西、嵩明、双江、水富、马龙、漾濞、呈贡、临翔、华坪、西盟、镇沅、大姚、宜良和河口 21 个县（市、区），其指标值大于等于 1.51；二类地区包括沧源、峨山、弥渡、鹤庆、澄江、

表6-3　2015年云南省义务教育教育设施供需水平指标值的县域格局

地区	指标值		地区	指标值		地区	指标值		地区	指标值		地区	指标值		地区	指标值	
	小学	初中		小学	初中		小学	初中		小学	初中		小学	初中		小学	初中
五华	1.08	0.22	宣威	0.86	0.55	镇雄	0.63	0.30	永德	1.21	0.57	泸西	1.06	0.74	南涧	1.06	0.61
盘龙	0.83	0.34	红塔	1.19	0.80	彝良	0.77	0.38	镇康	1.22	0.78	元阳	0.89	0.63	巍山	1.36	0.97
官渡	0.63	0.23	江川	1.31	0.78	威信	0.87	0.43	双江	1.64	0.67	红河	0.92	0.70	永平	1.37	0.51
西山	0.94	0.25	澄江	1.44	0.98	水富	1.64	0.51	耿马	0.93	0.50	金平	0.71	0.56	云龙	0.94	0.51
东川	1.05	0.80	通海	1.12	0.72	古城	0.97	0.66	沧源	1.49	0.73	绿春	1.16	0.74	洱源	1.07	0.58
呈贡	1.59	0.17	华宁	1.13	0.70	玉龙	2.00	0.81	楚雄	1.30	0.66	河口	1.51	0.85	剑川	1.21	0.55
晋宁	1.42	0.85	易门	1.74	0.89	永胜	1.38	0.79	双柏	1.15	0.62	文山	0.70	0.47	鹤庆	1.44	1.02
富民	1.22	1.39	峨山	1.45	1.13	华坪	1.56	1.69	牟定	1.41	0.66	砚山	0.98	0.71	瑞丽	1.07	0.69
宜良	1.51	1.12	新平	1.39	0.92	宁蒗	1.27	0.63	南华	1.02	0.83	西畴	1.11	0.70	芒市	1.02	0.83
石林	1.26	0.99	元江	1.18	0.89	思茅	0.96	0.42	姚安	1.42	0.80	麻栗坡	1.24	0.89	梁河	1.08	0.63
嵩明	1.67	1.37	隆阳	1.11	0.36	宁洱	1.14	0.62	大姚	1.54	0.68	马关	0.86	0.57	盈江	0.70	0.57
禄劝	1.42	0.80	施甸	1.10	0.57	墨江	0.83	0.54	永仁	1.69	0.85	丘北	1.05	0.42	陇川	1.18	0.56
寻甸	1.39	0.87	腾冲	1.24	0.67	景东	1.08	0.68	元谋	1.21	0.92	广南	0.69	0.68	泸水	1.14	0.70
安宁	0.79	0.34	龙陵	1.33	0.73	景谷	0.94	0.35	武定	1.19	0.79	富宁	0.90	0.64	福贡	1.32	0.80
麒麟	1.08	0.70	昌宁	1.36	0.64	镇沅	1.54	0.48	禄丰	1.26	0.68	景洪	0.99	0.43	贡山	1.77	0.58
马龙	1.62	1.02	昭阳	0.66	0.35	江城	1.36	0.62	个旧	0.97	0.61	勐海	1.06	0.45	兰坪	1.40	0.74
陆良	1.06	0.50	鲁甸	0.94	0.45	孟连	0.99	0.48	开远	1.09	0.79	勐腊	0.88	0.62	香格里拉	2.48	1.00
师宗	0.96	0.67	巧家	0.75	0.31	澜沧	1.06	0.49	蒙自	0.91	0.87	大理	1.06	0.74	德钦	4.24	2.06
罗平	0.93	0.56	盐津	0.91	0.45	西盟	1.55	0.91	弥勒	1.04	0.54	漾濞	1.62	0.52	维西	1.68	2.63
富源	1.18	0.63	大关	1.19	0.42	临翔	1.56	0.60	屏边	1.34	0.91	祥云	1.14	0.59			
会泽	0.87	0.58	永善	1.04	0.52	凤庆	1.36	0.76	建水	1.31	0.79	宾川	1.06	0.83			
沾益	1.19	0.60	绥江	1.98	1.44	云县	1.16	0.73	石屏	1.24	0.69	弥渡	1.44	1.14			

禄劝、晋宁、姚安、牟定、兰坪、新平、寻甸、永胜、永平、巍山、凤庆、昌宁、江城、屏边、龙陵、福贡、建水、江川、楚雄、宁蒗、石林、禄丰、石屏、腾冲、麻栗坡、富民、镇康、永德、元谋和剑川35个县（市、区），其指标值在1.21—1.51；三类地区包括红塔、大关、武定、沾益、陇川、元江、富源、绿春、云县、双柏、宁洱、泸水、祥云、华宁、通海、隆阳、西畴、施甸、开远、五华、梁河、景东、麒麟、洱源、瑞丽、陆良、泸西、南涧、宾川、大理、勐海、澜沧、东川、丘北、弥勒、永善、南华和芒市38个县（市、区），其指标值在1.02—1.20；四类地区包括景洪、孟连、砚山、个旧、古城、师宗、思茅、景谷、鲁甸、云龙、西山、罗平、耿马、红河、蒙自、盐津、富宁、元阳、勐腊、威信、会泽、马关、宣威、墨江、盘龙、安宁、彝良、巧家、金平、文山、盈江、广南、昭阳、官渡和镇雄35个县（市、区），其指标值均小于1.02（表6-3）。

根据云南省2015年县域义务教育（小学段）教育设施供需水平的平均值及其城乡差异，本研究将云南省129个县（市、区）划分为4种基本类型：一类地区为教育设施供给水平较高、教育规模需求较大的地区，包括五华、盘龙、官渡、西山、宜良、禄劝、寻甸、麒麟、陆良、师宗、罗平、富源、会泽、沾益、宣威、红塔、隆阳、腾冲、昭阳、鲁甸、巧家、永善、镇雄、彝良、澜沧、凤庆、云县、楚雄、个旧、蒙自、弥勒、建水、泸西、元阳、文山、砚山、丘北、广南、富宁、景洪、大理、祥云和芒市43个县（市、区）；二类地区为教育设施供给水平较高、教育规模需求较小的地区，包括嵩明、龙陵、昌宁、永胜、临翔、永德和禄丰7个县区；三类地区为教育设施供给水平较低、教育规模需求较大的地区，包括盐津、威信、红河和金平4个县；四类地区为教育设施供给水平较低、教育规模需求较小的地区，包括东川、呈贡、晋宁、富民、石林、安宁、马龙、江川、澄江、通海、华宁、易门、峨山、新平、元江、施甸、大关、绥江、水富、古城、玉龙、华坪、宁蒗、思茅、宁洱、墨江、景东、景谷、镇沅、江城、孟连、西盟、镇康、双江、耿马、沧源、双柏、牟定、南华、姚安、大姚、永仁、元谋、武定、开远、屏边、石屏、绿春、河口、西畴、麻栗坡、马关、勐海、勐腊、漾濞、宾川、弥渡、南涧、巍山、永平、云龙、洱源、剑川、鹤庆、瑞丽、梁河、盈江、陇川、泸水、福贡、贡山、兰坪、香格里拉、德钦和维西75个县（市、区）（图6-3）。

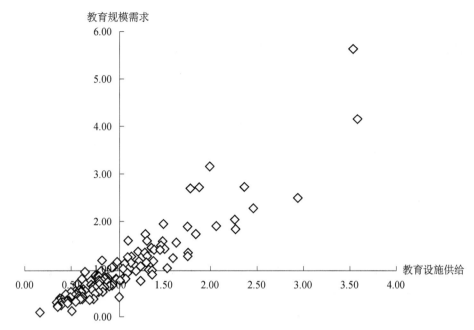

图 6-3　2015 年云南省义务教育（小学段）教育设施供需水平的县域类型

（二）义务教育（初中段）教育设施供需水平及其基本类型

2015 年，云南省县域初中段教育设施供需水平较大的县（市、区）为维西、德钦、华坪、绥江和富民，其教育设施供需水平的指标值大于等于 1.39；初中段教育设施供需水平较小的县（市、区）为镇雄、西山、官渡、五华和呈贡，其教育设施供需水平的指标值小于等于 0.30；初中段教育设施供需水平最大的县（市、区）和最小的县（市、区）之间相差 14 倍多。

根据各县（市、区）初中段教育设施供需水平的指标值对其进行聚类分析，可将云南省内 129 个县（市、区）划分为 4 个基本区域类型。其中，一类地区包括维西、德钦、华坪、绥江、富民、嵩明、弥渡、峨山、宜良、鹤庆、马龙和香格里拉 12 个县（市、区），其指标值大于等于 1.00；二类地区包括石林、澄江、巍山、元谋、新平、屏边、西盟、元江、麻栗坡、易门、蒙自、寻甸、晋宁、永仁、河口、宾川、南华、芒市、玉龙、禄劝、福贡、东川、姚安、红塔、永胜、开远、建水、武定、镇康、江川、凤庆、绿春、兰坪、泸西、大理、云县、沧源、龙陵、通海、砚山、华宁、红河、西畴和泸水 44 个县（市、区），其指标值在 0.70—1.00；三类地区包括麒麟、瑞丽、石屏、禄丰、广南、景东、大姚、双江、腾冲、师宗、牟定、古城、楚雄、昌宁、富宁、富源、元阳、宁蒗、梁河、宁洱、双柏、江城、勐腊、南涧、个旧、临翔、沾益、祥云、会泽、贡山、洱源、马关、施甸、盈江、永德、金平、罗平、陇川、剑川、宣威、弥勒、墨江、永善、漾濞、云龙、永平、水富、耿马和陆良 49 个县（市、区），其指标值在 0.50—0.69；四类地区包括澜沧、孟连、镇沅、文山、勐海、盐津、鲁甸、威信、景洪、大关、思茅、丘北、彝良、隆阳、景谷、昭阳、安宁、盘龙、巧家、镇雄、西山、官渡、五华和呈贡 24 个县（市、区），其指标值均小于 0.50（表 6-3）。

根据云南省 2015 年县域义务教育（初中段）教育设施供需水平的平均值及其城乡差异，本研究将云南省 129 个县（市、区）划分为 4 种基本类型：一类地区为教育设施供给水平较高且教育规模需求较大的地区，包括宜良、禄劝、寻甸、红塔、建水和芒市 6 个县（市、区）；二类地区为教育设施供给水平较高但教育规模需求较小的地区，包括东川、晋宁、富民、石林、嵩明、马龙、江川、澄江、易门、峨山、新平、元江、绥江、玉龙、永胜、华坪、西盟、凤庆、镇康、南华、姚安、永仁、元谋、武定、开远、蒙自、屏边、绿春、河口、麻栗坡、宾川、弥渡、巍山、鹤庆、福贡、兰坪、香格里拉、德钦和维西 39 个县（市、区）；三类地区为教育设施供给水平较低但教育规模需求较大的地区，包括五华、盘龙、官渡、西山、麒麟、陆良、师宗、罗平、富源、会泽、沾益、宣威、隆阳、腾冲、昭阳、鲁甸、巧家、盐津、永善、镇雄、彝良、威信、澜沧、云县、楚雄、禄丰、弥勒、泸西、金平、文山、砚山、丘北、广南、富宁、景洪、大理和祥云 37 个县（市、区）；四类地区为教育设施供给水平较低且教育规模需求较小的地区，包括呈贡、安宁、通海、华宁、施甸、龙陵、昌宁、大关、水富、古城、宁蒗、思茅、宁洱、墨江、景东、景谷、镇沅、江城、孟连、临翔、永德、双江、耿马、沧源、双柏、牟定、大姚、个旧、石屏、元阳、红河、西畴、马关、勐海、勐腊、漾濞、南涧、永平、云龙、洱源、剑川、瑞丽、梁河、盈江、陇川、泸水和贡山 47 个县（市、区）（图 6-4）。

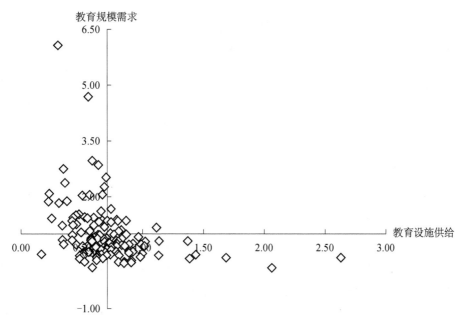

图6-4　2015年云南省义务教育（初中段）教育设施供需水平的县域类型

第二节　教育人员供给水平与城乡差距及其基本态势

教育是一种在一定社会背景下发生的、促使个体社会化和社会个性化相统一的社会实践过程，在这一过程中，教师具有十分重要的作用。云南县域城乡之间在教育人员配置水平上也存在较大差异，这直接影响城乡间义务教育的质量，容易造成城乡义务教育的非均衡发展。

一、教育人员供给水平与城乡差距及其基本态势

（一）城乡义务教育（小学段）教育人员供给水平差距及其基本态势

1. 教育人员供给水平及其县域差异

2015年，云南省县域小学段教育人员供给水平较大的县（市、区）为盘龙、五华、官渡、沧源和梁河，其教育人员供给水平的指标值大于等于1.47；小学段

教育人员供给水平较小的县（市、区）为祥云、元阳、绿春、巧家、金平和彝良，其教育人员供给水平的指标值小于等于0.64；小学段教育人员供给水平最大的县（市、区）和最小的县（市、区）之间相差3倍多（表6-4）。2013—2015年，在省内县域小学段教育人员供给水平的变化状况中，晋宁、开远、沾益、腾冲和思茅5个县（市、区）的变化较大，变化值在0.29—0.43，各县（市、区）时段内变化状态基本持平，增长率约为7.6%。

根据各县（市、区）小学段教育人员供给水平的指标值对其进行聚类分析，可将云南省内129个县（市、区）划分为4个基本区域类型。其中，一类地区包括盘龙、五华、官渡、沧源、梁河、宜良、西山、玉龙、宁洱、云县、思茅、晋宁、石林、易门、元江、德钦、开远、弥勒、华坪、西畴、沾益、昭阳、个旧、昌宁、腾冲、宣威、隆阳、寻甸、龙陵、禄丰、新平、凤庆、双江、建水、峨山、永德、牟定和镇沅38个县（市、区），其指标值大于等于1.10；二类地区包括富源、姚安、河口、临翔、施甸、麻栗坡、景洪、芒市、永仁、楚雄、永胜、元谋、马龙、香格里拉、盈江、云龙、禄劝、石屏、威信、屏边和永平21个县（市、区），其指标值在1.00—1.10；三类地区包括东川、砚山、会泽、泸水、安宁、泸西、大姚、剑川、华宁、古城、贡山、罗平、陆良、双柏、永善、维西、红塔、西盟、景谷、嵩明、文山、绥江、景东、漾濞、陇川、大关、镇康、鲁甸、武定、通海、兰坪、澜沧、澄江、大理、弥渡、江城、呈贡、水富、南华、墨江、宁蒗、师宗、巍山、麒麟、江川和勐海46个县（市、区），其指标值在0.80—0.99；四类地区包括宾川、丘北、福贡、富民、广南、鹤庆、马关、耿马、蒙自、勐腊、镇雄、孟连、盐津、瑞丽、富宁、南涧、洱源、红河、祥云、元阳、绿春、巧家、金平和彝良24个县（市、区），其指标值均小于0.80（表6-4）。

2. 教育人员供给水平及其城乡差异

2015年，云南省县域小学段教育人员供给水平城乡差异较大的县（市、区）为盘龙、五华、官渡、易门和西山，其教育人员供给水平城乡差异的指标值大于等于0.52；小学段教育人员供给水平城乡差异较小的县（市、区）为东川、石屏、临翔、腾冲、孟连、师宗、麻栗坡、绿春和元阳，其教育人员供给水平城乡差异值小于等于0.01；小学段教育人员供给水平城乡差异最大的县（市、区）和最小的县（市、区）之间相差约133倍（表6-4）。2013—2015年，在省内县域小学段教育人员供给水平城乡差异的变化状况中，盘龙、梁河、姚安、永德和绥江5个县

表6-4 2015年云南省义务教育（小学段）教育人员供给水平指标值及其城乡差异的县域格局

地区	指标值	μ	地区	指标值	μ	地区	指标值	μ	地区	指标值	μ	地区	指标值	μ	地区	指标值	μ
五华	1.91	1.01	宣威	1.19	0.06	镇雄	0.72	0.19	永德	1.12	0.25	泸西	0.97	0.12	南涧	0.68	0.10
盘龙	2.42	1.33	红塔	0.93	0.03	彝良	0.58	0.11	镇康	0.88	0.07	元阳	0.63	0.00	巍山	0.81	0.02
官渡	1.91	0.86	江川	0.80	0.19	威信	1.00	0.10	双江	1.15	0.30	红河	0.65	0.04	永平	1.00	0.14
西山	1.45	0.52	澄江	0.86	0.24	水富	0.84	0.15	耿马	0.77	0.04	金平	0.59	0.07	云龙	1.02	0.22
东川	0.99	0.01	通海	0.87	0.14	古城	0.95	0.44	沧源	1.50	0.26	绿春	0.63	0.01	洱源	0.66	0.03
呈贡	0.85	0.12	华宁	0.95	0.18	玉龙	1.42	0.44	楚雄	1.05	0.16	河口	1.07	0.25	剑川	0.96	0.07
晋宁	1.34	0.06	易门	1.32	0.58	永胜	1.04	0.20	双柏	0.93	0.12	文山	0.90	0.14	鹤庆	0.78	0.09
富民	0.78	0.14	峨山	1.14	0.17	华坪	1.24	0.19	牟定	1.10	0.26	砚山	0.99	0.14	瑞丽	0.70	0.44
宜良	1.45	0.02	新平	1.16	0.25	宁蒗	0.82	0.18	南华	0.83	0.17	西畴	1.24	0.24	芒市	1.05	0.26
石林	1.34	0.13	元江	1.32	0.51	思茅	1.34	0.03	姚安	1.08	0.40	麻栗坡	1.06	0.01	梁河	1.47	0.47
嵩明	0.91	0.08	隆阳	1.17	0.07	宁洱	1.39	0.24	大姚	0.97	0.25	马关	0.78	0.06	盈江	1.03	0.06
禄劝	1.01	0.35	施甸	1.07	0.08	墨江	0.83	0.10	永仁	1.05	0.32	丘北	0.79	0.02	陇川	0.89	0.14
寻甸	1.17	0.33	腾冲	1.19	0.01	景东	0.89	0.03	元谋	1.04	0.30	广南	0.78	0.11	泸水	0.98	0.08
安宁	0.98	0.11	龙陵	1.17	0.42	景谷	0.92	0.12	武定	0.88	0.11	富宁	0.68	0.08	福贡	0.79	0.05
麒麟	0.80	0.27	昌宁	1.20	0.10	镇沅	1.10	0.09	禄丰	1.16	0.35	景洪	1.06	0.02	贡山	0.94	0.13
马龙	1.04	0.11	昭阳	1.20	0.06	江城	0.85	0.13	个旧	1.20	0.09	勐海	0.80	0.11	兰坪	0.87	0.04
陆良	0.93	0.19	鲁甸	0.88	0.03	孟连	0.72	0.01	开远	1.27	0.07	勐腊	0.74	0.04	香格里拉	1.03	0.28
师宗	0.81	0.01	巧家	0.59	0.16	澜沧	0.87	0.08	蒙自	0.76	0.08	大理	0.85	0.12	德钦	1.31	0.14
罗平	0.94	0.21	盐津	0.72	0.02	西盟	0.92	0.40	弥勒	1.25	0.11	漾濞	0.89	0.23	维西	0.93	0.04
富源	1.09	0.42	大关	0.88	0.11	临翔	1.07	0.01	屏边	1.00	0.17	祥云	0.64	0.06			
会泽	0.98	0.04	永善	0.93	0.12	凤庆	1.16	0.15	建水	1.14	0.19	宾川	0.79	0.11			
沾益	1.22	0.22	绥江	0.90	0.34	云县	1.36	0.34	石屏	1.01	0.01	弥渡	0.85	0.14			

区的城乡差异变化较大，变化值在0.18—0.53，各县（市、区）时段内城乡差异的变化状态相对不稳定。

根据各县（市、区）小学段教育人员供给水平城乡差异的差值对其进行聚类分析，可将云南省内129个县（市、区）划分为4个基本区域类型。其中，一类地区包括盘龙、五华、官渡、易门、西山、元江、梁河、古城、瑞丽、玉龙、龙陵、富源、西盟、姚安、禄劝、禄丰、云县、绥江、寻甸、永仁、元谋和双江22个县（市、区），其指标值大于等于0.30；二类地区包括香格里拉、麒麟、牟定、沧源、芒市、永德、大姚、河口、新平、澄江、西畴、宁洱、漾濞、云龙、沾益、罗平和永胜17个县（市、区），其指标值在0.20—0.30；三类地区包括镇雄、华坪、陆良、建水、江川、华宁、宁蒗、屏边、南华、峨山、巧家、楚雄、水富、凤庆、德钦、永平、弥渡、富民、砚山、文山、通海、陇川、石林、江城、贡山、呈贡、永善、大理、景谷、双柏、泸西、武定、勐海、马龙、大关、弥勒、宾川、广南、彝良、安宁、南涧、墨江、昌宁和威信44个县（市、区），其指标值在0.10—0.19；四类地区包括镇沅、鹤庆、个旧、嵩明、蒙自、泸水、富宁、施甸、澜沧、隆阳、开远、剑川、金平、镇康、宣威、昭阳、盈江、晋宁、祥云、马关、福贡、兰坪、耿马、红河、维西、会泽、勐腊、洱源、鲁甸、红塔、思茅、景东、盐津、丘北、景洪、宜良、巍山、东川、石屏、临翔、腾冲、孟连、师宗、麻栗坡、绿春和元阳46个县（市、区），其指标值均小于0.10（表6-4）。

3. 教育人员供给水平的县域类型差异

根据云南省2015年县域义务教育（小学段）教育人员供给水平的平均值及其城乡差异，本研究将云南省129个县（市、区）划分为4种基本类型：一类地区为教育人员供给水平较高、城乡差异较大的地区，包括建水、华坪、永胜、沾益、云龙、宁洱、西畴、新平、河口、永德、芒市、沧源、牟定、香格里拉、双江、元谋、永仁、寻甸、云县、禄丰、禄劝、姚安、富源、龙陵、玉龙、梁河、元江、西山、易门、官渡、五华和盘龙32个县（市、区）；二类地区为教育人员供给水平较高、城乡差异较小的地区，包括麻栗坡、腾冲、临翔、石屏、宜良、景洪、思茅、晋宁、盈江、昭阳、宣威、开远、隆阳、施甸、个旧、镇沅、昌宁、弥勒、马龙、石林、德钦、凤庆、楚雄和峨山24个县（市、区）；三类地区为教育人员供给水平较低、城乡差异较大的地区，包括华宁、江川、陆良、镇雄、罗平、漾濞、澄江、大姚、麒麟、绥江、西盟、瑞丽和古城13个县（市、区）；四类地区为教育人员供给水平较低、城乡差异较小的地区，包括元阳、绿春、师宗、孟连、东川、巍山、丘北、盐津、景东、红塔、鲁甸、洱源、勐腊、会泽、维西、红河、耿马、兰坪、福贡、马关、祥云、镇康、金平、剑川、澜沧、富宁、泸水、蒙自、嵩明、鹤庆、威信、墨江、南涧、安宁、彝良、广南、宾川、大关、勐海、武定、泸西、双柏、景谷、大理、永善、呈贡、贡山、江城、陇川、通海、文山、砚山、富民、弥渡、永平、水富、巧家、南华、屏边和宁蒗 60 个县（市、区）（图 6-5）。

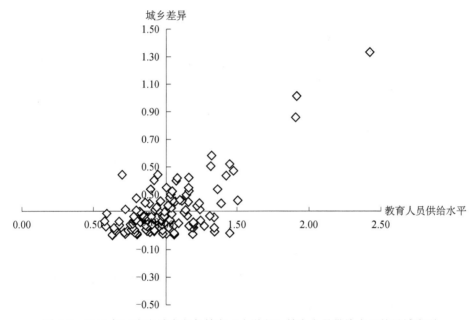

图 6-5　2015 年云南省城乡义务教育（小学段）教育人员供给水平的县域类型

4. 县级市、市辖区与行政县教育人员供给水平的差距

2013 年，云南省 31 个县级市、市辖区小学段教育人员供给水平占全省小学段教育人员供给水平的比例约为 26.79%，行政县的这一比例为 73.21%；县级市、市辖区小学段教育人员供给水平的城乡差距为 1.79，大于行政县的城乡差距（-8.91）。至 2015 年，云南省 31 个县级市、市辖区小学段教育人员供给水平占全省小学段教育人员供给水平的比例约为 27.33%，行政县的这一比例为 72.67%；县级市、市辖区小学段教育人员供给水平的城乡差距为 1.32，大于行政县的城乡差距（-12.04）。

5. 自治县与非自治县教育人员供给水平的差距

2013 年，云南省自治县小学段教育人员供给水平占全省小学段教育人员供给水平的比例约为58.52%，非自治县的这一比例为41.48%；自治县小学段教育人员供给水平的城乡差距为-6.98，大于非自治县的城乡差距（-0.13）。至2015年，云南省自治县小学段教育人员供给水平占全省小学段教育人员供给水平的比例约为57.84%，非自治县的这一比例为42.16%；自治县小学段教育人员供给水平的城乡差距为-9.07，大于非自治县的城乡差距（-1.65）。

（二）城乡义务教育（初中段）教育人员供给水平差距及其基本态势

1. 教育人员供给水平及其县域差异

2015年，云南省县域初中段教育人员供给水平较大的县（市、区）为隆阳、盘龙、开远、宜良和五华，其教育人员供给水平的指标值大于等于1.55；初中段教育人员供给水平较小的县（市、区）为鲁甸、香格里拉、彝良、洱源、巧家和大关，其教育人员供给水平的指标值小于等于0.62；初中段教育人员供给水平最大的县（市、区）和最小的县（市、区）之间相差约3倍（表6-5）。2013—2015年，在省内县域初中段教育人员供给水平的变化状况中，开远、江川、云县、德钦和晋宁5个县（市、区）的变化较大，变化值在0.32—0.81，各县（市、区）时段内变化状态基本持平，增长率约为3.1%。

根据各县（市、区）初中段教育人员供给水平的指标值对其进行聚类分析，可将云南省内129个县（市、区）划分为4个基本区域类型。其中，一类地区包括隆阳、盘龙、开远、宜良、五华、德钦、江川、晋宁、嵩明、云县、官渡、西山、河口、屏边、寻甸、腾冲、沾益、宁洱、广南、西畴、富民、凤庆、景洪、砚山、玉龙、施甸、贡山、梁河、安宁、楚雄和牟定31个县（市、区），其指标值大于等于1.00；二类地区包括呈贡、红塔、峨山、永胜、文山、墨江、双江、芒市、镇沅、盈江、弥勒、龙陵、蒙自、云龙、昭阳、昌宁、宣威、华坪、罗平、宾川、澜沧、禄丰、古城、易门、新平、个旧、姚安、临翔、富源、马关、麻栗坡、绿春、弥渡、永德和石林35个县（市、区），其指标值在0.90—1.00；三类地区包括泸水、东川、元谋、禄劝、建水、麒麟、红河、大姚、沧源、福贡、武定、通海、石屏、陇川、景东、双柏、元江、剑川、瑞丽、西盟、泸西、勐腊、华宁、金平、兰坪、景谷和永仁27个县（市、区），其指标值在0.80—0.89；四类地区包括澄江、思茅、南华、大理、丘北、南涧、马龙、元阳、永平、耿马、镇雄、宁蒗、陆良、巍山、永善、勐海、鹤庆、会泽、富宁、祥云、江城、威信、

表6-5 2015年云南省义务教育（初中段）教育人员供给水平指标值及其城乡差异的县域格局

地区	指标值	μ	地区	指标值	μ	地区	指标值	μ	地区	指标值	μ	地区	指标值	μ	地区	指标值	μ
五华	1.55	0.57	宣威	0.94	0.25	镇雄	0.74	0.10	永德	0.90	0.00	泸西	0.82	0.14	南涧	0.76	0.05
盘龙	1.86	0.08	红塔	0.99	0.16	彝良	0.61	0.13	镇康	0.67	0.22	元阳	0.75	0.03	巍山	0.72	0.03
官渡	1.18	0.10	江川	1.45	0.35	威信	0.69	0.01	双江	0.97	0.32	红河	0.87	0.51	永平	0.75	0.13
西山	1.18	0.39	澄江	0.79	0.05	水富	0.67		耿马	0.74	0.08	金平	0.81	0.04	云龙	0.95	0.08
东川	0.88	0.91	通海	0.85		古城	0.92	0.16	沧源	0.86	0.07	绿春	0.90	0.34	洱源	0.60	0.03
呈贡	0.99	0.11	华宁	0.81	0.06	玉龙	1.06	0.16	楚雄	1.02	0.15	河口	1.18	0.09	剑川	0.84	0.07
晋宁	1.40	0.19	易门	0.92	0.17	永胜	0.97	0.01	双柏	0.85	0.53	文山	0.97	0.18	鹤庆	0.71	0.02
富民	1.08	0.46	峨山	0.98	0.06	华坪	0.94		牟定	1.00	0.26	砚山	1.07	0.19	瑞丽	0.83	0.73
宜良	1.60	0.11	新平	0.92	0.11	宁蒗	0.74	0.09	南华	0.76	0.05	西畴	1.09	0.52	芒市	0.97	0.12
石林	0.90	0.22	元江	0.84	0.27	思茅	0.77	0.03	姚安	0.92	0.10	麻栗坡	0.90	0.03	梁河	1.04	0.28
嵩明	1.31	0.11	隆阳	2.11	0.40	宁洱	1.12	0.13	大姚	0.86	0.01	马关	0.91	0.16	盈江	0.97	0.05
禄劝	0.88	0.15	施甸	1.05	0.16	墨江	0.97	0.19	永仁	0.80	0.08	丘北	0.76	0.11	陇川	0.85	0.02
寻甸	1.15		腾冲	1.13	0.25	景东	0.85	0.01	元谋	0.88	0.30	广南	1.11	0.04	泸水	0.89	0.24
安宁	1.03	0.13	龙陵	0.96	0.10	景谷	0.81	0.01	武定	0.85	0.14	富宁	0.71	0.01	福贡	0.86	0.08
麒麟	0.88	0.03	昌宁	0.94	0.08	镇沅	0.97	0.28	禄丰	0.92	0.03	景洪	1.08	0.32	贡山	1.05	0.09
马龙	0.76	0.12	昭阳	0.95	0.08	江城	0.69	0.14	个旧	0.92	0.03	勐海	0.71	0.20	兰坪	0.81	0.27
陆良	0.73	0.14	鲁甸	0.62	0.04	孟连	0.65	0.03	开远	1.67	0.70	勐腊	0.82	0.15	香格里拉	0.62	
师宗	0.63	0.09	巧家	0.56	0.00	澜沧	0.92	0.13	蒙自	0.96	0.11	大理	0.76	0.14	德钦	1.51	
罗平	0.93	0.20	盐津	0.67	0.03	西盟	0.83	0.26	弥勒	0.96	0.17	漾濞	0.65	0.17	维西	0.66	
富源	0.91	0.02	大关	0.55	0.08	临翔	0.91	0.16	屏边	1.17	0.30	祥云	0.70	0.04			
会泽	0.71	0.13	永善	0.72	0.02	凤庆	1.08	0.06	建水	0.88	0.21	宾川	0.92	0.03			
沾益	1.13		绥江	0.69	0.07	云县	1.26	0.11	石屏	0.85	0.03	弥渡	0.90	0.06			

绥江、水富、镇康、盐津、维西、孟连、漾濞、师宗、鲁甸、香格里拉、彝良、洱源、巧家和大关 36 个县（市、区），其指标值均小于 0.80（表 6-5）。

2. 教育人员供给水平及其城乡差异

2015 年，云南省县域初中段教育人员供给水平城乡差异较大的县（市、区）为呈贡、瑞丽、开远、五华和双柏，其教育人员供给水平城乡差异的指标值大于等于 0.53；初中段教育人员供给水平城乡差异较小的县（市、区）为富宁、威信、大姚、景谷、永胜、景东、巧家和永德，其教育人员供给水平城乡差异值小于等于 0.01；初中段教育人员供给水平城乡差异最大的县（市、区）和最小的县（市、区）之间相差约 91 倍（表 6-5）。2013—2015 年，在省内县域初中段教育人员供给水平城乡差异的变化状况中，开远、绿春、景洪、隆阳和镇沅 5 个县（市、区）的城乡差异变化较大，变化值在 0.28—0.70，各县（市、区）时段内城乡差异的变化状态相对不稳定。

根据各县（市、区）初中段教育人员供给水平城乡差异的差值对其进行聚类分析，可将云南省内 129 个县（市、区）划分为 4 个基本区域类型。其中，一类地区包括呈贡、瑞丽、开远、五华、双柏、西畴、红河、宜良、隆阳、东川、江川、绿春、景洪、双江、元谋和屏边 16 个县（市、区），其指标值大于等于 0.30；二类地区包括镇沅、梁河、兰坪、元江、牟定、西盟、宣威、腾冲、泸水、嵩明、镇康、建水、富源和勐海 14 个县（市、区），其指标值在 0.20—0.30；三类地区包括墨江、富民、砚山、文山、弥勒、易门、施甸、玉龙、马关、临翔、红塔、寻甸、勐腊、楚雄、泸西、师宗、武定、大理、江城、麒麟、沾益、彝良、宁洱、永平、澜沧、芒市、陆良、蒙自、晋宁、石林、丘北、禄劝、云县、新平、龙陵、姚安、西山和镇雄 38 个县（市、区），其指标值在 0.10—0.19；四类地区包括贡山、罗平、河口、宁蒗、云龙、官渡、昌宁、大关、昭阳、永仁、福贡、耿马、沧源、绥江、剑川、华宁、弥渡、凤庆、峨山、盈江、澄江、南华、南涧、祥云、金平、广南、鲁甸、洱源、麻栗坡、巍山、个旧、禄丰、元阳、马龙、思茅、石屏、宾川、盐津、孟连、会泽、永善、鹤庆、陇川、富宁、威信、大姚、景谷、永胜、景东、巧家和永德 51 个县（市、区），其指标值均小于 0.10；此外，盘龙、安宁、通海、水富、古城、华坪、漾濞、香格里拉、德钦和维西 10 个县（市、区）无该项指标数据。（表 6-5）。

3. 教育人员供给水平的县域类型差异

根据云南省 2015 年县域义务教育（初中段）教育人员供给水平的平均值及

其城乡差异，本研究将云南省 129 个县（市、区）划分为 4 种基本类型：一类地区为教育人员供给水平较高、城乡差异较大的地区，包括呈贡、开远、五华、西畴、宜良、隆阳、江川、景洪、双江、屏边、镇沅、梁河、牟定、宣威、腾冲、嵩明、墨江、富民、砚山、文山、弥勒、施甸和玉龙 23 个县（市、区）；二类地区为教育人员供给水平较高、城乡差异较小的地区，包括红塔、寻甸、楚雄、沾益、宁洱、芒市、蒙自、晋宁、云县、龙陵、西山、贡山、罗平、河口、云龙、官渡、昌宁、昭阳、凤庆、峨山、盈江、广南、宾川和永胜 24 个县（市、区）；三类地区为教育人员供给水平较低、城乡差异较大的地区，包括瑞丽、双柏、红河、东川、绿春、元谋、兰坪、元江、西盟、泸水、镇康、建水、富源、勐海、易门、马关和临翔 17 个县（市、区）；四类地区为教育人员供给水平较低、城乡差异较小的地区，包括勐腊、泸西、师宗、武定、大理、江城、麒麟、彝良、永平、澜沧、陆良、石林、丘北、禄劝、新平、姚安、镇雄、宁蒗、大关、永仁、福贡、耿马、沧源、绥江、剑川、华宁、弥渡、澄江、南华、南涧、祥云、金平、鲁甸、洱源、麻栗坡、巍山、个旧、禄丰、元阳、马龙、思茅、石屏、盐津、孟连、会泽、永善、鹤庆、陇川、富宁、威信、大姚、景谷、景东、巧家和永德 55 个区县；此外，盘龙、安宁、通海、水富、古城、华坪、漾濞、香格里拉、德钦和维西 10 个县（市、区）无该项指标数据（图 6-6）。

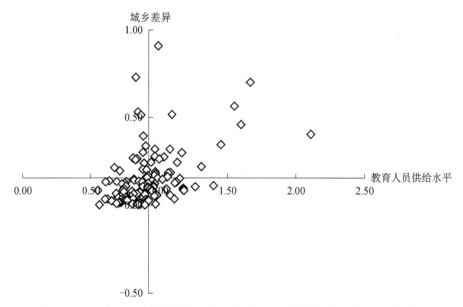

图 6-6　2015 年云南省城乡义务教育（初中段）教育人员供给水平的县域类型

4. 县级市、市辖区与行政县教育人员供给水平的差距

2013 年，云南省 31 个县级市、市辖区初中段教育人员供给水平占全省初中段教育人员供给水平的比例约为 27.62%，行政县的这一比例为 72.38%；县级市、市辖区初中段教育人员供给水平的城乡差距为 3.62，大于行政县的城乡差距（-3.89）。至 2015 年，云南省 31 个县级市、市辖区初中段教育人员供给水平占全省初中段教育人员供给水平的比例约为 28.28%，行政县的这一比例为 71.72%；县级市、市辖区初中段教育人员供给水平的城乡差距为 3.88，大于行政县的城乡差距（0.08）。

5. 自治县与非自治县教育人员供给水平的差距

2013 年，云南省自治县初中段教育人员供给水平占全省初中段教育人员供给水平的比例约为 57.98%，非自治县的这一比例为 42.02%；自治县初中段教育人员供给水平的城乡差距为-3.72，小于非自治县的城乡差距（3.44）。至 2015 年，云南省自治县初中段教育人员供给水平占全省初中段教育人员供给水平的比例约为 58.48%，非自治县的这一比例为 41.52%；自治县初中段教育人员供给水平的城乡差距为-3.47，小于非自治县的城乡差距（7.44）。

二、教育人员供需水平与城乡差距及其基本态势

（一）城乡义务教育（小学段）教育人员供需水平差距及其基本态势

2015 年，云南省县域小学段教育人员供需水平较大的县（市、区）为德钦、贡山、永仁、河口和梁河，其教育人员供需水平的指标值大于等于 4.29；小学段教育人员供需水平较小的县（市、区）为巧家、彝良、广南、宣威和镇雄，其教育人员供需水平的指标值小于等于 0.34；小学段教育人员供需水平最大的县（市、区）和最小的县（市、区）之间相差约 83 倍（表 6-6）。

根据各县（市、区）小学段教育人员供需水平的指标值对其进行聚类分析，可将云南省内 129 个县（市、区）划分为 4 个基本区域类型。其中，一类地区包括德钦、贡山、永仁、河口、梁河、易门、西盟、宁洱、玉龙、漾濞、沧源、峨山、姚安、牟定、华坪、双江、双柏、水富、屏边、江城、福贡、澄江、元江、绥江、香格里拉、维西、镇沅、剑川、永平、元谋、石林、云龙、西畴和晋宁 34

表6-6　2015年云南省义务教育教育人员供需水平指标值的县域格局

地区	指标值（小学）	指标值（初中）	地区	指标值（小学）	指标值（初中）	地区	指标值（小学）	指标值（初中）	地区	指标值（小学）	指标值（初中）	地区	指标值（小学）	指标值（初中）	地区	指标值（小学）	指标值（初中）
五华	1.01	0.83	宣威	0.29	0.20	镇雄	0.13	0.12	永德	1.22	1.07	泸西	0.84	0.62	南涧	1.22	1.16
盘龙	1.52	1.51	红塔	0.80	0.73	彝良	0.30	0.32	镇康	1.64	1.26	元阳	0.51	0.77	巍山	1.16	0.78
官渡	0.60	0.57	江川	1.44	1.76	威信	0.87	0.48	双江	3.15	2.77	红河	0.62	0.97	永平	2.34	1.56
西山	0.91	0.83	澄江	2.60	2.05	水富	2.97	1.60	耿马	0.90	1.09	金平	0.50	0.75	云龙	2.18	1.82
东川	1.30	1.09	通海	1.16	1.10	古城	1.84	1.58	沧源	3.60	1.90	绿春	0.99	1.38	洱源	0.99	0.75
呈贡	1.78	2.14	华宁	1.92	1.37	玉龙	3.84	2.48	楚雄	0.85	0.63	河口	4.50	5.38	剑川	2.36	1.61
晋宁	2.10	2.04	易门	4.19	1.85	永胜	1.32	1.09	双柏	3.11	2.17	文山	0.57	0.63	鹤庆	1.22	0.89
富民	1.79	3.14	峨山	3.53	2.27	华坪	3.31	2.53	牟定	3.37	2.20	砚山	0.66	0.78	瑞丽	1.24	1.62
宜良	1.43	1.36	新平	1.88	1.23	宁蒗	1.06	0.83	南华	1.55	1.08	西畴	2.16	1.73	芒市	0.93	0.87
石林	2.22	1.23	元江	2.55	1.54	思茅	1.60	0.92	姚安	3.38	1.97	麻栗坡	1.47	1.25	梁河	4.29	2.44
嵩明	1.22	1.60	隆阳	0.57	0.89	宁洱	3.91	3.00	大姚	1.87	1.35	马关	0.81	1.01	盈江	1.10	1.14
禄劝	1.04	0.82	施甸	1.45	1.22	墨江	1.21	1.42	永仁	5.01	3.13	丘北	0.51	0.56	陇川	1.71	1.59
寻甸	0.92	0.85	腾冲	0.65	0.55	景东	1.12	0.98	元谋	2.26	1.66	广南	0.29	0.49	泸水	1.84	2.03
安宁	1.24	1.22	龙陵	1.47	1.26	景谷	1.22	1.10	武定	1.40	1.25	富宁	0.50	0.53	福贡	2.71	3.44
麒麟	0.35	0.35	昌宁	1.58	0.97	镇沅	2.45	2.29	禄丰	1.22	0.77	景洪	0.76	0.87	贡山	10.30	10.38
马龙	1.99	1.11	昭阳	0.44	0.34	江城	2.82	2.30	个旧	1.08	0.99	勐海	1.05	0.99	兰坪	1.45	1.40
陆良	0.54	0.36	鲁甸	0.61	0.41	孟连	1.89	1.93	开远	1.55	2.24	勐腊	0.85	1.18	香格里拉	2.52	1.28
师宗	0.60	0.46	巧家	0.34	0.31	澜沧	0.86	0.88	蒙自	0.60	0.96	大理	0.60	0.45	德钦	10.91	16.08
罗平	0.50	0.45	盐津	0.69	0.53	西盟	4.06	3.50	弥勒	0.89	0.67	漾濞	3.69	2.54	维西	2.51	1.79
富源	0.44	0.32	大关	1.30	0.56	临翔	1.21	1.00	屏边	2.95	4.01	祥云	0.61	0.49			
会泽	0.36	0.24	永善	0.73	0.50	凤庆	1.18	1.09	建水	0.85	0.64	宾川	0.97	1.05			
沾益	1.16	0.91	绥江	2.55	1.52	云县	1.20	1.23	石屏	1.27	1.07	弥渡	1.31	1.10			

个县（市、区），其指标值大于等于 2.10；二类地区包括马龙、华宁、孟连、新平、大姚、泸水、古城、富民、呈贡、陇川、镇康、思茅、昌宁、南华、开远、盘龙、龙陵、麻栗坡、兰坪、施甸、江川、宜良、武定、永胜、弥渡、东川、大关、石屏、瑞丽、安宁、永德、鹤庆、景谷、南涧、禄丰、嵩明、临翔、墨江、云县、凤庆、巍山、沾益、通海、景东、盈江、个旧、宁蒗、勐海、禄劝和五华50 个县（市、区），其指标值在 0.99—2.10；三类地区包括绿春、洱源、宾川、芒市、寻甸、西山、耿马、弥勒、威信、澜沧、勐腊、楚雄、建水、泸西、马关、红塔、景洪、永善、盐津、砚山、腾冲、红河、祥云、鲁甸、官渡、蒙自、师宗和大理 28 个县（市、区），其指标值在 0.60—0.98；四类地区包括隆阳、文山、陆良、丘北、元阳、富宁、罗平、金平、昭阳、富源、会泽、麒麟、巧家、彝良、广南、宣威和镇雄 17 个县（市、区），其指标值均小于 0.60（表 6-6）。

根据云南省 2015 年县域义务教育（小学段）教育人员供需水平的平均值及其城乡差异，本研究将云南省 129 个县（市、区）划分为 4 种基本类型：一类地区为教育人员供给水平较高、教育规模需求较大的地区，包括盘龙、五华、官渡、宜良、西山、云县、弥勒、沾益、昭阳、个旧、腾冲、宣威、隆阳、寻甸、凤庆、建水、富源、景洪、芒市、楚雄和禄劝 21 个县（市、区）；二类地区为教育人员供给水平较高、教育规模需求较小的地区，包括沧源、梁河、玉龙、宁洱、思茅、晋宁、石林、易门、元江、德钦、开远、华坪、西畴、昌宁、龙陵、禄丰、新平、双江、峨山、永德、牟定、镇沅、姚安、河口、临翔、施甸、麻栗坡、永仁、永胜、元谋、马龙、香格里拉、盈江、云龙和石屏 35 个县（市、区）；三类地区为教育人员供给水平较低、教育规模需求较大的地区，包括威信、砚山、会泽、泸西、罗平、陆良、永善、红塔、文山、鲁甸、澜沧、大理、师宗、麒麟、丘北、广南、蒙自、镇雄、盐津、富宁、红河、祥云、元阳、巧家、金平和彝良 26 个县（市、区）；四类地区为教育人员供给水平较低、教育规模需求较小的地区，包括屏边、永平、东川、泸水、安宁、大姚、剑川、华宁、古城、贡山、双柏、维西、西盟、景谷、嵩明、绥江、景东、漾濞、陇川、大关、镇康、武定、通海、兰坪、澄江、弥渡、江城、呈贡、水富、南华、墨江、宁蒗、巍山、江川、勐海、宾川、福贡、富民、鹤庆、马关、耿马、勐腊、孟连、瑞丽、南涧、洱源和绿春47 个县（市、区）（图 6-7）。

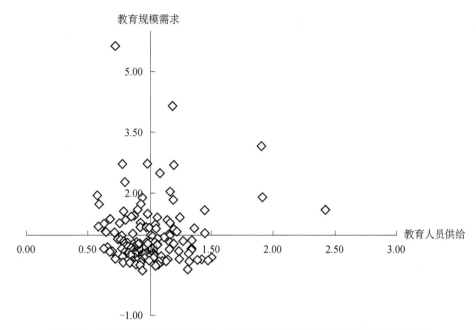

图 6-7　2015 年云南省义务教育（小学段）教育人员供需水平的县域类型

（二）城乡义务教育（初中段）教育人员供需水平差距及其基本态势

2015 年，云南省县域初中段教育人员供需水平较大的县（市、区）为德钦、贡山、河口、屏边和西盟，其教育人员供需水平的指标值大于等于 3.50；初中段教育人员供需水平较小的县（市、区）为富源、巧家、会泽、宣威和镇雄，其教育人员供需水平的指标值小于等于 0.32；初中段教育人员供需水平最大的县（市、区）和最小的县（市、区）之间相差 133 倍（表 6-6）。

根据各县（市、区）初中段教育人员供需水平的指标值对其进行聚类分析，可将云南省内 129 个县（市、区）划分为 4 个基本区域类型。其中，一类地区包括德钦、贡山、河口、屏边、西盟、福贡、富民、永仁、宁洱、双江、漾濞、华坪、玉龙、梁河、江城、镇沅、峨山、开远、牟定、双柏、呈贡、澄江、晋宁和泸水 24 个县（市、区），其指标值大于等于 2.03；二类地区包括姚安、孟连、沧源、易门、云龙、维西、江川、西畴、元谋、瑞丽、剑川、嵩明、水富、陇川、古城、永平、元江、绥江、盘龙、墨江、兰坪、绿春、华宁、宜良、大姚、香格里拉、龙陵、镇康、武定、麻栗坡、新平、云县、石林、施甸、安宁、勐腊、南涧、盈江、马龙、景谷、通海、弥渡、永胜、耿马、东川、凤庆、南华、永德、石屏、宾川、马关和临翔 52 个县（市、区），其指标值在 1.00—2.03；三类地区包括勐海、个旧、景东、红河、昌宁、蒙自、思茅、沾益、隆阳、鹤庆、澜沧、芒市、景洪、寻甸、宁蒗、五华、西山、禄劝、砚山、巍山、禄丰、元阳、金平、洱源、红塔、弥勒、建水、文山、楚雄和泸西 30 个县（市、区），其指标值在 0.62—0.99；四类地区包括官渡、大关、丘北、腾冲、富宁、盐津、永善、广南、祥云、威信、师宗、罗平、大理、鲁甸、陆良、麒麟、昭阳、彝良、富源、巧家、会泽、宣威和镇雄 23 个县（市、区），其指标值均小于 0.62（表 6-6）。

根据云南省 2015 年县域义务教育（初中段）教育人员供需水平的平均值及其城乡差异，本研究将云南省 129 个县（市、区）划分为 4 种基本类型：一类地区为教育人员供给水平较高、教育规模需求较大的地区，包括五华、盘龙、官渡、西山、宜良、寻甸、罗平、沾益、宣威、红塔、隆阳、腾冲、昭阳、云县、楚雄、弥勒、文山、砚山、广南、景洪和芒市 21 个县（市、区）；二类地区为教育人员供给水平较高、教育规模需求较小的地区，包括呈贡、晋宁、富民、嵩明、安宁、江川、峨山、施甸、龙陵、昌宁、玉龙、永胜、华坪、宁洱、墨江、镇沅、凤庆、双江、牟定、开远、蒙自、屏边、河口、西畴、云龙、梁河、盈江、贡山和德钦 29 个县（市、区）；三类地区为教育人员供给水平较低、教育规模需求较大的地区，包括禄劝、麒麟、陆良、师宗、富源、会泽、鲁甸、巧家、盐津、永善、镇雄、彝良、威信、澜沧、禄丰、建水、泸西、金平、丘北、富宁、大理和祥云 22 个县（市、区）；四类地区为教育人员供给水平较低、教育规模需求较小的地区，包括东川、石林、马龙、澄江、通海、华宁、易门、新平、元江、大关、绥江、水富、古城、宁蒗、思茅、景东、景谷、江城、孟连、西盟、临翔、永德、镇康、耿马、沧源、双柏、南华、姚安、大姚、永仁、元谋、武定、个旧、石屏、元阳、红河、绿春、麻栗坡、马关、勐海、勐腊、漾濞、宾川、弥渡、南涧、巍山、永平、洱源、剑川、鹤庆、瑞丽、陇川、泸水、福贡、兰坪、香格里拉和维西 57 个县（市、区）（图 6-8）。

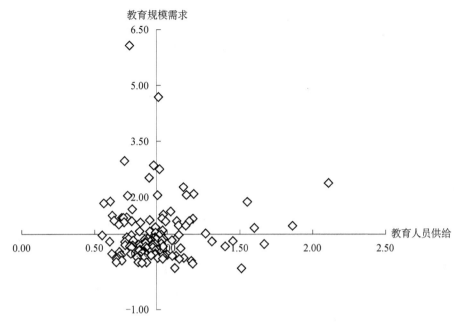

图 6-8　2015 年云南省义务教育（初中段）教育人员供需水平的县域类型

第三节　教育信息化水平与城乡差距及其基本态势

信息化发展是义务教育资源配置的新特征，这一特征一方面反映区域义务教育信息化资源的配置水平，以及其支撑义务教育信息化的程度；另一方面，义务教育信息化可以通过信息技术打破教育资源的空间壁垒，是实现区域间义务教育均衡发展的重要途径。

一、教育信息化供给水平与城乡差距及其基本态势

（一）城乡义务教育（小学段）教育信息化供给水平差距及其基本态势

1. 教育信息化供给水平及其县域差异

2015 年，云南省县域小学段教育信息化供给水平较大的县（市、区）为腾冲、官渡、文山、昌宁、景洪和楚雄，其教育信息化供给水平的指标值大于等于 3.45；

小学段教育信息化供给水平较小的县（市、区）为德钦、孟连、河口、南华、漾濞和贡山，其教育信息化供给水平的指标值小于等于0.24；小学段教育信息化供给水平最大的县（市、区）和最小的县（市、区）之间相差约160倍（表6-7）。2013—2015年，在省内县域小学段教育信息化供给水平的变化状况中，昌宁、景洪、开远、禄丰和砚山5个县（市、区）的变化较大，变化值在2.01—3.21，各县（市、区）时段内变化状态基本持平，增长率约为93.92%。

根据各县（市、区）小学段教育信息化供给水平的指标值对其进行聚类分析，可将云南省内129个县（市、区）划分为4个基本区域类型。其中，一类地区包括腾冲、官渡、文山、昌宁、景洪、楚雄、禄丰、盘龙、开远、富源、大理、五华、西山、砚山、宣威、麻栗坡、罗平、丘北、个旧、蒙自、昭阳、泸西、建水、隆阳、宜良和沾益26个县（市、区），其指标值大于等于2.05；二类地区包括马关、红塔、嵩明、会泽、麒麟、广南、祥云、元谋、武定、弥勒、禄劝、富宁、镇沅、玉龙、弥渡、元阳、芒市、巍山、临翔、云县、龙陵、石林、勐海、景东、思茅、镇雄、安宁、呈贡、红河和晋宁30个县（市、区），其指标值在1.02—2.05；三类地区包括梁河、石屏、鹤庆、永胜、宾川、师宗、兰坪、南涧、绥江、澄江、勐腊、西畴、景谷、江川、陆良、澜沧、新平、水富、寻甸、永善、通海、沧源、香格里拉、宁蒗、凤庆、大姚、马龙、姚安、古城、金平、东川、施甸、富民、华宁、泸水、瑞丽、盐津、永德、洱源、牟定、云龙、威信、鲁甸、盈江、元江和陇川46个县（市、区），其指标值在0.50—1.01；四类地区包括镇康、耿马、墨江、宁洱、易门、巧家、大关、峨山、华坪、福贡、永平、永仁、江城、维西、彝良、剑川、西盟、双江、屏边、双柏、绿春、德钦、孟连、河口、南华、漾濞和贡山27个县（市、区），其指标值均小于0.50（表6-7）。

2. 教育信息化供给水平及其城乡差异

2015年，云南省县域小学段教育信息化供给水平城乡差异较大的县（市、区）为官渡、腾冲、盘龙、五华和昌宁，其教育信息化供给水平城乡差异的指标值大于等于2.02；小学段教育信息化供给水平城乡差异较小的县（市、区）为剑川、漾濞、永仁、华坪、河口、南华和贡山，其教育信息化供给水平城乡差异值小于等于0.01；小学段教育信息化供给水平城乡差异最大的县（市、区）和最小的县（市、区）之间相差约431倍（表6-7）。2013—2015年，在省内县域小学段教育信息化供给水平城乡差异的变化状况中，景洪、昌宁、官渡、禄丰和麻栗坡5个

表6-7　2015年云南省义务教育（小学段）教育信息化供给水平指标值及其城乡差异的县域格局

地区	指标值	μ	地区	指标值	μ	地区	指标值	μ	地区	指标值	μ	地区	指标值	μ	地区	指标值	μ
五华	2.74	2.19	宣威	2.51	0.23	镇雄	1.09	0.31	永德	0.60	0.04	泸西	2.23	1.09	南涧	0.88	0.08
盘龙	3.18	2.38	红塔	1.96	0.81	彝良	0.32	0.03	镇康	0.48	0.17	元阳	1.34	0.29	巍山	1.29	0.66
官渡	4.41	4.31	江川	0.84	0.26	威信	0.53	0.07	双江	0.29	0.02	红河	1.03	0.52	永平	0.36	0.22
西山	2.65	1.79	澄江	0.87	0.19	水富	0.80	0.26	耿马	0.47	0.18	金平	0.67	0.13	云龙	0.53	0.29
东川	0.67	0.34	通海	0.78	0.27	古城	0.68	0.24	沧源	0.78	0.05	绿春	0.25	0.17	洱源	0.57	0.26
呈贡	1.04	0.91	华宁	0.64	0.25	玉龙	1.42	0.50	楚雄	3.45	1.06	河口	0.21	0.01	剑川	0.31	0.01
晋宁	1.02	0.24	易门	0.45	0.15	永胜	0.93	0.35	双柏	0.25	0.04	文山	3.97	0.89	鹤庆	0.95	0.49
富民	0.65	0.17	峨山	0.39	0.10	华坪	0.39	0.01	牟定	0.56	0.13	砚山	2.64	0.04	瑞丽	0.60	0.03
宜良	2.09	0.30	新平	0.82	0.25	宁蒗	0.75	0.42	南华	0.20	0.01	西畴	0.86	0.36	芒市	1.32	0.40
石林	1.18	0.15	元江	0.51	0.17	思茅	1.13	0.74	姚安	0.70	0.41	麻栗坡	2.50	1.61	梁河	0.98	0.67
嵩明	1.94	0.76	隆阳	2.10	0.08	宁洱	0.46	0.26	大姚	0.73	0.06	马关	1.97	0.47	盈江	0.51	0.02
禄劝	1.48	0.33	施甸	0.67	0.35	墨江	0.46	0.23	永仁	0.35	0.01	丘北	2.37	1.48	陇川	0.50	0.25
寻甸	0.80	0.07	腾冲	4.82	2.38	景东	1.13	0.25	元谋	1.61	1.04	广南	1.70	0.27	泸水	0.63	0.03
安宁	1.04	0.73	龙陵	1.20	0.74	景谷	0.85	0.23	武定	1.59	0.75	富宁	1.48	0.26	福贡	0.38	0.30
麒麟	1.73	0.89	昌宁	3.92	2.02	镇沅	1.47	1.40	禄丰	3.19	1.73	景洪	3.69	1.98	贡山	0.03	0.00
马龙	0.72	0.29	昭阳	2.26	0.52	江城	0.34	0.02	个旧	2.36	0.44	勐海	1.13	0.37	兰坪	0.89	0.12
陆良	0.83	0.28	鲁甸	0.51	0.30	孟连	0.22	0.16	开远	3.08	1.05	勐腊	0.86	0.23	香格里拉	0.76	0.21
师宗	0.90	0.13	巧家	0.41	0.20	澜沧	0.83	0.09	蒙自	2.30	1.33	大理	2.98	0.04			
罗平	2.38	0.96	盐津	0.60	0.13	西盟	0.30	0.06	弥勒	1.56	0.21	漾濞	0.19	0.01	德钦	0.24	0.07
富源	3.02	1.41	大关	0.41	0.15	临翔	1.27	0.15	屏边	0.25	0.05	祥云	1.70	0.31	维西	0.32	0.08
会泽	1.74	0.31	永善	0.78	0.26	凤庆	0.74	0.33	建水	2.13	0.07	宾川	0.93	0.14			
沾益	2.05	0.09	绥江	0.87	0.22	云县	1.21	0.28	石屏	0.96	0.16	弥渡	1.41	0.38			

县（市、区）的城乡差异变化较大，变化值在1.32—1.95，各县（市、区）时段内城乡差异的变化状态相对不稳定。

根据各县（市、区）小学段教育信息化供给水平城乡差异的差值对其进行聚类分析，可将云南省内129个县（市、区）划分为4个基本区域类型。其中，一类地区包括官渡、腾冲、盘龙、五华、昌宁、景洪、西山、禄丰、麻栗坡、丘北、富源、镇沅、蒙自、泸西、楚雄、开远和元谋17个县（市、区），其指标值大于等于1.04；二类地区包括罗平、呈贡、麒麟、文山、红塔、嵩明、武定、龙陵、思茅、安宁、梁河、巍山、昭阳、红河和玉龙15个县（市、区），其指标值在0.50—1.04；三类地区包括鹤庆、马关、个旧、宁蒗、姚安、芒市、弥渡、勐海、西畴、施甸、永胜、东川、凤庆、禄劝、会泽、祥云、镇雄、鲁甸、福贡、宜良、马龙、元阳、云龙、陆良、云县、广南、通海、永善、洱源、富宁、江川、宁洱、水富、新平、陇川、景东、华宁、晋宁、古城、景谷、宣威、勐腊、墨江、永平、绥江、香格里拉、弥勒和巧家48个县（市、区），其指标值介于0.20—0.49；四类地区包括澄江、耿马、镇康、富民、绿春、元江、石屏、孟连、临翔、易门、石林、大关、宾川、盐津、师宗、牟定、金平、兰坪、峨山、沾益、澜沧、维西、隆阳、南涧、寻甸、德钦、威信、建水、西盟、大姚、沧源、屏边、大理、砚山、永德、双柏、彝良、泸水、瑞丽、江城、双江、盈江、剑川、漾濞、永仁、华坪、河口、南华和贡山49个县（市、区），其指标值均小于0.20（表6-7）。

3. 教育信息化供给水平的县域类型差异

根据云南省2015年县域义务教育（小学段）教育信息化供给水平的平均值及其城乡差异，本研究将云南省129个县（市、区）划分为4种基本类型：一类地区为教育信息化供给水平较高、城乡差异较大的地区，包括官渡、腾冲、盘龙、五华、昌宁、景洪、西山、禄丰、麻栗坡、丘北、富源、镇沅、蒙自、泸西、楚雄、开远、元谋、罗平、麒麟、文山、红塔、嵩明、武定、巍山、昭阳、玉龙和马关27个县（市、区）；二类地区为教育信息化供给水平较高、城乡差异较小的地区，包括个旧、芒市、弥渡、禄劝、会泽、祥云、宜良、元阳、广南、富宁、宣威、弥勒、临翔、沾益、隆阳、建水、大理和砚山18个县（市、区）；三类地区为教育信息化供给水平较低、城乡差异较大的地区，包括呈贡、龙陵、思茅、安宁、梁河、红河和鹤庆7个县（市、区）；四类地区为教育信息化供给水平较低、城乡差异较小的地区，包括宁蒗、姚安、勐海、西畴、施甸、永胜、东川、凤庆、镇雄、鲁甸、福贡、马龙、云龙、陆良、云县、通海、永善、洱源、江川、宁洱、水富、新平、陇川、景东、华宁、晋宁、古城、景谷、勐腊、墨江、永平、绥江、香格里拉、巧家、澄江、耿马、镇康、富民、绿春、元江、石屏、孟连、易门、石林、大关、宾川、盐津、师宗、牟定、金平、兰坪、峨山、澜沧、维西、南涧、寻甸、德钦、威信、西盟、大姚、沧源、屏边、永德、双柏、彝良、泸水、瑞丽、江城、双江、盈江、剑川、漾濞、永仁、华坪、河口、南华和贡山 77 个县（市、区）（图 6-9）。

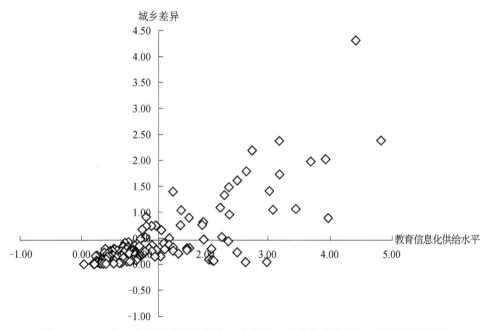

图 6-9　2015 年云南省城乡义务教育（小学段）教育信息化供给水平的县域类型

4. 县级市、市辖区与行政县教育信息化供给水平的差距

2013 年，云南省 31 个县级市、市辖区小学段教育信息化供给水平占全省小学段教育信息化供给水平的比例约为 45.00%，行政县的这一比例为 55.00%；县级市、市辖区小学段教育信息化供给水平的城乡差距为 13.78，大于行政县的城乡差距（-5.12）。至 2015 年，云南省 31 个县级市、市辖区小学段教育信息化供给水平占全省小学段教育信息化供给水平的比例约为 40.14%，行政县的这一比例为 59.86%；县级市、市辖区小学段教育信息化供给水平的城乡差距为 16.83，大于行政县的城乡差距（-21.44）。

5. 自治县与非自治县教育信息化供给水平的差距

2013 年,云南省自治县小学段教育信息化供给水平占全省小学段教育信息化供给水平的比例约为 47.47%,非自治县的这一比例为 52.53%;自治县小学段教育信息化供给水平的城乡差距为 0.78,小于非自治县的城乡差距(7.80)。至 2015 年,云南省自治县小学段教育信息化供给水平占全省小学段教育信息化供给水平的比例约为 55.25%,非自治县的这一比例为 44.75%;自治县小学段教育信息化供给水平的城乡差距为 -8.59,小于非自治县的城乡差距(3.99)。

(二)城乡义务教育(初中段)教育信息化供给水平差距及其基本态势

1. 教育信息化供给水平及其县域差异

2015 年,云南省县域初中段教育信息化供给水平较大的县(市、区)为官渡、文山、富源、五华和腾冲,其教育信息化供给水平的指标值大于等于 1.96;初中段教育信息化供给水平较小的县(市、区)为永平、镇沅、贡山、西盟、双江、漾濞和德钦,其教育信息化供给水平的指标值小于等于 0.12;初中段教育信息化供给水平最大的县(市、区)和最小的县(市、区)之间相差 80 多倍(表6-8)。2013—2015 年,在省内县域初中段教育信息化供给水平的变化状况中,官渡、弥勒、开远、五华和楚雄 5 个县(市、区)的变化量较大,变化值在 1.65—5.69,各县(市、区)时段内变化状态基本持平,增长率约为 49.80%。

根据各县(市、区)初中段教育信息化供给水平的指标值对其进行聚类分析,可将云南省内 129 个县(市、区)划分为 4 个基本区域类型。其中,一类地区包括官渡、文山、富源、五华、腾冲、麒麟、楚雄、河口、西山、开远、盘龙、宣威、大理、丘北、昌宁、会泽、广南、弥勒、沾益、宜良、安宁、祥云、昭阳、镇雄、景东、砚山、芒市、罗平和马关 29 个县(市、区),其指标值大于等于 1.02;二类地区包括泸西、建水、宾川、红塔、禄丰、古城、寻甸、富宁、蒙自、永胜、晋宁、个旧、隆阳、弥渡、麻栗坡、禄劝、嵩明、凤庆、金平、景洪、云县、澜沧、新平、红河、永善、思茅、鹤庆、元谋、师宗、宁洱、巍山、盈江和南涧 33 个县(市、区),其指标值在 0.50—1.02;三类地区包括石林、马龙、峨山、东川、云龙、龙陵、元阳、通海、石屏、陆良、姚安、牟定、沧源、富民、鲁甸、巧家、江川、墨江、勐腊、盐津、玉龙、西畴、南华、呈贡、洱源、瑞丽、威信、兰坪、泸水、剑川、宁蒗、施甸、永德、彝良、武定、易门、澄江、永仁、梁河、临翔、

表6-8 2015年云南省义务教育（初中段）教育信息化供给水平指标值及其城乡差异的县域格局

地区	指标值	μ	地区	指标值	μ	地区	指标值	μ	地区	指标值	μ	地区	指标值	μ	地区	指标值	μ
五华	1.98	1.71	宣威	1.40	0.77	镇雄	1.16	0.18	泸西	0.99	0.56	永德	0.33	0.18	南涧	0.50	0.26
盘龙	1.42		红塔	0.96	0.18	彝良	0.33	0.04	元阳	0.44	0.28	镇康	0.30	0.05	巍山	0.53	0.09
官渡	5.69	5.65	江川	0.40	0.09	威信	0.36	0.10	红河	0.64	0.51	双江	0.09	0.03	永平	0.12	0.04
西山	1.49	1.21	澄江	0.31	0.04	水富	0.20		金平	0.70	0.15	耿马	0.20	0.10	云龙	0.46	0.06
东川	0.48	0.33	通海	0.44	0.40	古城	0.93	0.02	绿春	0.17	0.13	沧源	0.42	0.01	洱源	0.37	0.05
呈贡	0.38	0.34	华宁	0.27	0.10	玉龙	0.38	0.40	河口	1.51	1.39	楚雄	1.65	1.28	剑川	0.35	0.03
晋宁	0.84	0.02	易门	0.31	0.06	永胜	0.86		文山	2.47	1.30	双柏	0.25	0.08	鹤庆	0.63	0.05
富民	0.42	0.29	峨山	0.48	0.32	华坪	0.20	0.14	砚山	1.10	0.33	牟定	0.42	0.01	瑞丽	0.37	0.23
宜良	1.19	0.38	新平	0.65	0.26	宁蒗	0.34	0.49	西畴	0.38	0.03	南华	0.38	0.25	芒市	1.03	0.30
石林	0.49	0.25	元江	0.23	0.01	思茅	0.63	0.42	麻栗坡	0.76	0.58	姚安	0.43	0.11	梁河	0.30	0.13
嵩明	0.75	0.18	隆阳	0.82	0.18	宁洱	0.56	0.18	马关	1.02	0.23	大姚	0.30	0.06	盈江	0.50	0.03
禄劝	0.76	0.50	施甸	0.34	0.09	墨江	0.40	0.12	丘北	1.38	0.67	永仁	0.30	0.19	陇川	0.18	0.10
寻甸	0.90	0.32	腾冲	1.96	1.11	景东	1.16	0.08	广南	1.27	0.23	元谋	0.60	0.15	泸水	0.36	0.29
安宁	1.19		龙陵	0.46	0.28	景谷	0.24	0.11	富宁	0.89	0.02	武定	0.32	0.10	福贡	0.13	
麒麟	1.95	1.53	昌宁	1.31	0.19	镇沅	0.12	0.04	景洪	0.68	0.48	禄丰	0.94	0.09	贡山	0.12	
马龙	0.49	0.08	昭阳	1.18	0.26	江城	0.17	0.11	勐海	0.19	0.10	个旧	0.83	0.50	兰坪	0.36	
陆良	0.44	0.16	鲁甸	0.41	0.19	孟连	0.16	0.20	勐腊	0.40	0.26	开远	1.45	0.18	香格里拉	0.25	0.08
师宗	0.57	0.35	巧家	0.40	0.12	澜沧	0.66	0.07	大理	1.39	0.77	蒙自	0.88	0.69	德钦	0.07	
罗平	1.02	0.38	盐津	0.39	0.04	西盟	0.12	0.24	漾濞	0.07		弥勒	1.22	1.16	维西	0.28	
富源	2.21	1.43	大关	0.21	0.09	临翔	0.30	0.05	祥云	1.18	0.32	屏边	0.16	0.03			
会泽	1.30	0.47	永善	0.64	0.05	凤庆	0.71	0.13	宾川	0.98	0.35	建水	0.98	0.52			
沾益	1.21	0.11	绥江	0.24	0.04	云县	0.67		弥渡	0.79	0.59	石屏	0.44	0.37			

大姚和镇康42个县（市、区），其指标值在0.30—0.49；四类地区包括维西、华宁、双柏、香格里拉、绥江、景谷、元江、大关、耿马、华坪、水富、勐海、陇川、江城、绿春、屏边、孟连、福贡、永平、镇沅、贡山、西盟、双江、漾濞和德钦25个县（市、区），其指标值均小于0.30（表6-8）。

2. 教育信息化供给水平及其城乡差异

2015年，云南省县域初中段教育信息化供给水平城乡差异较大的县（市、区）为官渡、五华、麒麟、富源、河口和文山，其教育信息化供给水平城乡差异的指标值大于等于1.30；初中段教育信息化供给水平城乡差异较小的县（市、区）为晋宁、富宁、玉龙、沧源、元江和牟定，其教育信息化供给水平城乡差异值小于等于0.02；初中段教育信息化供给水平城乡差异最大的县（市、区）和最小的县（市、区）之间相差564倍（表6-8）。2013—2015年，在省内县域初中段教育信息化供给水平城乡差异的变化状况中，官渡、弥勒、楚雄、五华和富源5个县（市、区）的城乡差异变化较大，变化值在0.84—4.60，各县（市、区）时段内城乡差异的变化状态相对不稳定。

根据各县（市、区）初中段教育信息化供给水平乡差异的差值对其进行聚类分析，可将云南省内129个县（市、区）划分为4个基本区域类型。其中，一类地区包括官渡、五华、麒麟、富源、河口、文山、楚雄、西山、弥勒和腾冲10个县（市、区），其指标值大于等于1.11；二类地区包括宣威、大理、蒙自、丘北、弥渡、麻栗坡、泸西、建水、红河、个旧、禄劝、思茅、景洪、会泽、宁洱、永胜和通海17个县（市、区），其指标值在0.40—1.11；三类地区包括罗平、宜良、石屏、师宗、宾川、呈贡、东川、砚山、祥云、峨山、寻甸、芒市、富民、泸水、元阳、龙陵、新平、南涧、昭阳、勐腊、南华、石林、临翔、广南、马关、瑞丽和澜沧27个县（市、区），其指标值在0.20—0.39；四类地区包括昌宁、永仁、鲁甸、开远、镇雄、红塔、永德、墨江、嵩明、隆阳、陆良、元谋、金平、宁蒗、绿春、云县、梁河、景东、巧家、沾益、姚安、镇沅、孟连、耿马、华宁、陇川、威信、武定、勐海、巍山、江川、禄丰、大关、施甸、双柏、马龙、景谷、兰坪、西盟、云龙、易门、大姚、鹤庆、凤庆、永善、洱源、镇康、盐津、澄江、永平、绥江、彝良、江城、双江、西畴、盈江、屏边、剑川、晋宁、富宁、玉龙、沧源、元江和牟定64个县（市、区），其指标值均小于0.20；此外，包盘龙、安宁、水富和古城等11个县（市、区）无该项指标数据。（表6-8）。

3. 教育信息化供给水平的县域类型差异

根据云南省 2015 年县域义务教育（初中段）教育信息化供给水平的平均值及其城乡差异，本研究将云南省 129 个县（市、区）划分为 4 种基本类型：一类地区为教育信息化供给水平较高、城乡差异较大的地区，包括官渡、文山、富源、五华、腾冲、麒麟、楚雄、河口、西山、宣威、大理、丘北、会泽、弥勒、宜良、罗平、泸西、建水、宾川、蒙自、永胜、个旧、弥渡、麻栗坡和禄劝 25 个县（市、区）；二类地区为教育信息化供给水平较高、城乡差异较小的地区，包括开远、昌宁、广南、沾益、祥云、昭阳、镇雄、景东、砚山、芒市、马关、红塔、禄丰、寻甸、富宁、晋宁、隆阳和嵩明 18 个县（市、区）；三类地区为教育信息化供给水平较低、城乡差异较大的地区，包括景洪、红河、思茅、师宗、宁洱、通海和石屏 7 个县（市、区）；四类地区为教育信息化供给水平较低、城乡差异较小的地区，包括凤庆、金平、云县、澜沧、新平、永善、鹤庆、元谋、巍山、盈江、南涧、石林、马龙、峨山、东川、云龙、龙陵、元阳、陆良、姚安、牟定、沧源、富民、鲁甸、巧家、江川、墨江、勐腊、盐津、玉龙、西畴、南华、呈贡、洱源、瑞丽、威信、兰坪、泸水、剑川、宁蒗、施甸、永德、彝良、武定、易门、澄江、永仁、梁河、临翔、大姚、镇康、华宁、双柏、绥江、景谷、元江、大关、耿马、勐海、陇川、江城、绿春、屏边、孟连、永平、镇沅、西盟和双江 68 个县（市、区）；此外，盘龙、安宁、水富、古城、华坪、漾濞、福贡、贡山、香格里拉、德钦和维西 11 个县（市、区）无该项指标数据（图 6-10）。

4. 县级市、市辖区与行政县教育信息化供给水平的差距

2013 年，云南省 31 个县级市、市辖区初中段教育信息化供给水平占全省初中段教育信息化供给水平的比例约为 40.36%，行政县的这一比例为 59.64%；县级市、市辖区初中段教育信息化供给水平的城乡差距为 13.09，大于行政县的城乡差距（7.10）。至 2015 年，云南省 31 个县级市、市辖区初中段教育信息化供给水平占全省初中段教育信息化供给水平的比例约为 40.73%，行政县的这一比例为 59.27%；县级市、市辖区初中段教育信息化供给水平的城乡差距为 20.74，大于行政县的城乡差距（12.26）。

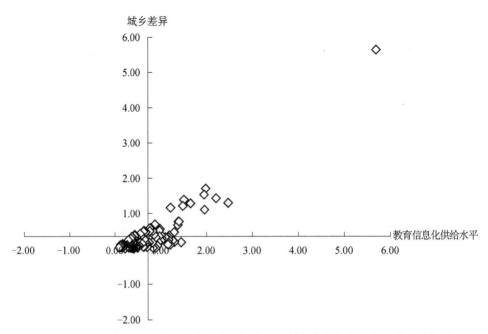

图6-10　2015年云南省城乡义务教育（初中段）教育信息化供给水平的县域类型

5. 自治县与非自治县教育信息化供给水平的差距

2013年，云南省自治县初中段教育信息化供给水平占全省初中段教育信息化供给水平的比例约为51.49%，非自治县的这一比例为48.51%；自治县初中段教育信息化供给水平的城乡差距为10.20，大于非自治县的城乡差距（9.99）。至2015年，云南省自治县初中段教育信息化供给水平占全省初中段教育信息化供给水平的比例约为51.09%，非自治县的这一比例为48.91%；自治县初中段教育信息化供给水平的城乡差距为13.05，小于非自治县的城乡差距（19.95）。

二、城乡义务教育教育信息化供需水平的县域差距及其基本态势

（一）义务教育（小学段）教育信息化供需水平差距及其基本态势

2015年，云南省县域小学段教育信息化供需水平较大的县（市、区）为昌宁、玉龙、开远、元谋和麻栗坡，其教育信息化供需水平的指标值大于等于3.45；小学段教育信息化供需水平较小的县（市、区）为贡山、鲁甸、巧家、镇雄和彝良，其教育信息化供需水平的指标值小于等于0.38；小学段教育信息化供需水平最大的县（市、区）和最小的县（市、区）之间相差31倍多（表6-9）。

表6-9　2015年云南省义务教育教育信息化供需水平指标值的县域格局

地区	指标值		地区	指标值		地区	指标值		地区	指标值		地区	指标值		地区	指标值	
	小学	初中		小学	初中		小学	初中		小学	初中		小学	初中		小学	初中
五华	1.44	1.06	宣威	0.60	0.30	镇雄	0.19	0.19	永德	0.66	0.40	泸西	1.93	0.75	南涧	1.58	0.77
盘龙	2.00	1.15	红塔	1.69	0.71	彝良	0.16	0.17	镇康	0.90	0.55	元阳	1.07	0.45	巍山	1.86	0.57
官渡	1.40	2.73	江川	1.51	0.48	威信	0.46	0.25	双江	0.79	0.26	红河	0.98	0.72	永平	0.85	0.26
西山	1.67	1.04	澄江	2.61	0.79	水富	2.84	0.46	耿马	0.55	0.30	金平	0.57	0.64	云龙	1.14	0.88
东川	0.88	0.59	通海	1.04	0.57	古城	1.32	1.61	沧源	1.86	0.92	绿春	0.39	0.26	洱源	0.85	0.46
呈贡	2.18	0.81	华宁	1.28	0.45	玉龙	3.81	0.90	楚雄	2.81	1.02	河口	0.88	6.91	剑川	0.76	0.67
晋宁	1.60	1.22	易门	1.44	0.63	永胜	1.18	0.96	双柏	0.83	0.65	文山	2.49	1.61	鹤庆	1.50	0.78
富民	1.48	1.20	峨山	1.22	1.11	华坪	1.04	0.53	牟定	1.70	0.92	砚山	1.77	0.81	瑞丽	1.07	0.71
宜良	2.06	1.01	新平	1.33	0.87	宁蒗	0.97	0.39	南华	0.38	0.53	西畴	1.49	0.60	芒市	1.17	0.93
石林	1.96	0.68	元江	0.99	0.42	思茅	1.34	0.75	姚安	2.18	0.93	麻栗坡	3.45	1.06	梁河	2.84	0.71
嵩明	2.60	0.92	隆阳	1.03	0.35	宁洱	1.29	1.49	大姚	1.41	0.46	马关	2.06	1.14	盈江	0.55	0.59
禄劝	1.53	0.71	施甸	0.91	0.40	墨江	0.67	0.58	永仁	1.67	1.17	丘北	1.52	1.02	陇川	0.95	0.34
寻甸	0.63	0.66	腾冲	2.62	0.95	景东	1.42	1.34	元谋	3.49	1.12	广南	0.62	0.56	泸水	1.19	0.81
安宁	1.32	1.40	龙陵	1.51	0.60	景谷	1.13	0.33	武定	2.56	0.47	富宁	1.08	0.67	福贡	1.30	0.53
麒麟	0.76	0.77	昌宁	5.19	1.34	镇沅	3.30	0.29	禄丰	3.34	0.78	景洪	2.63	0.55	贡山	0.38	1.16
马龙	1.40	0.72	昭阳	0.84	0.43	江城	1.13	0.57	个旧	2.13	0.89	勐海	1.49	0.27	兰坪	1.48	0.62
陆良	0.48	0.21	鲁甸	0.36	0.27	孟连	0.59	0.47	开远	3.75	1.95	勐腊	0.99	0.57	香格里拉	1.86	0.52
师宗	0.67	0.42	巧家	0.24	0.22	澜沧	0.83	0.63	蒙自	1.82	0.88	大理	2.10	0.83	德钦	1.98	0.73
罗平	1.26	0.50	盐津	0.58	0.30	西盟	1.33	0.49	弥勒	1.11	0.85	漾濞	0.78	0.28	维西	0.88	0.75
富源	1.21	0.77	大关	0.60	0.22	临翔	1.45	0.33	屏边	0.75	0.56	祥云	1.61	0.82			
会泽	0.64	0.44	永善	0.62	0.44	凤庆	0.75	0.72	建水	1.59	0.70	宾川	1.13	1.11			
沾益	1.95	0.98	绥江	2.46	0.54	云县	1.06	0.65	石屏	1.20	0.55	弥渡	2.16	0.96			

根据各县（市、区）小学段教育信息化供需水平的指标值对其进行聚类分析，可将云南省内 129 个县（市、区）划分为 4 个基本区域类型。其中，一类地区包括昌宁、玉龙、开远、元谋、麻栗坡、禄丰、镇沅、梁河、水富、楚雄、景洪、腾冲、澄江、嵩明、武定、文山、绥江、姚安、呈贡、弥渡、个旧、大理、马关、宜良和盘龙 25 个县（市、区），其指标值大于等于 2.00；二类地区包括德钦、石林、沾益、泸西、香格里拉、沧源、巍山、蒙自、砚山、牟定、红塔、西山、永仁、祥云、晋宁、建水、南涧、禄劝、丘北、江川、龙陵、鹤庆、西畴、勐海、富民、兰坪、临翔、五华、易门、景东、大姚、官渡、马龙、思茅、西盟、新平、安宁、古城、福贡、宁洱、华宁、罗平、峨山、富源、石屏、泸水、永胜、芒市、云龙、宾川、江城、景谷、弥勒、富宁、元阳、瑞丽、云县、通海、华坪和隆阳 60 个县（市、区），其指标值在 1.03—2.00；三类地区包括勐腊、元江、红河、宁蒗、陇川、施甸、镇康、东川、河口、维西、永平、洱源、昭阳、双柏、澜沧、双江、漾濞、麒麟、剑川、凤庆、屏边、墨江、师宗、永德、会泽、寻甸、广南、永善、大关和宣威 30 个县（市、区），其指标值在 0.60—1.02；四类地区包括孟连、盐津、金平、耿马、盈江、陆良、威信、绿春、南华、贡山、鲁甸、巧家、镇雄和彝良 14 个县（市、区），其指标值均小于 0.60（表 6-9）。

根据云南省 2015 年县域义务教育（小学段）教育信息化供需水平的平均值及其城乡差异，本研究将云南省 129 个县（市、区）划分为 4 种基本类型：一类地区为教育信息化供给水平较高、教育规模需求较大的地区，包括五华、盘龙、官渡、西山、呈贡、晋宁、富民、宣威、腾冲、大关、水富、古城、永胜、思茅、宁洱、景谷、江城、凤庆、镇康、耿马、楚雄、姚安、大姚、永仁、元谋、石屏、红河、广南、景洪、祥云、永平和芒市 32 个县（市、区）；二类地区为教育信息化供给水平较高、教育规模需求较小的地区，包括易门、新平、元江、隆阳、盐津、绥江、镇沅、澜沧、双柏、南华、麻栗坡、勐海和德钦 13 个县区；三类地区为教育信息化供给水平较低、教育规模需求较大的地区，包括昭阳、彝良、孟连、西盟、双江、牟定、禄丰、开远、屏边、建水、文山、砚山、西畴、云龙和梁河 15 个县（市、区）；四类地区为教育信息化供给水平较低、教育规模需求较小的地区，包括东川、宜良、石林、嵩明、禄劝、寻甸、安宁、麒麟、马龙、陆良、师宗、罗平、富源、会泽、沾益、红塔、江川、澄江、通海、华宁、峨山、施甸、龙陵、昌宁、鲁甸、巧家、永善、镇雄、威信、玉龙、华坪、宁蒗、墨江、景东、临翔、云县、永德、沧源、武定、个旧、蒙自、弥勒、泸西、元阳、金平、绿春、河口、马关、丘北、富宁、勐腊、大理、漾濞、宾川、弥渡、南涧、巍山、洱源、剑川、鹤庆、瑞丽、盈江、陇川、泸水、福贡、贡山、兰坪、香格里拉和维西 69 个县（市、区）（图 6-11）。

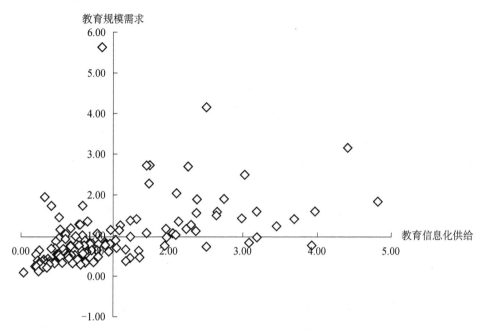

图 6-11　2015 年云南省义务教育（小学段）教育信息化供需水平的县域类型

（二）义务教育（初中段）教育信息化供需水平差距及其基本态势

2015 年，云南省县域初中段教育信息化供需水平较大的县（市、区）为河口、官渡、开远、文山和古城，其教育信息化供需水平的指标值大于等于 1.61；初中段教育信息化供需水平较小的县（市、区）为大关、巧家、陆良、镇雄和彝良，其教育信息化供需水平的指标值小于等于 0.22；初中段教育信息化供需水平最大的县（市、区）和最小的县（市、区）之间相差约 40 倍（表 6-9）。

根据各县（市、区）初中段教育信息化供需水平的指标值对其进行聚类分析，可将云南省内 129 个县（市、区）划分为 4 个基本区域类型。其中，一类地区包括河口、官渡、开远、文山、古城、宁洱、安宁、景东、昌宁、晋宁、富民、永仁、贡山、盘龙、马关、元谋、峨山、宾川、麻栗坡、五华、西山、楚雄、丘北和宜良 24 个县（市、区），其指标值大于等于 1.01；二类地区包括沾益、永胜、弥渡、腾冲、姚安、芒市、牟定、沧源、嵩明、玉龙、个旧、蒙自、云龙、新平、弥勒、大理、祥云、泸水、砚山、呈贡、澄江、禄丰、鹤庆、富源、麒麟、南涧、泸西、思茅、维西、德钦、马龙、红河、凤庆、瑞丽、红塔、禄劝、梁河和建水38个县（市、区），其指标值在0.70—1.01；三类地区包括石林、富宁、剑川、寻甸、双柏、云县、金平、易门、澜沧、兰坪、西畴、龙陵、东川、盈江、墨江、巍山、江城、勐腊、通海、广南、屏边、镇康、石屏、景洪、绥江、华坪、南华、福贡、香格里拉、罗平、西盟、江川、武定、孟连、大姚、洱源、水富、华宁、元阳、永善、会泽、昭阳、元江、师宗、施甸和永德46个县（市、区），其指标值在0.40—0.69；四类地区包括宁蒗、隆阳、陇川、临翔、景谷、盐津、宣威、耿马、镇沅、漾濞、勐海、鲁甸、绿春、双江、永平、威信、大关、巧家、陆良、镇雄和彝良21个县（市、区），其指标值均小于0.40（表6-9）。

根据云南省2015年县域义务教育（初中段）教育信息化供需水平的平均值及其城乡差异，本研究将云南省129个县（市、区）划分为4种基本类型：一类地区为教育信息化供给水平较高、教育规模需求较大的地区，包括五华、盘龙、官渡、西山、罗平、易门、峨山、元江、腾冲、鲁甸、永善、绥江、威信、古城、永胜、宁洱、临翔、云县、镇康、耿马、楚雄、姚安、大姚、永仁、个旧、蒙自、弥勒、绿春、马关、剑川和德钦31个县（市、区）；二类地区为教育信息化供给水平较高、教育规模需求较小的地区，包括富民、禄劝、施甸、龙陵、昌宁、盐津、水富、思茅、景东、西盟、沧源、牟定、武定、砚山、丘北和富宁16个县（市、区）；三类地区为教育信息化供给水平较低、教育规模需求较大的地区，包括宜良、寻甸、昭阳、彝良、宁蒗、镇沅、江城、澜沧、凤庆、双柏、泸西和麻栗坡12个县区；四类地区为教育信息化供给水平较低、教育规模需求较小的地区，包括东川、呈贡、晋宁、石林、嵩明、安宁、麒麟、马龙、陆良、师宗、富源、会泽、沾益、宣威、红塔、江川、澄江、通海、华宁、新平、隆阳、巧家、大关、镇雄、玉龙、华坪、墨江、景谷、孟连、永德、双江、南华、元谋、禄丰、开远、屏边、建水、石屏、元阳、红河、金平、河口、文山、西畴、广南、景洪、勐海、勐腊、大理、漾濞、祥云、宾川、弥渡、南涧、巍山、永平、云龙、洱源、鹤庆、瑞丽、芒市、梁河、盈江、陇川、泸水、福贡、贡山、兰坪、香格里拉和维西70个县（市、区）（图6-12）。

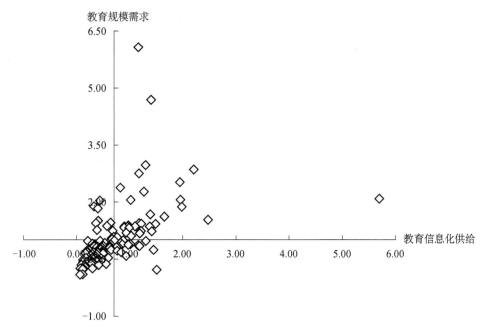

图 6-12　2015 年云南省义务教育（初中段）教育信息化供需水平的县域类型

第七章
云南县域义务教育资源配置状态及城乡差距

学校密度和班级规模是区域内义务教育资源空间再分配的状态表征：学校密度与区域内居住人口密度紧密相关，反映教育内部结构与教育外部条件的适应状态；班级规模影响义务教育学生的学业成绩、态度与行为，并存在规模成本与规模收益。因此，就具体区域而言，适宜的学校密度和适度的班级规模是区域义务教育良性发展的前提，也是县域城乡义务教育均衡的重要调控内容，本章就云南县域城乡的校点数量布局与班额布局进行差异分析。

第一节 校点数量布局与城乡差距及其基本态势

义务教育的校点分布状态在一定程度上反映了区域义务教育的"集聚"和"分散"态势，一般而言，城市人口分布较集中，义务教育学校的分布也相对集中，单个学校的辐射人口较多，教育规模一般较大；反之，农村地区人口分布较分散，义务教育学校分布也相对分散，单个学校的辐射面积较大，但教育规模一般较小。

一、城乡义务教育（小学段）校点数量布局差距及其基本态势

1. 校点数量布局及其县域差异

2015 年，云南省县域小学段校点数量布局较多的县（市、区）为宣威、镇雄、会泽、广南和富源，其校点数量布局的指标值大于等于 3.83；小学段校点数量布

局较少的县（市、区）为河口、盘龙、五华、福贡、德钦和贡山，其校点数量布局的指标值小于等于 0.11；小学段校点数量布局最多的县（市、区）和最少的县（市、区）之间相差 515 倍（表 7-1）。2013—2015 年，在省内县域小学段校点数量布局的变化状况中，弥勒、建水、宜良、罗平和武定 5 个县市的变化较大，变化值在 0.09—1.26，各县（市、区）时段内变化状态基本持平，增长率约为 1.58%。

根据各县（市、区）小学段校点数量布局的指标值对其进行聚类分析，可将云南省内 129 个县（市、区）划分为 4 个基本区域类型。其中，一类地区包括宣威、镇雄、会泽、广南、富源、隆阳、腾冲、罗平、彝良、师宗、砚山、建水、陆良、禄丰、寻甸、富宁、泸西、沾益、永胜、昭阳和禄劝 21 个县（市、区），其指标值大于等于 2.05；二类地区包括丘北、昌宁、永善、巧家、祥云、澜沧、凤庆、弥勒、麒麟、永德、耿马、施甸、宜良、马关、龙陵、文山、云县、楚雄、鲁甸、景东、新平、蒙自、马龙、宁蒗、元阳、石屏、芒市、麻栗坡、武定、华宁、西畴、洱源、镇康、宾川、威信、南华、景谷、大理、牟定、元谋和弥渡 41 个县（市、区），其指标值在 1.01—2.05；三类地区包括玉龙、盈江、勐海、盐津、剑川、沧源、大关、鹤庆、双江、华坪、大姚、江川、双柏、金平、云龙、陇川、景洪、嵩明、个旧、姚安、元江、梁河、通海、易门、红塔、临翔、巍山、东川、勐腊、红河、峨山、开远、瑞丽、镇沅和南涧 35 个县（市、区），其指标值在 0.53—1.00；四类地区包括孟连、宁洱、漾濞、永平、墨江、思茅、官渡、绿春、澄江、兰坪、古城、维西、永仁、西盟、江城、水富、石林、富民、绥江、泸水、晋宁、西山、屏边、安宁、呈贡、香格里拉、河口、盘龙、五华、福贡、德钦和贡山 32 个县（市、区），其指标值均小于 0.53（表 7-1）。

2. 校点数量布局及其城乡差异

2015 年，云南省县域小学段校点数量布局城乡差异较大的县（市、区）为镇雄、广南、会泽和富源，其校点数量布局城乡差异的指标值大于等于 2.94；小学段校点数量布局城乡差异较小的县（市、区）为香格里拉、贡山、德钦，其校点数量布局城乡差异值小于等于 0.01；小学段校点数量布局城乡差异最大的县（市、区）和最小的县（市、区）之间相差约 354 倍（表 7-1）。2013—2015 年，在省内县域小学段校点数量布局城乡差异的变化状况中，建水、罗平、石屏、马龙和宜良 5 个县（市、区）的城乡差异变化较大，变化值在 0.09—0.72，各县（市、区）时段内城乡差异的变化状态相对不稳定。

表 7-1　2015 年云南省义务教育（小学段）校点数量布局指标值及其城乡差异的县域格局

地区	指标值	μ	地区	指标值	μ	地区	指标值	μ	地区	指标值	μ	地区	指标值	μ	地区	指标值	μ
五华	0.09	0.06	宣威	5.16	1.18	镇雄	4.45	3.54	永德	1.55	1.18	泸西	2.18	1.46	南涧	0.53	0.31
盘龙	0.10	0.03	红塔	0.70	0.14	彝良	3.20	2.17	镇康	1.09	0.91	元阳	1.21	1.14	巍山	0.69	0.44
官渡	0.46	0.42	江川	0.83	0.44	威信	1.09	0.61	双江	0.87	0.50	红河	0.67	0.60	永平	0.48	0.36
西山	0.26	0.10	澄江	0.44	0.24	水富	0.35	0.23	耿马	1.52	1.23	金平	0.82	0.63	云龙	0.81	0.62
东川	0.69	0.28	通海	0.71	0.26	古城	0.42	0.04	沧源	0.88	0.57	绿春	0.44	0.41	洱源	1.09	0.90
呈贡	0.17	0.08	华宁	1.10	0.77	玉龙	0.99	0.76	楚雄	1.38	0.67	河口	0.11	0.06	剑川	0.89	0.64
晋宁	0.26	0.06	易门	0.71	0.52	永胜	2.08	1.55	双柏	0.82	0.66	文山	1.44	0.31	鹤庆	0.87	0.53
富民	0.34	0.08	峨山	0.66	0.34	华坪	0.87	0.31	牟定	1.05	0.59	砚山	2.70	0.92	瑞丽	0.57	0.24
宜良	1.49	0.49	新平	1.30	1.05	宁蒗	1.22	1.09	南华	1.09	0.80	西畴	1.10	0.83	芒市	1.16	0.73
石林	0.34	0.13	元江	0.73	0.47	思茅	0.46	0.19	姚安	0.74	0.53	麻栗坡	1.15	0.97	梁河	0.72	0.59
嵩明	0.76	0.53	隆阳	3.46	2.64	宁洱	0.49	0.26	大姚	0.85	0.52	马关	1.45	1.05	盈江	0.98	0.55
禄劝	2.05	1.56	施甸	1.52	1.28	墨江	0.47	0.27	永仁	0.39	0.20	丘北	1.99	1.60	陇川	0.77	0.51
寻甸	2.41	2.04	腾冲	3.23	2.20	景东	1.32	0.89	元谋	1.02	0.67	广南	4.24	3.41	泸水	0.28	0.14
安宁	0.24	0.09	龙陵	1.44	1.31	景谷	1.09	0.82	武定	1.12	0.76	富宁	2.35	1.99	福贡	0.03	0.02
麒麟	1.60	0.23	昌宁	1.95	1.26	镇沅	0.54	0.32	禄丰	2.47	1.76	景洪	0.77	0.33	贡山	0.01	0.00
马龙	1.22	0.90	昭阳	2.05	1.10	江城	0.38	0.17	个旧	0.75	0.18	勐海	0.97	0.58	兰坪	0.43	0.32
陆良	2.54	1.34	鲁甸	1.34	0.74	孟连	0.49	0.30	开远	0.63	0.12	勐腊	0.68	0.38	香格里拉	0.16	0.01
师宗	2.76	1.06	巧家	1.88	1.47	澜沧	1.81	1.51	蒙自	1.23	0.21	大理	1.08	0.48	德钦	0.02	0.00
罗平	3.22	1.79	盐津	0.96	0.61	西盟	0.38	0.22	弥勒	1.68	0.22	漾濞	0.48	0.35	维西	0.41	0.29
富源	3.83	2.94	大关	0.87	0.46	临翔	0.69	0.39	屏边	0.25	0.14	祥云	1.88	1.11			
会泽	4.35	3.23	永善	1.88	1.50	凤庆	1.69	1.36	建水	2.62	1.30	宾川	1.09	0.71			
沾益	2.18	1.31	绥江	0.31	0.22	云县	1.41	1.07	石屏	1.18	0.47	弥渡	1.01	0.63			

根据各县（市、区）小学段校点数量布局城乡差异的差值对其进行聚类分析，可将云南省内 129 个县（市、区）划分为 4 个基本区域类型。其中，一类地区包括镇雄、广南、会泽、富源、隆阳、腾冲、彝良和寻甸 8 个县（市、区），其指标值大于等于 2.04；二类地区包括富宁、罗平、禄丰、丘北、禄劝、永胜、澜沧、永善、巧家、泸西、凤庆、陆良、龙陵、沾益、建水、施甸、昌宁、耿马、宣威、永德、元阳、祥云、昭阳、宁蒗、云县、师宗、新平和马关 28 个县（市、区），其指标值在 1.05—2.04；三类地区包括麻栗坡、砚山、镇康、马龙、洱源、景东、西畴、景谷、南华、华宁、武定、玉龙、鲁甸、芒市、宾川、楚雄、元谋、双柏、剑川、金平、弥渡、云龙、威信、盐津、红河、牟定、梁河、勐海、沧源、盈江、姚安、鹤庆、嵩明、大姚、易门、陇川和双江 37 个县（市、区），其指标值在 0.50—1.04；四类地区包括宜良、大理、元江、石屏、大关、江川、巍山、官渡、绿春、临翔、勐腊、永平、漾濞、峨山、景洪、兰坪、镇沅、南涧、华坪、文山、孟连、维西、东川、墨江、通海、宁洱、瑞丽、澄江、水富、麒麟、绥江、西盟、弥勒、蒙自、永仁、思茅、个旧、江城、红塔、屏边、泸水、石林、开远、西山、安宁、呈贡、富民、河口、五华、晋宁、古城、盘龙、福贡、香格里拉、贡山和德钦 56 个县（市、区），其指标值均小于 0.50（表 7-1）。

3. 校点数量布局的县域类型差异

根据云南省 2015 年县域义务教育（小学段）校点数量布局的平均值及其城乡差异，本研究将云南省 129 个县（市、区）划分为 4 种基本类型：一类地区为校点数量布局较多、城乡差异较大的地区，包括镇雄、广南、会泽、富源、隆阳、腾冲、彝良、寻甸、富宁、罗平、禄丰、丘北、禄劝、永胜、澜沧、永善、巧家、泸西、凤庆、陆良、龙陵、沾益、建水、施甸、昌宁、耿马、宣威、永德、祥云、昭阳、宁蒗、云县、师宗、新平、马关、砚山、马龙和景东 38 个县（市、区）；二类地区为校点数量布局较多、城乡差异较小的地区，包括鲁甸、楚雄、宜良、文山、麒麟、弥勒和蒙自 7 个县（市、区）；三类地区为校点数量布局较少、城乡差异较大的地区，包括元阳、麻栗坡、镇康、洱源、西畴、景谷、南华和华宁 8 个县；四类地区为校点数量布局较少、城乡差异较小的地区，包括武定、玉龙、芒市、宾川、元谋、双柏、剑川、金平、弥渡、云龙、威信、盐津、红河、牟定、梁河、勐海、沧源、盈江、姚安、鹤庆、嵩明、大姚、易门、陇川、双江、大理、元江、石屏、大关、江川、巍山、官渡、绿春、临翔、勐腊、永平、漾濞、峨山、景洪、兰坪、镇沅、南涧、华坪、孟连、维西、东川、墨江、通海、宁洱、瑞丽、澄江、水富、绥江、西盟、永仁、思茅、个旧、江城、红塔、屏边、泸水、石林、开远、西山、安宁、呈贡、富民、河口、五华、晋宁、古城、盘龙、福贡、香格里拉、贡山和德钦 76 个县（市、区）（图 7-1）。

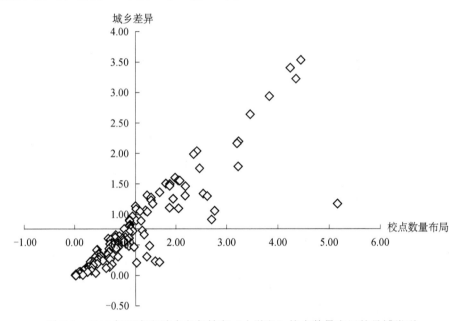

图 7-1　2015 年云南省城乡义务教育（小学段）校点数量布局的县域类型

4. 县级市、市辖区与行政县校点数量布局的差距

2013 年，云南省 31 个县级市、市辖区小学段校点数量布局占全省小学段校点数量布局的比例约为 22.94%，行政县的这一比例为 77.06%；县级市、市辖区小学段校点数量布局的城乡差距为-10.17，大于行政县的城乡差距（-72.66）。至 2015 年，云南省 31 个县级市、市辖区小学段校点数量布局占全省小学段校点数量布局的比例约为 22.94%，行政县的这一比例为 77.06%；县级市、市辖区小学段校点数量布局的城乡差距为-9.19，大于行政县的城乡差距（-66.75）。

5. 自治县与非自治县校点数量布局的差距

2013 年，云南省自治县小学段校点数量布局占全省小学段校点数量布局的比例约为 49.73%，非自治县的这一比例为 50.27%；自治县小学段校点数量布局的城乡差距为-43.96，小于非自治县的城乡差距（-38.87）。至 2015 年，云南省自治县小学段校点数量布局占全省小学段校点数量布局的比例约为 49.17%，非自治县的这一比例为 50.83%；自治县小学段校点数量布局的城乡差距为-40.18，小于非自治县的城乡差距（-35.77）。

二、城乡义务教育（初中段）校点数量布局差距及其基本态势

1. 校点数量布局及其县域差异

2015 年，云南省县域初中段校点数量布局较多的县（市、区）为宣威、镇雄、广南、陆良和腾冲，其校点数量布局的指标值大于等于 2.79；初中段校点数量布局较少的县（市、区）为河口、绥江、维西、漾濞、贡山、德钦和福贡，其校点数量布局的指标值小于等于 0.25；初中段校点数量布局最多的县（市、区）和最少的县（市、区）之间相差约 75 倍（表 7-2）。2013—2015 年，在省内县域初中段校点数量布局的变化状况中，弥勒、建水、丘北、镇雄和昭阳 5 个县（市、区）的变化较大，变化值在 0.21—1.27，各县（市、区）时段内变化状态基本持平，增长率约为 1.2%。

根据各县（市、区）初中段校点数量布局的指标值对其进行聚类分析，可将云南省内 129 个县（市、区）划分为 4 个基本区域类型。其中，一类地区包括宣威、镇雄、广南、陆良、腾冲、砚山、麒麟、沾益、隆阳、会泽、富源、昭阳、丘北、文山、罗平、弥勒、师宗、建水、澜沧、宾川和永胜 21 个县（市、区），其指标值大于等于 2.01；二类地区包括禄丰、寻甸、盈江、芒市、勐海、富宁、景洪、昌宁、宜良、泸西、楚雄、施甸、耿马、祥云、彝良、勐腊、马关、开远、蒙自、马龙、龙陵、永德、官渡、景东、巧家、临翔、个旧、石屏、大理、景谷、武定、元谋、永善、凤庆、安宁、红塔、江川、鲁甸、宁蒗、禄劝、洱源、鹤庆、南华、新平、墨江、晋宁、牟定、沧源和陇川 49 个县（市、区），其指标值在1.00—2.01；三类地区包括云龙、梁河、剑川、大姚、西畴、云县、峨山、思茅、元阳、瑞丽、宁洱、镇沅、镇康、华宁、玉龙、嵩明、姚安、金平、西山、威信、麻栗坡、江城、双柏、巍山、元江、孟连、东川、易门、弥渡、大关、石林、通海、永平、红河、富民、盐津、古城、屏边、南涧、呈贡、双江和兰坪 42 个县（市、区），其指标值在 0.50—0.99；四类地区包括西盟、水富、澄江、五华、香格里拉、永仁、绿春、盘龙、泸水、华坪、河口、绥江、维西、漾濞、贡山、德钦和福贡 17 个县（市、区），其指标值均小于 0.50（表 7-2）。

表7-2　2015年云南省义务教育（初中段）校点数量布局指标值及其城乡差异的县域格局

地区	指标值	μ	地区	指标值	μ	地区	指标值	μ	地区	指标值	μ	地区	指标值	μ	地区	指标值	μ
五华	0.36	0.31	宣威	4.54	2.69	镇雄	3.68	1.10	永德	1.41	0.47	泸西	1.63	0.47	南涧	0.55	0.18
盘龙	0.27	1.28	红塔	1.20	0.24	彝良	1.51	0.56	镇康	0.88	0.10	元阳	0.92	0.58	巍山	0.75	0.40
官渡	1.39	0.61	江川	1.15	0.19	威信	0.79	0.30	双江	0.52	0.07	红河	0.67	0.40	永平	0.68	0.27
西山	0.79	0.36	澄江	0.37	0.00	水富	0.43		耿马	1.55	0.52	金平	0.82	0.41	云龙	0.98	0.25
东川	0.72	0.43	通海	0.68	0.29	古城	0.59	0.07	沧源	1.00	0.00	绿春	0.30	0.18	洱源	1.11	0.16
呈贡	0.53	0.09	华宁	0.87	0.00	玉龙	0.86	0.24	楚雄	1.60	1.05	河口	0.25	0.11	剑川	0.96	0.16
晋宁	1.02	0.50	易门	0.70	0.31	永胜	2.01		双柏	0.77	0.09	文山	2.43	0.66	鹤庆	1.09	0.25
富民	0.67	0.42	峨山	0.93	0.00	华坪	0.27		牟定	1.02	0.09	砚山	2.74	0.72	瑞丽	0.91	0.39
宜良	1.67	0.14	新平	1.06	0.25	宁蒗	1.13	0.70	南华	1.07	0.30	西畴	0.95	0.32	芒市	1.81	0.11
石林	0.69	0.00	元江	0.74	0.73	思茅	0.93	0.62	姚安	0.84	0.00	麻栗坡	0.77	0.52	梁河	0.97	0.11
嵩明	0.85	0.59	隆阳	2.62	0.52	宁洱	0.91	0.42	大姚	0.95	0.14	马关	1.47	0.43	盈江	1.88	0.30
禄劝	1.12	0.50	施甸	1.56	0.09	墨江	1.04	0.12	永仁	0.32	0.11	丘北	2.46	0.25	陇川	1.00	0.14
寻甸	1.91		腾冲	2.79	0.75	景东	1.37	0.51	元谋	1.25	0.57	广南	3.21	0.10	泸水	0.27	0.21
安宁	1.21		龙陵	1.41	0.27	景谷	1.29	0.22	武定	1.25	0.18	富宁	1.74	0.19	福贡	0.06	0.04
麒麟	2.73	1.97	昌宁	1.69	0.52	镇沅	0.90	0.73	禄丰	1.99	0.40	景洪	1.72	0.96	贡山	0.11	0.06
马龙	1.42	0.65	昭阳	2.47	0.68	江城	0.77	0.33	个旧	1.31	0.78	勐海	1.74	0.75	兰坪	0.50	0.10
陆良	2.81	0.70	鲁甸	1.13	0.32	孟连	0.73	0.49	开远	1.46	0.10	勐腊	1.50	0.64	香格里拉	0.33	
师宗	2.08	0.34	巧家	1.33	0.62	澜沧	2.03	0.62	蒙自	1.45	0.83	大理	1.30	0.26	德钦	0.08	
罗平	2.37	1.44	盐津	0.64	0.05	西盟	0.45	0.30	弥勒	2.30	2.05	漾濞	0.13		维西	0.15	
富源	2.47	0.16	大关	0.69	0.16	临翔	1.32	0.29	屏边	0.55	0.28	祥云	1.51	0.08			
会泽	2.52	0.49	永善	1.24	0.00	凤庆	1.22	0.11	建水	2.07	0.55	宾川	2.03	0.55			
沾益	2.69		绥江	0.24	0.16	云县	0.95	0.11	石屏	1.30	0.90	弥渡	0.70	0.39			

2. 校点数量布局及其城乡差异

2015 年，云南省县域初中段校点数量布局城乡差异较大的县（市、区）为宣威、弥勒、麒麟和富源，其校点数量布局城乡差异的指标值大于等于 1.44；初中段校点数量布局城乡差异较小的县（市、区）为嵩明、澄江、易门、新平、永善、沧源和姚安，其校点数量布局城乡差异值小于等于 0.00；初中段校点数量布局城乡差异最大的县（市、区）和最小的县（市、区）之间相差约 269 倍（表 7-2）。2013—2015 年，在省内县域初中段校点数量布局城乡差异的变化状况中，弥勒、镇沅、麒麟、个旧和马龙等 5 个县（市、区）的城乡差异变化较大，变化值在 0.38—1.53，各县（市、区）时段内城乡差异的变化状态相对不稳定。

根据各县（市、区）初中段校点数量布局城乡差异的差值对其进行聚类分析，可将云南省内 129 个县（市、区）划分为 4 个基本区域类型。其中，一类地区包括宣威、弥勒、麒麟、富源、官渡、镇雄、师宗和楚雄 8 个县（市、区），其指标值大于等于 1.05；二类地区包括景洪、石屏、蒙自、个旧、龙陵、勐海、镇沅、隆阳、砚山、宁蒗、陆良、鲁甸、文山、马龙、勐腊、思茅、澜沧、西山、禄劝、元阳、元谋、彝良、宾川、建水、昭阳、施甸、耿马、麻栗坡、景东、富民和寻甸 31 个县（市、区），其指标值在 0.50—1.05；三类地区包括沾益、孟连、永德、泸西、呈贡、马关、宜良、宁洱、金平、巍山、红河、禄丰、瑞丽、弥渡、东川、罗平、江城、巧家、西畴、五华、峨山、南华、西盟、盈江、威信、华宁、临翔、屏边、永平、昌宁、大理、鹤庆、元江、丘北、云龙、永胜、红塔、景谷和泸水 39 个县（市、区），其指标值在 0.21—0.49；四类地区包括富宁、江川、南涧、绿春、武定、绥江、剑川、大关、洱源、会泽、陇川、石林、大姚、墨江、凤庆、梁河、芒市、永仁、河口、云县、广南、兰坪、镇康、开远、晋宁、牟定、腾冲、双柏、祥云、双江、玉龙、贡山、盐津、福贡、嵩明、澄江、易门、新平、永善、沧源和姚安 41 个县（市、区），其指标值均小于 0.21；此外，盘龙、安宁、通海、水富、古城、华坪、漾濞、香格里拉、德钦和维西 10 个县（市、区）无该项指标数据（表 7-2）。

3. 校点数量布局的县域类型差异

根据云南省 2015 年县域义务教育（初中段）校点数量布局的平均值及其城乡差异，本研究将云南省 129 个县（市、区）划分为 4 种基本类型：一类地区为校点数量布局较多、城乡差异较大的地区，包括官渡、宜良、寻甸、麒麟、马龙、陆良、师宗、富源、沾益、宣威、隆阳、施甸、龙陵、昭阳、镇雄、彝良、景东、澜沧、永德、耿马、楚雄、个旧、蒙自、弥勒、建水、泸西、文山、砚山、马关、景洪、勐海、勐腊和宾川33个县（市、区）；二类地区为校点数量布局较多、城乡差异较小的地区，包括罗平、会泽、腾冲、昌宁、巧家、永胜、临翔、禄丰、开远、丘北、广南、富宁、祥云、芒市和盈江15个县（市、区）；三类地区为校点数量布局较少、城乡差异较大的地区，包括西山、呈贡、富民、禄劝、鲁甸、宁蒗、思茅、镇沅、孟连、元谋、石屏、元阳和麻栗坡13个县区；四类地区为校点数量较少、城乡差异较小的地区，包括五华、东川、晋宁、石林、嵩明、红塔、江川、澄江、华宁、易门、峨山、新平、元江、盐津、大关、永善、绥江、威信、玉龙、宁洱、墨江、景谷、江城、西盟、凤庆、云县、镇康、双江、沧源、双柏、牟定、南华、姚安、大姚、永仁、武定、屏边、红河、金平、绿春、河口、西畴、大理、弥渡、南涧、巍山、永平、云龙、洱源、剑川、鹤庆、瑞丽、梁河、陇川、泸水、福贡、贡山和兰坪58个县（市、区）；此外，盘龙、安宁、通海、水富、古城、华坪、漾濞、香格里拉、德钦和维西10个县（市、区）无该项指标数据（图7-2）。

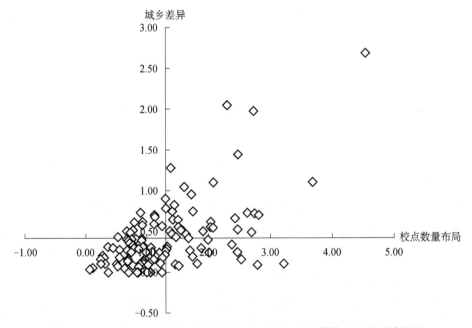

图7-2　2015年云南省城乡义务教育（初中段）校点数量布局的县域类型

4. 县级市、市辖区与行政县校点数量布局的差距

2013 年，云南省 31 个县级市、市辖区初中段校点数量布局占全省初中段校点数量布局的比例约为 32.71%，行政县的这一比例为 67.29%；县级市、市辖区初中段校点数量布局的城乡差距为 16.27，大于行政县的城乡差距（−4.21）。至 2015 年，云南省 31 个县级市、市辖区初中段校点数量布局占全省初中段校点数量布局的比例约为 32.52%，行政县的这一比例为 67.48%；县级市、市辖区初中段校点数量布局的城乡差距为 19.18，大于行政县的城乡差距（9.39）。

5. 自治县与非自治县校点数量布局的差距

2013 年，云南省自治县初中段校点数量布局占全省初中段校点数量布局的比例约为 50.95%，非自治县的这一比例为 49.05%；自治县初中段校点数量布局的城乡差距为 0，小于非自治县的城乡差距（12.05）。至 2015 年，云南省自治县初中段校点数量布局占全省初中段校点数量布局的比例约为 50.82%，非自治县的这一比例为 49.18%；自治县初中段校点数量布局的城乡差距为 7.51，小于非自治县的城乡差距（21.06）。

第二节　班额布局与城乡差距及其基本态势

随着城镇化建设的加快和城市人口的增多，城区义务教育学校学生人数也随之增多，扩大班级人数成为大部分学校缓解困境的通用之策；同时，农村义务教育生源的减少，也导致出现非常态的"小班额"现象。班级规模与课堂教学质量之间有着密切的关系，班额过大或过小对学校管理与发展、教育质量提升都存在不利影响。

一、城乡义务教育（小学段）班额布局差距及其基本态势

1. 班额布局及其县域差异

2015 年，云南省县域小学段班额布局较大的县（市、区）为德钦、玉龙、凤庆、永胜，其班额布局的指标值大于等于 1.26；小学段班额布局较小的县（市、

区）为昭阳、勐腊、思茅、官渡、景洪、盘龙和五华，其班额布局的指标值小于等于 0.58；小学段班额布局最大的县（市、区）和最小的县（市、区）之间相差 2 倍多（表 7-3）。2013—2015 年，在省内县域小学段班额布局的变化状况中，福贡、石林、晋宁、大关和华坪 5 个县区的变化较大，变化值在 0.089—0.19，各县（市、区）时段内变化状态基本持平，增长率约为 0.10%。

根据各县（市、区）小学段班额布局的指标值对其进行聚类分析，可将云南省内 129 个县（市、区）划分为 4 个基本区域类型。其中，一类地区包括德钦、玉龙、凤庆、永胜、剑川、昌宁、龙陵、贡山、梁河、施甸、易门、沧源、麻栗坡、西畴、永平、大姚、洱源、维西、腾冲、禄丰、福贡、鹤庆、峨山、华宁和云龙 25 个县（市、区），其指标值大于等于 1.20；二类地区包括兰坪、姚安、西盟、武定、元谋、双江、云县、巍山、江川、双柏、澄江、漾濞、弥渡、河口、永德、牟定、祥云、南华、新平、泸水、隆阳、绿春、宁洱、华坪和宾川 25 个县（市、区），其指标值在 1.10—1.20；三类地区包括大关、通海、南涧、景东、香格里拉、绥江、弥勒、屏边、镇康、马龙、陆良、宁蒗、晋宁、盈江、永仁、耿马、泸西、镇沅、楚雄、石屏、富民、永善、建水、马关、陇川、元江、罗平和沾益 28 个县（市、区），其指标值在 1.00—1.09；四类地区包括宜良、会泽、澜沧、嵩明、水富、红河、大理、红塔、个旧、砚山、开远、威信、临翔、宣威、广南、富源、禄劝、石林、富宁、墨江、呈贡、丘北、巧家、寻甸、师宗、元阳、金平、盐津、镇雄、东川、古城、勐海、蒙自、芒市、彝良、麒麟、江城、孟连、瑞丽、景谷、安宁、文山、西山、鲁甸、昭阳、勐腊、思茅、官渡、景洪、盘龙和五华 51 个县（市、区），其指标值均小于 1.00（表 7-3）。

2. 班额布局及其城乡差异

2015 年，云南省县域小学段班额布局城乡差异较大的县（市、区）为宁蒗、瑞丽、富宁、盘龙、玉龙和贡山，其班额布局城乡差异的指标值大于等于 0.64；小学段班额布局城乡差异较小的县（市、区）为彝良、双柏、鲁甸、姚安，其班额布局城乡差异值小于等于 0.02；小学段班额布局城乡差异最大的县（市、区）和最小的县（市、区）之间相差 76 倍（表 7-3）。2013—2015 年，在省内县域小学段班额布局城乡差异的变化状况中，西盟、绥江、剑川、玉龙和巧家 5 个县的城乡差异变化较大，变化值在 0.23—0.32，各县（市、区）时段内城乡差异的变化状态相对不稳定。

表 7-3　2015 年云南省义务教育（小学段）班额布局指标值及其城乡差异的县域格局

地区	指标值	μ	地区	指标值	μ	地区	指标值	μ	地区	指标值	μ	地区	指标值	μ	地区	指标值	μ
五华	0.38	0.36	宣威	0.94	0.26	镇雄	0.77	0.38	永德	1.15	0.32	泸西	1.03	0.07	南涧	1.08	0.06
盘龙	0.46	0.65	红塔	0.97	0.10	彝良	0.72	0.02	镇康	1.07	0.31	元阳	0.83	0.30	巍山	1.18	0.52
官渡	0.48	0.26	江川	1.17	0.25	威信	0.95	0.17	双江	1.19	0.25	红河	0.98	0.28	永平	1.21	0.20
西山	0.63	0.20	澄江	1.17	0.13	水富	0.98	0.11	耿马	1.03	0.23	金平	0.82	0.22	云龙	1.20	0.33
东川	0.76	0.41	通海	1.09	0.21	古城	0.75	0.48	沧源	1.23	0.36	绿春	1.12	0.20	洱源	1.20	0.25
呈贡	0.85	0.05	华宁	1.20	0.20	玉龙	1.29	0.64	楚雄	1.02	0.08	河口	1.15	0.34	剑川	1.26	0.52
晋宁	1.05	0.40	易门	1.24	0.39	永胜	1.26	0.47	双柏	1.17	0.01	文山	0.64	0.40	鹤庆	1.20	0.36
富民	1.02	0.27	峨山	1.20	0.34	华坪	1.11	0.33	牟定	1.15	0.12	砚山	0.97	0.14	瑞丽	0.65	0.72
宜良	0.99	0.20	新平	1.14	0.16	宁蒗	1.05	0.77	南华	1.14	0.19	西畴	1.22	0.40	芒市	0.74	0.33
石林	0.88	0.20	元江	1.00	0.32	思茅	0.51	0.53	姚安	1.19	0.01	麻栗坡	1.23	0.06	梁河	1.25	0.45
嵩明	0.99	0.12	隆阳	1.12	0.03	宁洱	1.11	0.17	大姚	1.21	0.22	马关	1.01	0.28	盈江	1.05	0.16
禄劝	0.88	0.24	施甸	1.24	0.36	墨江	0.86	0.12	永仁	1.03	0.13	丘北	0.85	0.07	陇川	1.00	0.35
寻甸	0.85	0.27	腾冲	1.20	0.13	景东	1.08	0.03	元谋	1.19	0.04	广南	0.91	0.29	泸水	1.12	0.32
安宁	0.65	0.09	龙陵	1.25	0.07	景谷	0.65	0.61	武定	1.19	0.10	富宁	0.87	0.67	福贡	1.20	0.49
麒麟	0.71	0.37	昌宁	1.26	0.48	镇沅	1.03	0.10	禄丰	1.20	0.18	景洪	0.48	0.28	贡山	1.25	0.64
马龙	1.07	0.15	昭阳	0.58	0.27	江城	0.71	0.27	个旧	0.97	0.09	勐海	0.75	0.41	兰坪	1.19	0.46
陆良	1.06	0.14	鲁甸	0.61	0.01	孟连	0.67	0.59	开远	0.96	0.06	勐腊	0.58	0.12	香格里拉	1.08	0.14
师宗	0.84	0.17	巧家	0.85	0.26	澜沧	0.99	0.41	蒙自	0.74	0.39	大理	0.97	0.40	德钦	1.30	0.64
罗平	1.00	0.15	盐津	0.81	0.08	西盟	1.19	0.40	弥勒	1.07	0.30	漾濞	1.17	0.04	维西	1.20	0.26
富源	0.88	0.20	大关	1.09	0.18	临翔	0.94	0.23	屏边	1.07	0.28	祥云	1.14	0.07			
会泽	0.99	0.25	永善	1.01	0.47	凤庆	1.27	0.41	建水	1.01	0.13	宾川	1.10	0.04			
沾益	1.00	0.06	绥江	1.07	0.32	云县	1.18	0.11	石屏	1.02	0.03	弥渡	1.16	0.13			

根据各县（市、区）小学段班额布局城乡差异的差值对其进行聚类分析，可将云南省内 129 个县（市、区）划分为 4 个基本区域类型。其中，一类地区包括宁蒗、瑞丽、富宁、盘龙、玉龙、贡山、德钦、景谷、孟连、思茅、剑川和巍山 12 个县（市、区），其指标值大于等于 0.52；二类地区包括福贡、古城、昌宁、永善、永胜、兰坪、梁河、东川、澜沧、凤庆、勐海、西盟、晋宁、大理、西畴、文山、蒙自、易门、镇雄、麒麟、沧源、鹤庆、施甸、五华、陇川、峨山、河口、芒市、云龙、华坪、永德、泸水、元江、绥江、镇康、元阳和弥勒 37 个县（市、区），其指标值在 0.30—0.52；三类地区包括广南、红河、马关、屏边、景洪、富民、寻甸、昭阳、江城、维西、宣威、巧家、官渡、会泽、双江、江川、洱源、禄劝、耿马、临翔、金平、大姚、通海、华宁、宜良、西山、绿春和永平 28 个县（市、区），其指标值在 0.20—0.29；四类地区包括石林、富源、南华、大关、禄丰、威信、师宗、宁洱、新平、盈江、罗平、马龙、香格里拉、陆良、砚山、建水、弥渡、澄江、腾冲、永仁、勐腊、墨江、牟定、嵩明、云县、水富、武定、镇沅、红塔、安宁、个旧、楚雄、盐津、丘北、龙陵、祥云、泸西、沾益、南涧、麻栗坡、开远、呈贡、漾濞、宾川、元谋、石屏、景东、隆阳、彝良、双柏、鲁甸和姚安 52 个县（市、区），其指标值均小于 0.20（表 7-3）。

3. 班额布局的县域类型差异

根据云南省 2015 年县域义务教育（小学段）班额布局的平均值及其城乡差异，本研究将云南省 129 个县（市、区）划分为 4 种基本类型：一类地区为班额布局较大、城乡差异较大的地区，包括晋宁、富民、易门、峨山、元江、施甸、昌宁、永善、绥江、玉龙、永胜、华坪、宁蒗、西盟、凤庆、永德、镇康、沧源、弥勒、屏边、河口、西畴、马关、巍山、云龙、剑川、鹤庆、梁河、陇川、泸水、福贡、贡山、兰坪、德钦和维西 35 个县（市、区）；二类地区为班额布局较大、城乡差异较小的地区，包括马龙、陆良、罗平、沾益、江川、澄江、通海、华宁、新平、隆阳、腾冲、龙陵、大关、宁洱、景东、镇沅、云县、双江、耿马、楚雄、双柏、牟定、南华、姚安、大姚、永仁、元谋、武定、禄丰、建水、石屏、泸西、绿春、麻栗坡、漾濞、祥云、宾川、弥渡、南涧、永平、洱源、盈江和香格里拉 43 个县（市、区）；三类地区为班额布局较小、城乡差异较大的地区，包括五华、盘龙、东川、寻甸、麒麟、宣威、昭阳、巧家、镇雄、古城、思茅、景谷、江城、孟连、澜沧、蒙自、元阳、红河、文山、广南、富宁、景洪、勐海、大理、瑞丽和芒市 26 个县（市、区）；四类地区为班额布局较小、城乡差异较小的地区，包括官渡、西山、呈贡、宜良、石林、嵩明、禄劝、安宁、师宗、富源、会泽、红塔、鲁甸、盐津、彝良、威信、水富、墨江、临翔、个旧、开远、金平、砚山、丘北和勐腊 25 个县（市、区）（图 7-3）。

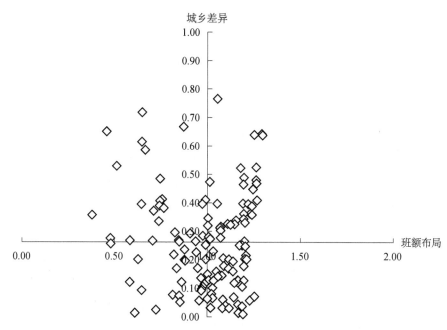

图 7-3 2015 年云南省城乡义务教育（小学段）班额布局的县域类型

4. 县级市、市辖区与行政县班额布局的差距

2013 年，云南省 31 个县级市、市辖区小学段班额布局占全省小学段班额布局的比例约为 19.94%，行政县的这一比例为 80.06%；县级市、市辖区小学段班额布局的城乡差距为 -4.01，小于行政县的城乡差距（4.01）。至 2015 年，云南省 31 个县级市、市辖区小学段班额布局占全省小学段班额布局的比例约为 19.80%，行政县的这一比例为 80.20%；县级市、市辖区小学段班额布局的城乡差距为 -5.05，小于行政县的城乡差距（5.05）。

5. 自治县与非自治县班额布局的差距

2013 年，云南省自治县小学段班额布局占全省小学段班额布局的比例约为 62.83%，非自治县的这一比例为 37.17%；自治县小学段班额布局的城乡差距为 0.20，大于非自治县的城乡差距（-0.20）。至 2015 年，云南省自治县小学段班额布局占全省小学段班额布局的比例约为62.54%，非自治县的这一比例为37.46%；自治县小学段班额布局的城乡差距为0.75，大于非自治县的城乡差距（–0.75）。

二、城乡义务教育（初中段）班额布局差距及其基本态势

1. 班额布局及其县域差异

2015年，云南省县域初中段班额布局较大的县（市、区）为德钦、贡山、屏边、河口和富民，其班额布局的指标值大于等于2.55；初中段班额布局较小的县（市、区）为洱源、罗平、巧家、维西，其班额布局的指标值小于等于0.09；初中段班额布局最大的县（市、区）和最小的县（市、区）之间相差96倍（表7-4）。2013—2015年，在省内县域初中段班额布局的变化状况中，屏边、姚安、福贡、弥渡和新平5个县的变化较大，变化值在0.66—2.51，各县（市、区）时段内变化状态基本持平，增长率约为8.3%。

根据各县（市、区）初中段班额布局的指标值对其进行聚类分析，可将云南省内129个县（市、区）划分为4个基本区域类型。其中，一类地区包括德钦、贡山、屏边、河口、富民、福贡、姚安、永胜、西山、宁洱、双柏和泸水12个县（市、区），其指标值大于等于2.07；二类地区包括开远、晋宁、易门、梁河、元谋、马关、龙陵、双江、呈贡、大姚、耿马、墨江、玉龙、峨山、新平、牟定、西盟、官渡、盘龙、古城、沧源、澜沧、个旧、云龙、镇沅、盈江、勐腊、凤庆、五华、红塔、陆良、瑞丽、东川、武定、蒙自、宾川、安宁、麻栗坡、剑川、永平和兰坪41个县（市、区），其指标值在1.09—2.07；三类地区包括陇川、弥渡、元江、华坪、弥勒、澄江、大理、孟连、永仁、景洪、华宁、芒市、西畴、临翔、江城、勐海、施甸、昌宁、隆阳、江川、云县、禄丰、景东、巍山、景谷、建水、楚雄、丘北、思茅、通海、砚山、元阳、绿春、寻甸、广南、绥江、镇康和永德38个县（市、区），其指标值在0.52—1.08；四类地区包括嵩明、石屏、沾益、漾濞、南华、红河、腾冲、南涧、大关、香格里拉、禄劝、宁蒗、金平、昭阳、马龙、祥云、威信、宜良、麒麟、文山、永善、鹤庆、水富、石林、富源、镇雄、盐津、彝良、宣威、泸西、师宗、鲁甸、会泽、富宁、洱源、罗平、巧家和维西38个县（市、区），其指标值均小于0.52（表7-4）。

表7-4　2015年云南省义务教育（初中段）班额布局指标值及其城乡差异的县域格局

地区	指标值	μ	地区	指标值	μ	地区	指标值	μ	地区	指标值	μ	地区	指标值	μ	地区	指标值	μ
五华	1.27	0.11	宜威	0.14	0.11	镇雄	0.16	0.11	永德	0.52	0.43	泸西	0.14	0.06	南涧	0.37	0.76
盘龙	1.47	0.49	红塔	1.26	0.17	彝良	0.14	0.23	镇康	0.53	1.01	元阳	0.58	0.43	巍山	0.68	0.28
官渡	1.48	1.07	江川	0.77	0.23	威信	0.26	0.15	双江	1.73	0.88	红河	0.42	0.39	永平	1.09	1.07
西山	2.11	0.29	澄江	0.94	1.30	水富	0.18		耿马	1.68	0.88	金平	0.28	0.01	云龙	1.33	0.80
东川	1.25	1.01	通海	0.60		古城	1.46		沧源	1.42	0.84	绿春	0.56	0.42	洱源	0.09	0.12
呈贡	1.70	0.67	华宁	0.88	0.20	玉龙	1.61	0.61	楚雄	0.63	0.21	河口	2.93	1.62	剑川	1.09	0.79
晋宁	1.92	0.50	易门	1.88	0.64	永胜	2.11	0.16	双柏	2.09	0.49	文山	0.21	0.16	鹤庆	0.20	0.55
富民	2.55	0.19	峨山	1.52	0.67	华坪	0.96		牟定	1.49	1.40	砚山	0.59	0.16	瑞丽	1.25	0.09
宜良	0.25	0.22	新平	1.50	0.99	宁蒗	0.33	0.38	南华	0.48	0.94	西畴	0.85	0.44	芒市	0.85	0.73
石林	0.18	0.20	元江	0.98	0.93	思茅	0.61	0.54	姚安	2.28	0.46	麻栗坡	1.10	0.57	梁河	1.81	0.80
嵩明	0.49	0.26	隆阳	0.80	0.01	宁洱	2.09	0.22	大姚	1.70	0.94	马关	1.79	0.12	盈江	1.33	0.53
禄劝	0.33	0.66	施甸	0.81	0.02	墨江	1.64	0.04	永仁	0.93	0.61	丘北	0.62	0.44	陇川	0.99	0.65
寻甸	0.56	0.46	腾冲	0.40	0.27	景东	0.69	0.14	元谋	1.81	0.41	广南	0.55	0.17	泸水	2.07	1.90
安宁	1.10		龙陵	1.74	0.25	景谷	0.66	0.41	武定	1.15	1.11	富宁	0.11	0.12	福贡	2.50	1.84
麒麟	0.25	0.20	昌宁	0.81	0.60	镇沅	1.33	1.18	禄丰	0.69	0.67	景洪	0.92	0.54	贡山	3.72	1.75
马龙	0.27	0.32	昭阳	0.27	0.06	江城	0.82	0.17	个旧	1.34	0.03	勐海	0.81	0.11	兰坪	1.09	0.76
陆良	1.26	0.08	鲁甸	0.12	0.11	孟连	0.93	0.16	开远	1.98	0.56	勐腊	1.32	0.80	香格里拉	0.34	
师宗	0.14	0.14	巧家	0.05	0.04	澜沧	1.40	0.04	蒙自	1.15	0.88	大理	0.94	0.51	德钦	3.88	
罗平	0.08	0.01	盐津	0.15	0.28	西盟	1.48	0.11	弥勒	0.95	0.54	漾濞	0.48		维西	0.04	
富源	0.16	0.34	大关	0.34	0.16	临翔	0.84	0.87	屏边	3.19	1.35	祥云	0.26	0.11			
会泽	0.12	0.05	永善	0.21	0.06	凤庆	1.29	0.01	建水	0.64	1.04	宾川	1.13	0.36			
沾益	0.48	0.04	绥江	0.55	0.51	云县	0.73	0.71	石屏	0.48	0.54	弥渡	0.99	0.17			

2. 班额布局及其城乡差异

2015 年，云南省县域初中段班额布局城乡差异较大的县（市、区）为泸水、福贡、贡山、河口、牟定，其班额布局城乡差异的指标值大于等于 1.40；初中段班额布局城乡差异较小的县（市、区）为隆阳、金平、罗平和凤庆，其班额布局城乡差异值小于等于 0.01；初中段班额布局城乡差异最大的县（市、区）和最小的县（市、区）之间相差约 190 倍（表 7-4）。2013—2015 年，在省内县域初中段班额布局城乡差异的变化状况中，河口、牟定、建水、梁河和永平 5 个县的城乡差异变化较大，变化值在 0.74—1.38，各县（市、区）时段内城乡差异的变化状态相对不稳定。

根据各县（市、区）初中段班额布局城乡差异的差值对其进行聚类分析，可将云南省内 129 个县（市、区）划分为 4 个基本区域类型。其中，一类地区包括泸水、福贡、贡山、河口、牟定、屏边、澄江、镇沅、武定、永平、官渡、建水、东川和镇康 14 个县（市、区），其指标值大于等于 1.01；二类地区包括新平、南华、大姚、元江、蒙自、耿马、双江、临翔、沧源、梁河、勐腊、云龙、剑川、南涧、兰坪、芒市、云县、禄丰、峨山、呈贡、禄劝、陇川、易门、永仁、玉龙和昌宁 26 个县（市、区），其指标值在 0.60—1.01；三类地区包括麻栗坡、开远、鹤庆、思茅、弥勒、石屏、景洪、盈江、绥江、大理、晋宁、双柏、盘龙、寻甸、姚安、丘北、西畴、永德、元阳、绿春、元谋、景谷、红河、宁蒗、宾川、富源和马龙 27 个县（市、区），其指标值在 0.32—0.59；四类地区包括西山、盐津、巍山、腾冲、嵩明、龙陵、彝良、江川、宜良、宁洱、楚雄、华宁、麒麟、石林、富民、弥渡、红塔、江城、广南、大关、永胜、文山、孟连、砚山、威信、师宗、景东、马关、富宁、洱源、五华、勐海、西盟、祥云、宣威、镇雄、鲁甸、瑞丽、陆良、永善、泸西、昭阳、会泽、墨江、沾益、巧家、澜沧、个旧、施甸、隆阳、金平、罗平和凤庆 53 个县（市、区），其指标值均小于 0.32；此外，安宁、通海、水富、古城、华坪、漾濞、香格里拉、德钦和维西 9 个县（市、区）无该项指标数据。（表 7-4）。

3. 班额布局的县域类型差异

根据云南省 2015 年县域义务教育（初中段）班额布局的平均值及其城乡差异，本研究将云南省 129 个县（市、区）划分为 4 种基本类型：一类地区为班额布局较大、城乡差异较大的地区，包括盘龙、官渡、东川、呈贡、晋宁、易门、峨山、新平、玉龙、镇沅、双江、耿马、沧源、双柏、牟定、大姚、武定、开远、蒙自、屏边、河口、麻栗坡、勐腊、永平、云龙、剑川、梁河、盈江、泸水、福贡、贡山和兰坪 32 个县（市、区）；二类地区为班额布局较大、城乡差异较小的地区，包括五华、西山、富民、陆良、红塔、龙陵、永胜、宁洱、墨江、澜沧、西盟、凤庆、姚安、元谋、个旧、马关、宾川和瑞丽 18 个县（市、区）；三类地区为班额布局较小、城乡差异较大的地区，包括禄劝、澄江、元江、昌宁、绥江、思茅、临翔、云县、镇康、南华、永仁、禄丰、弥勒、建水、石屏、景洪、大理、南涧、鹤庆、芒市和陇川 21 个县（市、区）；四类地区为班额布局较小、城乡差异较小的地区，包括宜良、石林、嵩明、寻甸、麒麟、马龙、师宗、罗平、富源、会泽、沾益、宣威、江川、华宁、隆阳、施甸、腾冲、昭阳、鲁甸、巧家、盐津、大关、永善、镇雄、彝良、威信、宁蒗、景东、景谷、江城、孟连、永德、楚雄、泸西、元阳、红河、金平、绿春、文山、砚山、西畴、丘北、广南、富宁、勐海、祥云、弥渡、巍山和洱源 49 个县（市、区）；此外，安宁、通海、水富、古城、华坪、漾濞、香格里拉、德钦和维西 9 个县（市、区）无该项指标数据（图 7-4）。

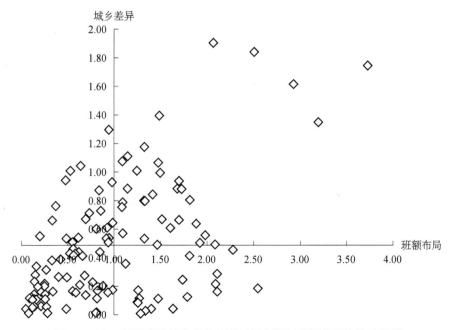

图 7-4 2015 年云南省城乡义务教育（初中段）班额布局的县域类型

4. 县级市、市辖区与行政县班额布局的差距

2013 年，云南省 31 个县级市、市辖区初中段班额布局占全省初中段班额布局的比例约为 23.61%，行政县的这一比例为 76.39%；县级市、市辖区初中段班额布局的城乡差距为 0.29，大于行政县的城乡差距（-0.29）。至 2015 年，云南省 31 个县级市、市辖区初中段班额布局占全省初中段班额布局的比例约为 24.61%，行政县的这一比例为 75.39%；县级市、市辖区初中段班额布局的城乡差距为 1.14，大于行政县的城乡差距（-1.14）。

5. 自治县与非自治县班额布局的差距

2013 年，云南省自治县初中段班额布局占全省初中段班额布局的比例约为 69.81%，非自治县的这一比例为 30.19%；自治县初中段班额布局的城乡差距为 0.05，大于非自治县的城乡差距（-0.05）。至 2015 年，云南省自治县初中段班额布局占全省初中段班额布局的比例约为 68.32%，非自治县占 31.68%；自治县初中段班额布局的城乡差距为-4.61，小于非自治县的城乡差距（4.61）。

第八章
云南县域义务教育发展特征
及其城乡差异

　　义务教育的发展存在一定的区域特征，这一特征由区域义务教育的教育资源供给、教育资源需求以及教育资源空间配置状态组合而成。不同类型特征的区域义务教育，在区域间义务教育均衡发展、区域内义务教育与经济社会协调发展中所呈现的问题和态势有所差异，在区域义务教育协调发展的过程中须区别对待。

第一节　县域城乡义务教育资源供给特征及其差异

　　县域城乡义务教育的教育设施水平、教育人员水平和教育信息化水平共同影响甚至决定着其义务教育资源供给水平和特征。就区域义务教育资源供给水平而言，生均教育设施、生均教育人员和生均教育信息化水平越高，区域义务教育资源供给水平越高，区域义务教育发展的教育资源条件越好；就区域义务教育资源供给特征而言，在义务教育资源供给中，教育设施、教育人员和教育信息化三类教育资源的供给水平之间存在差异，因此，不同区域的义务教育资源供给的主导类型有可能不同。

一、城乡义务教育资源供给水平及其差异

（一）城乡义务教育（小学段）资源供给水平及其差异

1. 供给水平及其县域差异

2015 年，云南省县域小学段教育资源供给水平较高的县（市、区）为官渡、腾冲、宣威、富源和盘龙，其教育资源供给水平的指标值大于等于 2.31；小学段教育资源供给水平较低的县（市、区）为贡山、孟连、漾濞、双柏和福贡，其教育资源供给水平的指标值小于等于 0.52；小学段教育资源供给水平最高的县（市、区）和最低的县（市、区）之间相差 6 倍多（表 8-1）。2013—2015 年，在省内县域小学段教育资源供给水平的变化状况中，昌宁、景洪、建水、开远、弥勒等 5 个县市的变化较大，变化值在 0.85—1.24。

根据各县（市、区）小学段教育资源供给水平的指标值对其进行聚类分析，可将云南省内 129 个县（市、区）划分为 4 个基本区域类型。其中，一类地区包括官渡、腾冲、宣威、富源、盘龙、五华、昌宁、景洪、楚雄、文山、西山、禄丰、隆阳、镇雄、大理、开远、昭阳、砚山、会泽、罗平、宜良、建水、麒麟、丘北、个旧、沾益 26 个县（市、区），其指标值大于等于 1.51；二类地区包括麻栗坡、泸西、广南、红塔、弥勒、蒙自、嵩明、云县、禄劝、寻甸、临翔、陆良、玉龙、马关、祥云、芒市、龙陵、富宁、石林、思茅、晋宁、镇沅、凤庆、武定、弥渡、元谋、元阳、永胜、巍山、永善 30 个县（市、区），其指标值在 1.01—1.51；三类地区包括师宗、石屏、沧源、景东、新平、永德、梁河、香格里拉、鲁甸、澜沧、勐海、西畴、呈贡、鹤庆、安宁、红河、马龙、兰坪、宾川、宁蒗、施甸、威信、大姚、通海、景谷、绥江、东川、元江、彝良、勐腊、江川、易门、巧家、盐津、宁洱、姚安、泸水、华坪、澄江、盈江、华宁、南涧、古城、牟定、水富、金平和大关 47 个县（市、区），其指标值在 0.70—1.00；四类地区包括德钦、双江、耿马、镇康、峨山、云龙、陇川、富民、洱源、永平、瑞丽、维西、墨江、剑川、永仁、屏边、河口、绿春、江城、西盟、南华、福贡、双柏、漾濞、孟连、贡山 26 个县（市、区），其指标值均小于 0.70（表 8-1）。

2. 供给水平及其城乡差异

2015 年，云南省县域小学段教育资源供给水平城乡差异较大的县（市、区）为官渡、五华、盘龙、腾冲和富源，其教育资源供给水平城乡差异的指标值大于

表 8-1　2015 年云南省义务教育（小学段）资源供给水平指标值及其城乡差异的县域格局

地区	指标值	μ	地区	指标值	μ	地区	指标值	μ	地区	指标值	μ	地区	指标值	μ	地区	指标值	μ
五华	2.24	1.54	宣威	2.42	0.18	镇雄	1.78	0.81	永德	0.94	0.12	泸西	1.48	0.61	南涧	0.72	0.12
盘龙	2.31	1.53	红塔	1.42	0.36	彝良	0.80	0.23	镇康	0.67	0.17	元阳	1.03	0.19	巍山	1.01	0.41
官渡	2.77	2.37	江川	0.79	0.20	威信	0.84	0.10	双江	0.68	0.19	红河	0.88	0.43	永平	0.65	0.25
西山	1.86	1.12	澄江	0.74	0.19	水富	0.70	0.20	耿马	0.68	0.19	金平	0.70	0.18	云龙	0.67	0.27
东川	0.82	0.22	通海	0.83	0.02	古城	0.71	0.05	沧源	0.97	0.08	绿春	0.54	0.24	洱源	0.65	0.26
呈贡	0.88	0.49	华宁	0.72	0.20	玉龙	1.19	0.47	楚雄	2.03	0.32	河口	0.55	0.08	剑川	0.59	0.09
晋宁	1.09	0.16	易门	0.78	0.28	永胜	1.02	0.33	双柏	0.51	0.08	文山	2.00	0.42	鹤庆	0.88	0.34
富民	0.65	0.04	峨山	0.67	0.07	华坪	0.74	0.06	牟定	0.71	0.19	砚山	1.70	0.01	瑞丽	0.64	0.14
宜良	1.69	0.09	新平	0.95	0.30	宁蒗	0.85	0.45	南华	0.53	0.14	西畴	0.91	0.31	芒市	1.18	0.30
石林	1.09	0.05	元江	0.81	0.12	思茅	1.09	0.33	姚安	0.74	0.37	麻栗坡	1.49	0.77	梁河	0.94	0.43
嵩明	1.37	0.47	隆阳	1.84	0.32	宁洱	0.75	0.02	大姚	0.83	0.20	马关	1.19	0.26	盈江	0.73	0.05
禄劝	1.29	0.06	施甸	0.85	0.33	墨江	0.62	0.06	永仁	0.58	0.13	丘北	1.60	0.85	陇川	0.67	0.18
寻甸	1.24	0.40	腾冲	2.76	1.19	景东	0.96	0.16	元谋	1.07	0.56	广南	1.45	0.36	泸水	0.74	0.02
安宁	0.88	0.33	龙陵	1.14	0.66	景谷	0.83	0.01	武定	1.07	0.38	富宁	1.13	0.33	福贡	0.52	0.21
麒麟	1.66	0.32	昌宁	2.05	0.75	镇沅	1.09	0.56	禄丰	1.85	0.84	景洪	2.05	0.62	贡山	0.38	0.03
马龙	0.87	0.24	昭阳	1.75	0.31	江城	0.53	0.07	个旧	1.55	0.30	勐海	0.91	0.17	兰坪	0.86	0.10
陆良	1.20	0.33	鲁甸	0.92	0.06	孟连	0.44	0.08	开远	1.75	0.46	勐腊	0.79	0.15	香格里拉	0.94	0.08
师宗	1.00	0.14	巧家	0.77	0.06	澜沧	0.92	0.18	蒙自	1.40	0.56	大理	1.78	0.01	德钦	0.69	0.05
罗平	1.69	0.66	盐津	0.75	0.22	西盟	0.53	0.13	弥勒	1.42	0.01	漾濞	0.49	0.14	维西	0.62	0.06
富源	2.35	1.19	大关	0.70	0.01	临翔	1.24	0.07	屏边	0.57	0.03	祥云	1.18	0.21			
会泽	1.70	0.54	永善	1.01	0.13	凤庆	1.08	0.41	建水	1.68	0.16	宾川	0.86	0.18			
沾益	1.51	0.17	绥江	0.82	0.27	云县	1.29	0.38	石屏	0.98	0.08	弥渡	1.07	0.29			

等于 1.19；小学段教育资源供给水平城乡差异较小的县（市、区）为景谷、弥勒、砚山、大关和大理，其教育资源供给水平城乡差异值小于等于 0.01；小学段教育资源供给水平城乡差异最大的县（市、区）和最小的县（市、区）之间相差约 237 倍（表 8-1）。2013—2015 年，在省内县域小学段教育资源供给水平城乡差异的变化状况中，西山、五华、禄劝、晋宁、富民等 5 个县区的城乡差异变化较大，变化值在 0.58—0.96，各县（市、区）时段内城乡差异的变化状态相对不稳定。

根据 2015 年各县（市、区）小学段教育资源供给水平城乡差异的差值对其进行聚类分析，可将云南省内 129 个县（市、区）划分为 4 个基本区域类型。其中，一类地区包括官渡、五华、盘龙、腾冲、富源、西山、丘北、禄丰、镇雄、麻栗坡、昌宁、罗平、龙陵、景洪、泸西、镇沅、元谋、蒙自、会泽 19 个县（市、区），其指标值大于等于 0.54；二类地区包括呈贡、玉龙、嵩明、开远、宁蒗、梁河、红河、文山、巍山、凤庆、寻甸、武定、云县、姚安、红塔、广南、鹤庆、富宁、安宁、思茅、陆良、施甸、永胜、楚雄、隆阳、麒麟、西畴、昭阳、新平、芒市和个旧 31 个县（市、区），其指标值在 0.30—0.54；三类地区包括弥渡、易门、云龙、绥江、马关、洱源、永平、马龙、绿春、彝良、盐津、东川、祥云、福贡、大姚、华宁、江川、水富、耿马、牟定、双江、元阳、澄江、澜沧、陇川、宣威、金平、宾川、镇康、沾益、勐海、景东、建水、晋宁、勐腊、瑞丽、南华、漾濞、师宗、永仁、西盟、永善、元江、永德、南涧、威信、兰坪 47 个县（市、区），其指标值在 0.10—0.29；四类地区包括剑川、宜良、河口、沧源、香格里拉、石屏、孟连、双柏、临翔、江城、峨山、华坪、维西、巧家、禄劝、墨江、鲁甸、德钦、石林、盈江、古城、富民、屏边、贡山、通海、宁洱、泸水、大理、大关、砚山、弥勒、景谷 32 个县（市、区），其指标值均小于 0.10（表 8-1）。

3. 教育资源供给水平的县域类型差异

根据云南省 2015 年县域义务教育（小学段）教育资源供给水平的平均值及其城乡差异，本研究将云南省 129 个县（市、区）划分为 4 种基本类型：一类地区为教育资源供给水平较高、城乡差异较大的地区，包括官渡、五华、盘龙、腾冲、富源、西山、丘北、禄丰、镇雄、麻栗坡、昌宁、罗平、龙陵、景洪、泸西、蒙自、会泽、玉龙、嵩明、开远、文山、寻甸、云县、红塔、广南、富宁、思茅、陆良、楚雄、隆阳、麒麟和昭阳 32 个县（市、区）；二类地区为教育资源供给水平较高、城乡差异较小的地区，包括芒市、个旧、马关、祥云、宣威、沾益、建水、宜良、临翔、禄劝、石林、大理、砚山和弥勒 14 个县（市、区）；三类地区为教育资源供给水平较低、城乡差异较大的地区，包括镇沅、元谋、呈贡、宁蒗、梁河、红河、巍山、凤庆、武定、姚安、鹤庆、安宁、施甸、永胜和西畴 15 个县（市、区）；四类地区为教育资源供给水平较低、城乡差异较小的地区，包括新平、弥渡、易门、云龙、绥江、洱源、永平、马龙、绿春、彝良、盐津、东川、福贡、大姚、华宁、江川、水富、耿马、牟定、双江、元阳、澄江、澜沧、陇川、金平、宾川、镇康、勐海、景东、晋宁、勐腊、瑞丽、南华、漾濞、师宗、永仁、西盟、永善、元江、永德、南涧、威信、兰坪、剑川、河口、沧源、香格里拉、石屏、孟连、双柏、江城、峨山、华坪、维西、巧家、墨江、鲁甸、德钦、盈江、古城、富民、屏边、贡山、通海、宁洱、泸水、大关和景谷 68 个县（市、区）（图 8-1）。

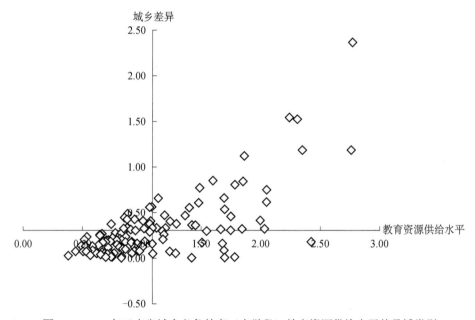

图 8-1　2015 年云南省城乡义务教育（小学段）教育资源供给水平的县域类型

4. 县级市、市辖区与行政县教育资源供给水平差距

2013 年，云南省 31 个县级市、市辖区小学段的教育资源供给水平约为 39.00，行政县为 74.54；县级市、市辖区小学段教育资源供给水平的城乡差距为 6.19，小于行政县的城乡差距（15.33）。至 2015 年，云南省 31 个县级市、市辖区小学段的教育资源供给水平变化为 47.08，行政县为 93.60；县级市、市辖区小学段教育资源供给水平的城乡差距为 7.60，小于行政县的城乡差距（22.88）。

5. 自治县与非自治县教育资源供给水平差距

2013 年，云南省自治县小学段的教育资源供给水平为 58.82，非自治县为 54.72；自治县小学段教育资源供给水平的城乡差距为 7.99，大于非自治县的城乡差距（1.15）。至 2015 年，云南省自治县小学段的教育资源供给水平约为 76.17，非自治县为 54.50；自治县小学段教育资源供给水平的城乡差距为 12.27，大于非自治县的城乡差距（3.01）。

（二）县域城乡义务教育（初中段）资源供给水平及其差异

1. 供给水平及其县域差异

2015 年，云南省县域初中段教育资源供给水平较高的县（市、区）为官渡、富源、宣威、麒麟、腾冲，其教育资源供给水平的指标值大于等于 1.49；初中段教育资源供给水平较低的县（市、区）为永平、水富、江城、孟连、漾濞，其教育资源供给水平的指标值小于等于 0.37；初中段教育资源供给水平最高的县（市、区）和最低的县（市、区）之间相差 7 倍多（表 8-2）。2013—2015 年，在省内县域初中段教育资源供给水平的变化状况中，官渡、开远、建水、弥勒、楚雄 5 个县（市、区）的变化较大，变化值在 0.40—1.49。

根据各县（市、区）初中段教育资源供给水平的指标值对其进行聚类分析，可将省内 129 个县（市、区）划分为 4 个基本区域类型。其中，一类地区包括官渡、富源、宣威、麒麟、腾冲、文山、宜良、五华、广南、隆阳、镇雄、会泽、楚雄、开远、盘龙、大理、寻甸、嵩明、砚山、罗平、昭阳、沾益、红塔、西山 24 个县（市、区），其指标值大于等于 1.01；二类地区包括弥勒、建水、芒市、昌宁、河口、晋宁、泸西、祥云、丘北、蒙自、云县、禄丰、宾川、弥渡、景东、凤庆、永胜、禄劝、安宁、江川、富宁、马关、个旧、麻栗坡、景洪、新平、古城、陆良、鹤庆、巍山、红河、永善、金平、师宗、石林、澜沧、东川、富民、元谋、龙陵、盈江、峨山、马龙、西畴、维西、宁洱、施甸、通海、石屏、元阳 50 个县（市、区），其指标值在 0.61—0.99；三类地区包括玉龙、德钦、华坪、临翔、思茅、墨江、南华、牟定、姚安、永德、鲁甸、武定、云龙、易门、威信、南涧、彝良、勐腊、宁蒗、盐津、沧源、梁河、兰坪、屏边、大姚、绥江、绿春、泸水、元江、瑞丽、巧家、华宁 32 个县（市、区），其指标值在 0.50—0.60；四类地区包括澄江、剑川、洱源、呈贡、镇康、香格里拉、双柏、陇川、永仁、景

表8-2　2015年云南省义务教育（初中段）资源供给水平指标值及其城乡差异的县域格局

地区	指标值	μ	地区	指标值	μ	地区	指标值	μ	地区	指标值	μ	地区	指标值	μ	地区	指标值	μ
五华	1.32	0.86	宣威	1.64	0.72	镇雄	1.25	0.23	永德	0.57	0.14	泸西	0.93	0.31	南涧	0.55	0.12
盘龙	1.23	2.05	红塔	1.01	0.05	彝良	0.55	0.15	镇康	0.46	0.04	元阳	0.61	0.25	魏山	0.72	0.14
官渡	2.45	0.54	江川	0.83	0.20	威信	0.56	0.07	双江	0.43	0.11	红河	0.71	0.48	永平	0.37	0.08
西山	1.01	0.14	澄江	0.49	0.01	水富	0.36		耿马	0.43	0.14	金平	0.71	0.10	云龙	0.56	0.05
东川	0.67	0.17	通海	0.62		古城	0.75		沧源	0.54	0.01	绿春	0.52	0.23	洱源	0.48	0.01
呈贡	0.48	0.08	华宁	0.50	0.11	玉龙	0.60	0.08	楚雄	1.25	0.74	河口	0.96	0.48	剑川	0.49	0.01
晋宁	0.94	0.16	易门	0.56	0.01	永胜	0.85	0.29	双柏	0.45	0.09	文山	1.39	0.65	鹤庆	0.72	0.14
富民	0.66	0.49	峨山	0.65	0.23	华坪	0.59		牟定	0.57	0.10	砚山	1.04	0.26	瑞丽	0.52	0.11
宜良	1.37	0.17	新平	0.75	0.12	宁蒗	0.54	0.14	南华	0.58	0.22	西畴	0.64	0.24	芒市	0.97	0.12
石林	0.70	0.21	元江	0.52	0.11	思茅	0.58	0.27	姚安	0.57	0.00	麻栗坡	0.77	0.38	梁河	0.53	0.04
嵩明	1.06	0.35	隆阳	1.26	0.03	宁洱	0.63	0.17	大姚	0.53	0.04	马关	0.81	0.15	盈江	0.65	0.02
禄劝	0.84	0.38	施甸	0.63	0.11	墨江	0.58	0.03	永仁	0.44	0.02	丘北	0.90	0.29	陇川	0.44	0.11
寻甸	1.08		腾冲	1.49	0.44	景东	0.87	0.13	元谋	0.66	0.14	广南	1.31	0.14	泸水	0.52	0.25
安宁	0.84	0.95	龙陵	0.66	0.21	景谷	0.43	0.00	武定	0.57	0.07	富宁	0.82	0.01	福贡	0.40	0.09
麒麟	1.53	0.16	昌宁	0.96	0.16	镇沅	0.43	0.01	禄丰	0.89	0.11	景洪	0.76	0.38	贡山	0.41	0.09
马龙	0.65	0.06	昭阳	1.03	0.06	江城	0.35	0.04	个旧	0.77	0.31	勐海	0.41	0.04	兰坪	0.53	0.13
陆良	0.73	0.29	鲁甸	0.57	0.17	孟连	0.32	0.08	开远	1.24	0.27	勐腊	0.55	0.12	香格里拉	0.45	
师宗	0.71	0.24	巧家	0.51	0.12	澜沧	0.70	0.17	蒙自	0.90	0.44	大理	1.13	0.40			
罗平	1.04	1.02	盐津	0.54	0.07	西盟	0.39	0.01	弥勒	0.99	0.68	漾濞	0.29		德钦	0.59	
富源	1.64	0.33	大关	0.39	0.03	临翔	0.58	0.25	屏边	0.53	0.15	祥云	0.91	0.20	维西	0.64	
会泽	1.25	0.14	永善	0.71	0.06	凤庆	0.85	0.02	建水	0.98	0.28	宾川	0.88	0.16			
沾益	1.03		绥江	0.53	0.01	云县	0.90	0.18	石屏	0.61	0.26	弥渡	0.87	0.45			

谷、双江、镇沅、耿马、勐海、贡山、福贡、大关、西盟、永平、水富、江城、孟连、漾濞 23 个县（市、区），其指标值均小于 0.50（表 8-2）。

2. 供给水平及其城乡差异

2015 年，云南省县域初中段教育资源供给水平城乡差异较大的县（市、区）为官渡、富源、麒麟、五华、楚雄，其教育资源供给水平城乡差异的指标值大于等于 0.74；初中段教育资源供给水平城乡差异较小的县（市、区）为富宁、沧源、西盟、景谷、姚安，其教育资源供给水平城乡差异值小于等于 0.01；初中段教育资源供给水平城乡差异最大的县（市、区）和最小的县（市、区）之间相差约 205倍（表 8-2）。2013—2015 年，在省内县域初中段教育资源供给水平城乡差异的变化状况中，官渡、麒麟、楚雄、弥勒、富源等 5 个县（市、区）的城乡差异变化较大，变化值在 0.30—1.41，各县（市、区）时段内城乡差异的变化状态相对不稳定。

根据 2015 年各县（市、区）初中段教育资源供给水平城乡差异的差值对其进行聚类分析，可将云南省内 129 个县（市、区）划分为 4 个基本区域类型。其中，一类地区包括官渡、富源、麒麟、五华、楚雄、宣威、弥勒、文山、西山、宜良、河口、红河、弥渡、腾冲、蒙自、大理、寻甸、麻栗坡、景洪、禄劝、会泽、泸西、个旧 23 个县（市、区），其指标值大于等于 0.31；二类地区包括师宗、永胜、丘北、建水、开远、思茅、砚山、石屏、临翔、泸水、元阳、西畴、罗平、绿春、峨山、镇雄、南华、嵩明、龙陵、江川和祥云 21 个县（市、区），其指标值在 0.20—0.31；三类地区包括云县、澜沧、宁洱、石林、鲁甸、呈贡、宾川、昌宁、富民、马龙、马关、彝良、屏边、元谋、宁蒗、耿马、东川、鹤庆、广南、巍山、沾益、永德、兰坪、景东、南涧、芒市、巧家、勐腊、新平、陇川、禄丰、华宁、施甸、元江、瑞丽、双江、牟定、金平 38 个县（市、区），其指标值在 0.10—0.19；四类地区包括贡山、双柏、福贡、孟连、永平、玉龙、晋宁、盐津、威信、武定、永善、陆良、昭阳、云龙、红塔、梁河、大姚、镇康、勐海、江城、墨江、隆阳、大关、永仁、凤庆、盈江、洱源、剑川、澄江、镇沅、绥江、易门、富宁、沧源、西盟、景谷、姚安 37 个县（市、区），其指标值均小于 0.10；此外，盘龙、安宁、通海等 10 个县（市、区）没有该项指标数据（表 8-1）。

3. 教育资源供给水平的县域类型差异

根据云南省 2015 年县域义务教育（初中段）教育资源供给水平的平均值及其城乡差异，本研究将云南省 129 个县（市、区）划分为 4 种基本类型：一类地区为教育资源供给水平较高、城乡差异较大的地区，包括五华、官渡、西山、宜良、禄劝、寻甸、麒麟、罗平、富源、会泽、宣威、腾冲、镇雄、永胜、楚雄、个旧、开远、蒙自、弥勒、建水、泸西、河口、文山、砚山、麻栗坡、丘北、大理和弥渡 28 个县（市、区）；二类地区为教育资源供给水平较高、城乡差异较小的地区，包括晋宁、嵩明、沾益、红塔、江川、隆阳、昌宁、昭阳、景东、凤庆、云县、禄丰、马关、广南、富宁、祥云、宾川和芒市 18 个县（市、区）；三类地区为教育资源供给水平较低、城乡差异较大的地区，包括师宗、峨山、思茅、临翔、南华、石屏、元阳、红河、绿春、西畴、景洪和泸水 12 个县（市、区）；四类地区为教育资源供给水平较低、城乡差异较小的地区，包括东川、呈贡、富民、石林、马龙、陆良、澄江、华宁、易门、新平、元江、施甸、龙陵、鲁甸、巧家、盐津、大关、永善、绥江、彝良、威信、玉龙、宁蒗、宁洱、墨江、景谷、镇沅、江城、孟连、澜沧、西盟、永德、镇康、双江、耿马、沧源、双柏、牟定、姚安、大姚、永仁、元谋、武定、屏边、金平、勐海、勐腊、南涧、巍山、永平、云龙、洱源、剑川、鹤庆、瑞丽、梁河、盈江、陇川、福贡、贡山和兰坪 61 个县（市、区）；此外，盘龙、安宁、通海、水富、古城、华坪、漾濞、香格里拉、德钦和维西 10 个县（市、区）无该项指标数据（图 8-2）。

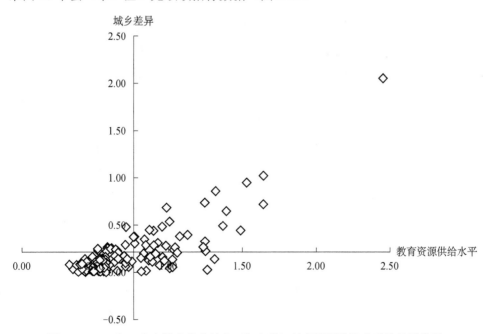

图 8-2 2015 年云南省城乡义务教育（初中段）教育资源供给水平的县域类型

4. 县级市、市辖区与行政县教育资源供给水平差距

2013 年，云南省 31 个县级市、市辖区初中段的教育资源供给水平约为 27.69，行政县为 60.36；县级市、市辖区初中段教育资源供给水平的城乡差距为 7.96，大于行政县的城乡差距（3.30）。至 2015 年，云南省 31 个县级市、市辖区初中段教育资源供给水平变化为 31.17，行政县为 65.94；县级市、市辖区初中段教育资源供给水平的城乡差距为 11.36，大于行政县的城乡差距（9.30）。

5. 自治县与非自治县教育资源供给水平差距

2013 年，云南省自治县初中段教育资源供给水平为 47.46，非自治县为 46.60；自治县初中段教育资源供给水平的城乡差距为 4.30，小于非自治县的城乡差距（6.95）。至 2015 年，云南省自治县初中段教育资源供给水平约为 52.76，非自治县为 44.35；自治县初中段教育资源供给水平的城乡差距为 7.31，小于非自治县的城乡差距（13.35）。

二、城乡义务教育资源供给类型及其差异

（一）县域城乡义务教育（小学段）资源供给类型及其差异

根据义务教育小学段教育资源的基础设施指数、教育信息化指数和教育人员指数的县域差距以及三个基础指数之间的结构关系，可将 2013 年云南省义务教育小学段的教育资源供给划分为 8 种基本类型。其中，一类地区为区域义务教育基础设施水平较高、教育信息化水平较高且教育人员水平较高的地区，包括五华、盘龙、官渡、西山、宜良、宣威、隆阳、昭阳、屏边、石屏、芒市 11 个县（市、区）；二类地区为区域义务教育基础设施水平较高、教育信息化水平较高但教育人员水平较低的地区，包括嵩明、禄劝、麒麟、罗平、富源、会泽、沾益、红塔、腾冲、楚雄、文山、广南、富宁、大理 14 个县（市、区）；三类地区为区域义务教育基础设施水平较高、教育信息化水平较低但教育人员水平较高的地区，包括砚山 1 个县；四类地区为区域义务教育基础设施水平较低、教育信息化水平较高且教育人员水平较高的地区，包括石林、思茅、禄丰、个旧 4 个县（市、区）；五类地区为区域义务教育基础设施水平较低、教育信息化水平较高但教育人员水平较低的地区，包括安宁、威信、蒙自、元阳、祥云、瑞丽 6 个县市；六类地区

为区域义务教育基础设施水平较低、教育信息化水平较低但教育人员水平较高的地区，包括易门、峨山、新平、元江、龙陵、玉龙、华坪、宁洱、镇沅、凤庆、云县、永德、双江、沧源、大姚、弥勒、河口、西畴、麻栗坡、景洪、漾濞、梁河、德钦23个县市；七类地区为区域义务教育基础设施水平较高、教育信息化水平较低且教育人员水平较低的地区，包括寻甸、陆良、师宗、鲁甸、永善、镇雄、彝良、临翔、泸西、丘北10个县区；八类地区为区域义务教育基础设施水平较低、教育信息化水平较低且教育人员水平较低的地区，包括东川、呈贡、晋宁、富民、马龙、江川、澄江、通海、华宁、施甸、昌宁、巧家、盐津、大关、绥江、水富、古城、永胜、宁蒗、墨江、景东、景谷、江城、孟连、澜沧、西盟、镇康、耿马、双柏、牟定、南华、姚安、永仁、元谋、武定、开远、建水、红河、金平、绿春、马关、勐海、勐腊、宾川、弥渡、南涧、巍山、永平、云龙、洱源、剑川、鹤庆、盈江、陇川、泸水、福贡、贡山、兰坪、香格里拉、维西60个县（市、区）。

至2015年，云南省义务教育小学段的教育资源供给结构的区域类型有所变化，一类地区增长到23个县（市、区），包括五华、盘龙、官渡、西山、宜良、禄劝、富源、沾益、宣威、隆阳、腾冲、龙陵、昌宁、昭阳、临翔、云县、楚雄、禄丰、个旧、弥勒、建水、景洪、芒市；二类地区增长到16个县（市、区），包括嵩明、麒麟、罗平、会泽、红塔、镇雄、蒙自、泸西、元阳、文山、砚山、丘北、广南、富宁、大理、祥云；三类地区增长到5个县（市、区），包括寻甸、永胜、凤庆、永德、香格里拉；四类地区增长到8个县（市、区），包括晋宁、石林、玉龙、思茅、镇沅、元谋、开远、麻栗坡；五类地区增长到9个县（市、区），包括呈贡、安宁、景东、武定、红河、马关、勐海、弥渡、巍山；六类地区减少到20个县（市、区），包括马龙、易门、峨山、新平、元江、施甸、华坪、宁洱、双江、沧源、牟定、姚安、永仁、石屏、河口、西畴、云龙、梁河、盈江、德钦；七类地区减少到7个县（市、区），包括陆良、师宗、鲁甸、巧家、永善、彝良、澜沧；八类地区减少到41个县（市、区），包括东川、富民、江川、澄江、通海、华宁、盐津、大关、绥江、威信、水富、古城、宁蒗、墨江、景谷、江城、孟连、西盟、镇康、耿马、双柏、南华、大姚、屏边、金平、绿春、勐腊、漾濞、宾川、南涧、永平、洱源、剑川、鹤庆、瑞丽、陇川、泸水、福贡、贡山、兰坪、维西。

（二）县域城乡义务教育（初中段）资源供给类型及其差异

根据义务教育初中段教育资源的基础设施指数、教育信息化指数和教育人员指数的县域差距以及三个基础指数之间的结构关系，可将2013年云南省义务教育初中段的教育资源供给划分为8种基本类型。其中，一类地区为区域义务教育基础设施水平较高、教育信息化水平较高且教育人员水平较高的地区，包括盘龙、西山、晋宁、宜良、石林、安宁、罗平、会泽、江川、华宁、易门、新平、腾冲、盐津、绥江、彝良、古城17个县（市、区）；二类地区为区域义务教育基础设施水平较高、教育信息化水平较高但教育人员水平较低的地区，包括墨江、景谷、镇沅、澜沧、耿马、个旧、泸西、文山、广南、勐海、漾濞、宾川、鹤庆、芒市14个县市；三类地区为区域义务教育基础设施水平较高、教育信息化水平较低但教育人员水平较高的地区，包括马龙、富源、龙陵3个县区；四类地区为区域义务教育基础设施水平较低、教育信息化水平较高且教育人员水平较高的地区，包括五华、官渡、东川、富民、禄劝、陆良、元江、昌宁、昭阳、镇雄10个县区；五类地区为区域义务教育基础设施水平较低、教育信息化水平较高但教育人员水平较低的地区，包括玉龙、华坪、宁洱、沧源、牟定、武定6个县；六类地区为区域义务教育基础设施水平较低、教育信息化水平较低但教育人员水平较高的地区，包括呈贡、嵩明、寻甸、麒麟、师宗、沾益、宣威、红塔、澄江、通海、峨山、隆阳、施甸、鲁甸、巧家、大关、永善、威信、水富19个县（市、区）；七类地区为区域义务教育基础设施水平较高、教育信息化水平较低且教育人员水平较低的地区，包括永仁、金平、西畴、弥渡、永平、洱源、剑川、盈江、泸水、德钦10个县市；八类地区为区域义务教育基础设施水平较低、教育信息化水平较低且教育人员水平较低的地区，包括永胜、宁蒗、思茅、景东、江城、孟连、西盟、临翔、凤庆、云县、永德、镇康、双江、楚雄、双柏、南华、姚安、大姚、元谋、禄丰、开远、蒙自、弥勒、屏边、建水、石屏、元阳、红河、绿春、河口、砚山、麻栗坡、马关、丘北、富宁、景洪、勐腊、大理、祥云、南涧、巍山、云龙、瑞丽、梁河、陇川、福贡、贡山、兰坪、香格里拉、维西50个县（市、区）。

至2015年，云南省义务教育小学段的教育资源供给结构的区域类型有所变化，一类地区增长到20个县（市、区），包括宜良、嵩明、寻甸、罗平、沾益、宣威、红塔、隆阳、腾冲、昌宁、昭阳、永胜、凤庆、楚雄、蒙自、弥勒、文山、砚山、广南、芒市；二类地区数量持平，包括禄劝、麒麟、富源、会泽、镇雄、禄丰、建水、泸西、麻栗坡、富宁、大理、祥云、宾川、弥渡 14 个县（市、区）；三类地区减少到 2 个县（市、区），包括江川、云县；四类地区减少到 8 个县（市、区），包括五华、盘龙、官渡、西山、晋宁、安宁、开远、河口；五类地区减少到 5 个县（市、区），包括古城、景东、个旧、马关、丘北；六类地区增长到 20 个县（市、区），包括呈贡、富民、峨山、施甸、龙陵、玉龙、华坪、宁洱、墨江、镇沅、双江、牟定、屏边、西畴、景洪、云龙、梁河、盈江、贡山、德钦；七类地区增长到 14 个县（市、区），包括东川、石林、马龙、陆良、师宗、新平、鲁甸、永善、绥江、彝良、红河、巍山、鹤庆、维西；八类地区减少到 46 个县（市、区），包括澄江、通海、华宁、易门、元江、巧家、盐津、大关、威信、水富、宁蒗、思茅、景谷、江城、孟连、澜沧、西盟、临翔、永德、镇康、耿马、沧源、双柏、南华、姚安、大姚、永仁、元谋、武定、石屏、元阳、金平、绿春、勐海、勐腊、漾濞、南涧、永平、洱源、剑川、瑞丽、陇川、泸水、福贡、兰坪、香格里拉。

第二节　城乡义务教育资源配置状态特征及其差异

县域城乡义务教育的校点布局和班额布局共同影响甚至决定着其义务教育资源配置水平和特征。就区域义务教育资源配置水平而言，校点密度与人口密度、地形起伏度的适应性越好，班额越趋于适度，区域义务教育资源配置状态越好；就区域义务教育资源配置特征而言，在义务教育资源配置状态中，校点配置和班额配置之间存在差异，因此，不同区域的义务教育资源配置的主导类型有可能不同。

一、县域城乡义务教育（小学段）资源配置状态及其差异

1. 教育资源配置状态及其县域差异

2015 年，云南省县域小学段教育资源配置状态较好的县（市、区）为宣威、

会泽、镇雄、广南、富源，其教育资源配置状态的指标值大于等于2.36；小学段教育资源配置状态较差的县（市、区）为官渡、安宁、西山、盘龙、五华，其教育资源配置状态的指标值小于等于0.47；小学段教育资源配置状态最好的县（市、区）和最差的县（市、区）之间相差12倍多（表8-3）。2013—2015年，在省内县域小学段教育资源配置状态的变化状况中，建水、弥勒、宜良、福贡、武定等5个县市的变化较大，变化值在0.07—0.60。

根据各县（市、区）小学段教育资源配置状态的指标值对其进行聚类分析，可将云南省内129个县（市、区）划分为4个基本区域类型。其中，一类地区包括宣威、会泽、镇雄、广南、富源、隆阳、腾冲、罗平、彝良、砚山、禄丰、建水、师宗、陆良、永胜、寻甸、富宁、泸西、昌宁、沾益、祥云21个县（市、区），其指标值大于等于1.51；二类地区包括凤庆、禄劝、永善、丘北、澜沧、施甸、弥勒、巧家、永德、龙陵、昭阳、云县、耿马、宜良、马关、新平、楚雄、景东、麻栗坡、西畴、麒麟、武定、华宁、洱源、马龙、玉龙、宁蒗、南华、元谋、石屏、牟定、宾川、弥渡、镇康、剑川、沧源、文山、鹤庆、大姚、双江、大理、威信、元阳、盈江、云龙、江川46个县（市、区），其指标值在1.00—1.51；三类地区包括双柏、华坪、蒙自、梁河、大关、鲁甸、易门、姚安、芒市、巍山、峨山、通海、陇川、盐津、嵩明、景谷、元江、个旧、勐海、永平、红塔、漾濞、红河、金平、临翔、兰坪、南涧、澄江、维西、宁洱、开远、西盟、镇沅、绿春、东川、永仁、泸水37个县（市、区），其指标值在0.70—0.99；四类地区包括绥江、富民、墨江、水富、德钦、屏边、晋宁、河口、勐腊、贡山、景洪、香格里拉、福贡、石林、瑞丽、古城、孟连、江城、呈贡、思茅、官渡、安宁、西山、盘龙、五华25个县（市、区），其指标值均小于0.70（表8-3）。

2. 教育资源配置状态及其城乡差异

2015年，云南省县域小学段教育资源配置状态城乡差异较大的县（市、区）为镇雄、广南、会泽、富源、隆阳，其教育资源配置状态城乡差异的指标值大于等于1.34；小学段教育资源配置状态城乡差异较小的县（市、区）为呈贡、维西、华坪、峨山、安宁，其教育资源配置状态城乡差异值小于等于0.02（表8-3）。2013—2015年，在省内县域小学段教育资源配置状态城乡差异的变化状况中，建水、麻栗坡、石屏、罗平、威信等5个县的城乡差异变化较大，变化值在0.12—0.46，各县（市、区）时段内城乡差异的变化状态相对不稳定。

表8-3 2015年云南省义务教育（小学段）资源配置状态指标值及其城乡差异的县域格局

地区	指标值	μ	地区	指标值	μ	地区	指标值	μ	地区	指标值	μ	地区	指标值	μ	地区	指标值	μ
玉华	0.23	0.15	宣威	3.05	0.46	镇雄	2.61	1.96	永德	1.35	0.43	泸西	1.61	0.76	南涧	0.81	0.13
盘龙	0.28	0.31	红塔	0.83	0.12	彝良	1.96	1.07	镇康	1.08	0.61	元阳	1.02	0.72	巍山	0.93	0.04
官渡	0.47	0.08	江川	1.00	0.10	威信	1.02	0.39	双江	1.03	0.12	红河	0.82	0.44	永平	0.85	0.08
西山	0.44	0.05	澄江	0.80	0.06	水富	0.66	0.17	耿马	1.28	0.73	金平	0.82	0.20	云龙	1.01	0.14
东川	0.72	0.35	通海	0.90	0.03	古城	0.58	0.26	沧源	1.05	0.10	绿春	0.78	0.11	洱源	1.15	0.32
呈贡	0.51	0.02	华宁	1.15	0.29	玉龙	1.14	0.06	楚雄	1.20	0.37	河口	0.63	0.14	剑川	1.08	0.06
晋宁	0.66	0.17	易门	0.97	0.06	永胜	1.67	0.54	双柏	0.99	0.34	文山	1.04	0.35	鹤庆	1.03	0.09
富民	0.68	0.10	峨山	0.93	0.00	华坪	0.99	0.01	牟定	1.10	0.23	砚山	1.84	0.39	瑞丽	0.61	0.48
宜良	1.24	0.14	新平	1.22	0.61	宁蒗	1.14	0.93	南华	1.11	0.50	西畴	1.16	0.22	芒市	0.95	0.53
石林	0.61	0.04	元江	0.87	0.40	思茅	0.48	0.36	姚安	0.97	0.27	麻栗坡	1.19	0.46	梁河	0.98	0.07
嵩明	0.87	0.21	隆阳	2.29	1.34	宁洱	0.80	0.04	大姚	1.03	0.15	马关	1.23	0.66	盈江	1.01	0.20
禄劝	1.46	0.90	施甸	1.38	0.46	墨江	0.66	0.20	永仁	0.71	0.16	丘北	1.42	0.84	陇川	0.89	0.43
寻甸	1.63	1.15	腾冲	2.21	1.04	景东	1.20	0.46	元谋	1.10	0.35	广南	2.57	1.85	泸水	0.70	0.09
安宁	0.44	0.00	龙陵	1.35	0.62	景谷	0.87	0.72	武定	1.16	0.33	富宁	1.61	1.33	福贡	0.61	0.23
麒麟	1.16	0.30	昌宁	1.60	0.39	镇沅	0.79	0.11	禄丰	1.83	0.79	景洪	0.62	0.30	贡山	0.63	0.32
马龙	1.14	0.52	昭阳	1.32	0.68	江城	0.54	0.22	个旧	0.86	0.14	勐海	0.86	0.49	兰坪	0.81	0.07
陆良	1.80	0.60	鲁甸	0.98	0.37	孟连	0.58	0.44	开远	0.80	0.03	勐腊	0.63	0.25	香格里拉	0.62	0.07
师宗	1.80	0.45	巧家	1.36	0.87	澜沧	1.40	0.96	蒙自	0.99	0.30	大理	1.03	0.44	德钦	0.66	0.32
罗平	2.11	0.82	盐津	0.89	0.27	西盟	0.79	0.09	弥勒	1.38	0.04	漾濞	0.82	0.15	维西	0.80	0.02
富源	2.36	1.57	大关	0.98	0.14	临翔	0.82	0.31	屏边	0.66	0.07	祥云	1.51	0.52			
会泽	2.67	1.74	永善	1.45	0.99	凤庆	1.48	0.48	建水	1.81	0.71	宾川	1.09	0.34			
沾益	1.59	0.62	绥江	0.69	0.27	云县	1.30	0.48	石屏	1.10	0.22	弥渡	1.09	0.25			

根据 2015 年各县（市、区）小学段教育资源配置状态城乡差异的差值对其进行聚类分析，可将云南省内 129 个县（市、区）划分为 4 个基本区域类型。其中，一类地区包括镇雄、广南、会泽、富源、隆阳、富宁、寻甸、彝良、腾冲、永善、澜沧、宁蒗、禄劝、巧家、丘北、罗平 16 个县（市、区），其指标值大于等于 0.82；二类地区包括禄丰、泸西、耿马、景谷、元阳、建水、昭阳、马关、沾益、龙陵、镇康、新平、陆良、永胜、芒市、马龙、祥云、南华、勐海、瑞丽、云县、凤庆、景东、施甸、麻栗坡、宣威、师宗、红河、孟连、大理、陇川、永德、元江 33 个县（市、区），其指标值在 0.40—0.82；三类地区包括威信、砚山、昌宁、鲁甸、楚雄、思茅、元谋、文山、东川、双柏、宾川、武定、洱源、贡山、德钦、盘龙、临翔、麒麟、景洪、蒙自、华宁、姚安、绥江、盐津、古城、勐腊、弥渡、牟定、福贡、江城、西畴、石屏、嵩明、金平 34 个县（市、区），其指标值在 0.20—0.39；四类地区包括盈江、墨江、水富、晋宁、永仁、漾濞、大姚、五华、云龙、宜良、大关、河口、个旧、南涧、双江、红塔、镇沅、绿春、沧源、富民、江川、泸水、西盟、鹤庆、官渡、永平、兰坪、梁河、屏边、香格里拉、易门、剑川、玉龙、澄江、西山、宁洱、弥勒、巍山、石林、开远、通海、呈贡、维西、华坪、峨山、安宁 46 个县（市、区），其指标值均小于 0.20（表 8-3）。

3. 教育资源配置状态的县域类型差异

根据云南省 2015 年县域义务教育（小学段）教育资源配置状态的平均值及其城乡差异，本研究将云南省 129 个县（市、区）划分为 4 种基本类型：一类地区为教育资源配置状态较好、城乡差异较大的地区，包括禄劝、寻甸、马龙、陆良、师宗、罗平、富源、会泽、沾益、宣威、新平、隆阳、施甸、腾冲、龙陵、昭阳、巧家、永善、镇雄、彝良、永胜、宁蒗、景东、澜沧、凤庆、云县、永德、耿马、南华、禄丰、建水、泸西、麻栗坡、马关、丘北、广南、富宁和祥云 38 个县（市、区）；二类地区为教育资源配置状态较好、城乡差异较小的地区，包括宜良、麒麟、华宁、昌宁、玉龙、楚雄、武定、弥勒、砚山、西畴和洱源 11 个县（市、区）；三类地区为教育资源配置状态较差、城乡差异较大的地区，包括景谷、孟连、镇康、元阳、红河、勐海、大理、瑞丽、芒市和陇川 10 个县市；四类地区为教育资源配置状态较差、城乡差异较小的地区，包括五华、盘龙、官渡、西山、东川、呈贡、晋宁、富民、石林、嵩明、安宁、红塔、江川、澄江、通海、易门、峨山、元江、鲁甸、盐津、大关、绥江、威信、水富、古城、华坪、思茅、宁洱、墨江、镇沅、江城、西盟、临翔、双江、沧源、双柏、牟定、姚安、大姚、永仁、元谋、个旧、开远、蒙自、屏边、石屏、金平、绿春、河口、文山、景洪、勐腊、漾濞、宾川、弥渡、南涧、巍山、永平、云龙、剑川、鹤庆、梁河、盈江、泸水、福贡、贡山、兰坪、香格里拉、德钦和维西 70 个县（市、区）（图 8-3）。

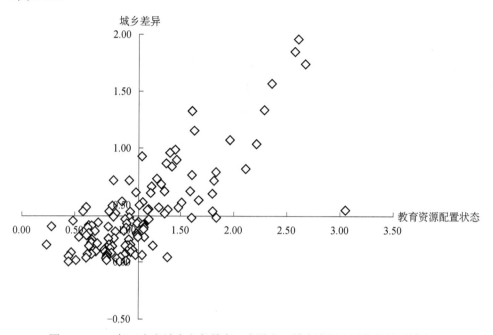

图 8-3　2015 年云南省城乡义务教育（小学段）教育资源配置状态的县域类型

4. 县级市、市辖区与行政县教育资源配置状态差距

2013 年，云南省 31 个县级市、市辖区小学段教育资源配置指数约为 30.42，行政县为 114.89。县级市、市辖区小学段教育资源配置状态的城乡差距为 9.24，小于行政县的城乡差距（43.28）。至 2015 年，云南省 31 个县级市、市辖区小学段教育资源配置指数变化为 29.60，行政县变化为 113.07。县级市、市辖区小学段教育资源配置状态的城乡差距为 9.18，小于行政县的城乡差距（39.07）。

5. 自治县与非自治县教育资源配置状态差距

2013 年，云南省自治县小学段教育资源配置指数为 82.32，非自治县为 63.00。自治县小学段教育资源配置状态的城乡差距为 28.00，大于非自治县的城乡差距（24.52）。至 2015 年，云南省自治县小学段教育资源配置指数约为 80.28，非自治县为 62.39。自治县小学段教育资源配置状态的城乡差距为 25.20，大于非自治县的城乡差距（23.05）。

二、县域城乡义务教育（初中段）资源配置状态及其差异

1. 教育资源配置状态及其县域差异

2015 年，云南省县域初中段教育资源配置状态较好的县（市、区）为宣威、永胜、陆良、德钦、镇雄，其教育资源配置状态的指标值大于等于 1.92；初中段教育资源配置状态较差的县（市、区）为盐津、香格里拉、水富、漾濞、维西，其教育资源配置状态的指标值小于等于 0.39；初中段教育资源配置状态最好的县（市、区）和最差的县（市、区）之间相差 22 倍多（表 8-4）。2013—2015 年，在省内县域初中段教育资源配置状态的变化状况中，屏边、丘北、姚安、福贡、新平等 5 个县的变化较大，变化值在 0.33—0.84。

根据各县（市、区）初中段教育资源配置状态的指标值对其进行聚类分析，可将云南省内 129 个县（市、区）划分为 4 个基本区域类型。其中，一类地区包括宣威、永胜、陆良、德钦、镇雄、贡山、广南、屏边、开远、澜沧、隆阳、砚山、马关、弥勒、耿马、富民、盈江、腾冲、沾益、河口、宾川、龙陵、姚安、丘北、元谋、宁洱 26 个县（市、区），其指标值大于等于 1.50；二类地区包括麒麟、晋宁、西山、官渡、双柏、勐腊、梁河、昭阳、建水、禄丰、墨江、芒市、大姚、个旧、会泽、文山、富源、景洪、蒙自、易门、福贡、勐海、新平、牟定、凤庆、昌宁、玉龙、寻甸、红塔、罗平、峨山、沧源、武定、施甸、泸水、云龙、安宁、双江、大理、楚雄、呈贡、镇沅、师宗、瑞丽、临翔、景东、剑川、古城 48 个县（市、区），其指标值在 1.02—1.50；三类地区包括陇川、东川、景谷、永德、西盟、宜良、江川、麻栗坡、富宁、西畴、石屏、祥云、泸西、永平、华宁、盘龙、元江、马龙、弥渡、云县、孟连、彝良、五华、江城、兰坪、南华、思茅、元阳、永善、宁蒗、禄劝、巍山、镇康 33 个县（市、区），其指标值在 0.70—1.01；四类地区包括巧家、嵩明、澄江、鹤庆、通海、鲁甸、永仁、华坪、洱源、金平、红河、威信、大关、南涧、石林、绿春、绥江、盐津、香格里拉、水富、漾濞、维西 22 个县（市、区），其指标值均小于 0.70（表 8-4）。

表 8-4　2015 年云南省义务教育（初中段）资源配置状态指标值及其城乡差异的县域格局

地区	指标值	μ	地区	指标值	μ	地区	指标值	μ	地区	指标值	μ	地区	指标值	μ	地区	指标值	μ
五华	0.82	0.21	宣威	2.34	1.40	镇雄	1.92	0.50	永德	0.96	0.02	泸西	0.89	0.20	南涧	0.46	0.29
盘龙	0.87		红塔	1.23	0.21	彝良	0.83	0.39	镇康	0.70	0.46	元阳	0.75	0.07	巍山	0.72	0.34
官渡	1.43	0.11	江川	0.96	0.21	威信	0.52	0.22	双江	1.13	0.48	红河	0.55	0.01	永平	0.88	0.67
西山	1.45	0.16	澄江	0.66	0.65	水富	0.31		耿马	1.62	0.18	金平	0.55	0.20	云龙	1.16	0.52
东川	0.98	0.33	通海	0.64		古城	1.02		沧源	1.21	0.42	绿春	0.43	0.30	洱源	0.60	0.14
呈贡	1.11	0.12	华宁	0.87	0.04	玉龙	1.24	0.34	楚雄	1.12	0.42	河口	1.59	0.86	剑川	1.03	0.31
晋宁	1.47	0.30	易门	1.29	0.32	永胜	2.06	0.04	双柏	1.43	0.20	文山	1.32	0.25	鹤庆	0.65	0.15
富民	1.61	0.34	峨山	1.23	0.18	华坪	0.61		牟定	1.25	0.74	砚山	1.66	0.44	瑞丽	1.08	0.15
宜良	0.96	0.10	新平	1.28	0.50	宁蒗	0.73	0.54	南华	0.77	0.32	西畴	0.90	0.38	潞西	1.33	0.31
石林	0.43	0.03	元江	0.86	0.59	思茅	0.77	0.58	姚安	1.56	0.23	麻栗坡	0.93	0.54	梁河	1.39	0.46
嵩明	0.67	0.13	隆阳	1.71	0.36	宁洱	1.50	0.10	大姚	1.33	0.54	马关	1.63	0.28	盈江	1.60	0.42
禄劝	0.73	0.04	施甸	1.19	0.27	墨江	1.34	0.04	永仁	0.62	0.36	丘北	1.54	0.10	陇川	0.99	0.25
寻甸	1.23	0.02	腾冲	1.59	0.09	景东	1.03	0.18	元谋	1.53	0.49	广南	1.88	0.14	泸水	1.17	1.06
安宁	1.15		龙陵	1.58	0.25	景谷	0.98	0.10	武定	1.20	0.47	富宁	0.92	0.03	福贡	1.28	0.90
麒麟	1.49	1.09	昌宁	1.25	0.17	镇沅	1.11	0.22	禄丰	1.34	0.53	景洪	1.32	0.75	贡山	1.92	0.85
马龙	0.85	0.48	昭阳	1.37	0.29	江城	0.80	0.25	个旧	1.32	0.41	勐海	1.28	0.32	兰坪	0.79	0.43
陆良	2.03	0.39	鲁甸	0.63	0.39	孟连	0.83	0.16	开远	1.72	0.23	勐腊	1.41	0.08	香格里拉	0.34	
师宗	1.11	0.62	巧家	0.69	0.18	澜沧	1.72	0.29	蒙自	1.30	0.03	大理	1.12	0.12	德钦	1.98	
罗平	1.23	0.16	盐津	0.39	0.12	西盟	0.96	0.09	弥勒	1.62	1.29	漾濞	0.31		维西	0.10	
富源	1.32	0.55	大关	0.51	0.00	临翔	1.08	0.58	屏边	1.87	0.54	祥云	0.89	0.10			
会泽	1.32	0.10	永善	0.73	0.03	凤庆	1.25	0.06	建水	1.36	0.25	宾川	1.58	0.46			
沾益	1.59	0.27	绥江	0.40	0.33	云县	0.84	0.30	石屏	0.89	0.18	弥渡	0.84	0.28			

2. 教育资源配置状态及其城乡差异

2015 年，云南省县域初中段教育资源配置状态城乡差异较大的县（市、区）为宣威、弥勒、麒麟、泸水、福贡，其教育资源配置状态城乡差异的指标值大于等于 0.90；初中段教育资源配置状态城乡差异较小的县（市、区）为蒙自、寻甸、永德、红河、大关，其教育资源配置状态城乡差异值小于等于 0.03（表 8-4）。2013—2015 年，在省内县域初中段教育资源配置状态城乡差异的变化状况中，弥勒、河口、牟定、麻栗坡、梁河等 5 个县市的城乡差异变化较大，变化值在0.39—1.20，各县（市、区）时段内城乡差异的变化状态相对不稳定。

根据 2015 年各县（市、区）初中段教育资源配置状态城乡差异的差值对其进行聚类分析，可将云南省内 129 个县（市、区）划分为 4 个基本区域类型。其中，一类地区包括宣威、弥勒、麒麟、泸水、福贡、河口、贡山、景洪、牟定、永平、澄江、师宗、元江、思茅、临翔、富源、麻栗坡、宁蒗、大姚、屏边、禄丰、云龙 22 个县（市、区），其指标值大于等于 0.52；二类地区包括镇雄、新平、元谋、马龙、双江、武定、梁河、宾川、镇康、砚山、兰坪、沧源、楚雄、盈江、个旧 15 个县（市、区），其指标值在 0.41—0.52；三类地区包括彝良、陆良、鲁甸、西畴、永仁、隆阳、富民、巍山、玉龙、绥江、东川、易门、南华、勐海、剑川、芒市、云县、绿春、晋宁、昭阳、南涧、澜沧、弥渡、马关、施甸、沾益、陇川、龙陵、文山、江城、建水、开远、姚安、镇沅、威信、五华、江川、红塔、双柏、泸西 40 个县（市、区），其指标值在 0.20—0.40；四类地区包括金平、景东、耿马、石屏、峨山、巧家、昌宁、孟连、罗平、西山、瑞丽、鹤庆、洱源、广南、嵩明、大理、呈贡、盐津、官渡、会泽、宜良、宁洱、景谷、丘北、祥云、西盟、腾冲、勐腊、元阳、凤庆、华宁、永胜、墨江、禄劝、富宁、永善、石林、蒙自、寻甸、永德、红河、大关 42 个县（市、区），其指标值均小于 0.20；此外，盘龙、安宁、通海等 10 个县（市、区）无该项指标数据（表 8-4）。

3. 教育资源配置状态的县域类型差异

根据云南省 2015 年县域义务教育（初中段）教育资源配置状态的平均值及其城乡差异，本研究将云南省 129 个县（市、区）划分为 4 种基本类型：一类地区为教育资源配置状态较好、城乡差异较大的地区，包括富民、麒麟、陆良、富源、宣威、新平、隆阳、镇雄、玉龙、沧源、牟定、大姚、元谋、武定、禄丰、个旧、弥勒、屏边、河口、砚山、景洪、宾川、云龙、梁河、盈江、泸水、福贡和贡山28个县（市、区）；二类地区为教育资源配置状态较好、城乡差异较小的地区，包括官渡、西山、晋宁、寻甸、罗平、会泽、沾益、红塔、易门、峨山、施甸、腾冲、龙陵、昌宁、昭阳、永胜、宁洱、墨江、澜沧、凤庆、耿马、双柏、姚安、开远、蒙自、建水、文山、马关、丘北、广南、勐海、勐腊和芒市33个县（市、区）；三类地区为教育资源配置状态较差、城乡差异较大的地区，包括马龙、师宗、澄江、元江、鲁甸、绥江、彝良、宁蒗、思茅、临翔、镇康、双江、楚雄、永仁、西畴、麻栗坡、巍山、永平和兰坪19个县（市、区）；四类地区为教育资源配置状态较差、城乡差异较小的地区，包括五华、东川、呈贡、宜良、石林、嵩明、禄劝、江川、华宁、巧家、盐津、大关、永善、威信、景东、景谷、镇沅、江城、孟连、西盟、云县、永德、南华、石屏、泸西、元阳、红河、金平、绿春、富宁、大理、祥云、弥渡、南涧、洱源、剑川、鹤庆、瑞丽和陇川39个县（市、区）；此外，德钦、安宁、古城、盘龙、通海、华坪、香格里拉、水富、漾濞和维西10个县（市、区）无该项指标数据（图8-4）。

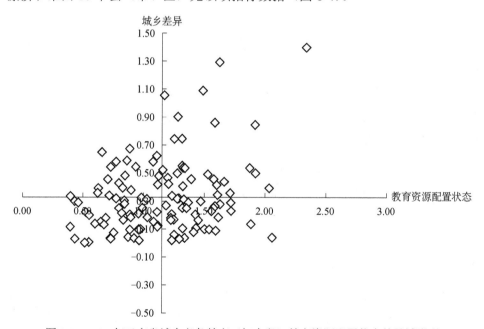

图8-4　2015年云南省城乡义务教育（初中段）教育资源配置状态的县域类型

4. 县级市、市辖区与行政县教育资源配置状态差距

2013年，云南省31个县级市、市辖区初中段教育资源配置状态约为38.13，行政县为105.43。县级市、市辖区初中段教育资源配置状态的城乡差距为6.88，

大于行政县的城乡差距（1.09）。至 2015 年，云南省 31 个县级市、市辖区初中段教育资源配置指数变化为 38.48，行政县为 105.83。县级市、市辖区初中段教育资源配置状态的城乡差距为 9.77，大于行政县的城乡差距（7.02）。

5. 自治县与非自治县教育资源配置状态差距

2013 年，云南省自治县初中段教育资源配置状态为 88.22，非自治县为 55.34；自治县初中段教育资源配置状态的城乡差距为 1.11，小于非自治县的城乡差距（4.69）。至 2015 年，云南省自治县初中段教育资源配置状态约为 87.93，非自治县为 56.38；自治县初中段教育资源配置状态的城乡差距为 3.92，小于非自治县的城乡差距（12.86）。

第三节　城乡义务教育资源供需配置特征及其差异

义务教育资源供给、需求水平和配置状态共同决定了区域义务教育资源的优劣状态，其中义务教育资源供给大于需求且配置状态良好的区域属于高水平区域，义务教育资源供给小于需求且配置状态较差的区域属于低水平区域；同时，区域义务教育资源在供需水平和配置状态中存在的差异，也形成了区域义务教育资源的供需配置特征。

一、城乡义务教育资源供需配置指数及其差异

（一）县域城乡义务教育（小学段）资源供需配置指数及其差异

1. 供需配置指数及其县域差异

2015 年，云南省县域小学段教育资源供需配置指数较高的县（市、区）为五华、盘龙、官渡、西山和景洪，其教育资源供需配置指数的指标值大于等于 2.32；小学段教育资源供需配置指数较低的县（市、区）为彝良、南华、耿马、师宗和洱源，其教育资源供需配置指数的指标值小于等于 0.70；小学段教育资源供需配置指数最高的县（市、区）和最低的县（市、区）之间相差约 10 倍（表 8-5）。2013—2015 年，在省内县域小学段教育资源供需配置指数的变化状况中，景洪、

开远、昌宁、镇沅和官渡 5 个县（市、区）的变化较大，变化值在 0.52—0.98。

根据各县（市、区）小学段教育资源供需配置指数的指标值对其进行聚类分析，可将云南省内 129 个县（市、区）划分为 4 个基本区域类型。其中，一类地区包括五华、盘龙、官渡、西山、景洪、德钦、开远、思茅、安宁、贡山、文山、石林和呈贡 13 个县（市、区），其指标值大于等于 1.50；二类地区包括个旧、玉龙、镇沅、香格里拉、大理、楚雄、红塔、昌宁、晋宁、嵩明、麒麟、昭阳、绥江、临翔、水富、梁河、麻栗坡、宜良、蒙自、永仁、沧源、元谋、腾冲、勐腊、古城、宁洱、芒市、河口、禄丰、江城、易门、弥勒、澄江、东川、丘北、兰坪、巍山、泸水、姚安、红河、西盟、勐海、武定、富民、镇雄、瑞丽、元阳、弥渡、华坪、元江、鲁甸、福贡、建水、富源、云县和峨山 56 个县（市、区），其指标值在 1.00—1.50；三类地区包括沾益、马关、金平、景谷、牟定、砚山、墨江、维西、泸西、大姚、通海、龙陵、禄劝、双江、屏边、南涧、宣威、漾濞、石屏、西畴、鹤庆、新平、盐津、马龙、永平、威信、江川、景东、陇川、隆阳、罗平、孟连、宾川、祥云、寻甸、云龙、宁蒗、凤庆、华宁、盈江、大关、双柏、永德和镇康 44 个县（市、区），其指标值在 0.80—0.99；四类地区包括富宁、永善、陆良、绿春、会泽、永胜、澜沧、巧家、施甸、剑川、广南、洱源、师宗、耿马、南华和彝良 16 个县（市、区），其指标值均小于 0.80（表 8-5）。

2. 供需配置指数及其城乡差异

2015 年，云南省县域小学段教育资源供需配置指数城乡差异较大的县（市、区）为五华、盘龙、贡山、德钦和古城，其教育资源供需配置指数城乡差异大于等于 2.60；小学段教育资源供需配置指数城乡差异较小的县（市、区）为禄劝、临翔、丘北、勐海和楚雄，其教育资源供需配置指数城乡差异值小于等于 0.03（表 8-5）。2013—2015 年，在省内县域小学段教育资源供需配置指数城乡差异的变化状况中，贡山、官渡、德钦、永仁和镇雄 5 个县区的城乡差异变化较大，变化值在 1.72—2.72，各县（市、区）时段内城乡差异的变化状态相对不稳定。

根据 2015 年各县（市、区）小学段教育资源供需配置指数城乡差异的差值对其进行聚类分析，可将云南省内 129 个县（市、区）划分为 4 个基本区域类型。其中，一类地区包括五华、盘龙、贡山、德钦、古城、官渡、镇雄、香格里拉、景洪、永仁、呈贡、易门、安宁、河口、梁河、玉龙、富宁和姚安 18 个县（市、区），其指标值大于等于 1.55；二类地区包括水富、石林、绥江、思茅、宁洱、

表 8-5 2015 年云南省义务教育（小学段）资源供需配置指数指标值及其城乡差异的县域格局

地区	指标值	μ	地区	指标值	μ	地区	指标值	μ	地区	指标值	μ	地区	指标值	μ	地区	指标值	μ
五华	6.37	3.95	宣威	0.94	0.42	镇雄	1.04	2.42	永德	0.80	0.04	泸西	0.96	0.30	南涧	0.94	0.46
盘龙	5.20	3.39	红塔	1.44	0.12	彝良	0.60	0.40	镇康	0.80	0.13	元阳	1.03	1.06	巍山	1.07	0.73
官渡	4.50	2.57	江川	0.89	0.77	威信	0.90	0.14	双江	0.95	1.14	红河	1.06	0.06	永平	0.91	0.67
西山	3.01	1.05	澄江	1.09	1.22	水富	1.32	1.48	耿马	0.66	0.07	金平	0.98	0.03	云龙	0.84	0.67
东川	1.09	0.17	通海	0.95	0.31	古城	1.16	2.60	沧源	1.20	0.91	绿春	0.79	0.34	洱源	0.70	0.31
呈贡	1.50	1.86	华宁	0.81	0.63	玉龙	1.49	1.67	楚雄	1.44	0.03	河口	1.15	1.71	剑川	0.75	0.54
晋宁	1.43	0.91	易门	1.11	1.81	永胜	0.78	0.49	双柏	0.80	0.76	文山	1.57	0.72	鹤庆	0.93	0.66
富民	1.05	0.84	峨山	1.00	1.24	华坪	1.03	1.26	牟定	0.97	1.29	砚山	0.96	0.05	瑞丽	1.03	0.12
宜良	1.27	0.36	新平	0.92	0.49	宁蒗	0.83	0.76	南华	0.63	0.29	西畴	0.93	0.65	潞西	1.16	0.25
石林	1.52	1.35	元江	1.03	0.70	思茅	1.76	1.31	姚安	1.07	1.55	麻栗坡	1.30	0.84	梁河	1.31	1.69
嵩明	1.41	0.75	隆阳	0.87	0.39	宁洱	1.16	1.29	大姚	0.95	0.74	马关	0.99	0.04	盈江	0.81	0.06
禄劝	0.95	0.01	施甸	0.76	0.36	墨江	0.96	0.14	永仁	1.27	1.96	丘北	1.09	0.02	陇川	0.88	0.40
寻甸	0.84	0.45	腾冲	1.18	0.38	景东	0.89	0.25	元谋	1.20	1.23	广南	0.72	1.03	泸水	1.07	0.47
安宁	1.64	1.79	龙陵	0.95	0.60	景谷	0.98	1.09	武定	1.05	0.88	富宁	0.79	1.66	福贡	1.02	0.78
麒麟	1.40	0.77	昌宁	1.43	1.24	镇沅	1.48	0.16	禄丰	1.12	0.90	景洪	2.32	1.97	贡山	1.59	2.92
马龙	0.91	0.61	昭阳	1.36	1.25	江城	1.12	0.65	个旧	1.49	0.14	勐海	1.05	0.02	兰坪	1.08	0.50
陆良	0.79	0.05	鲁甸	1.02	0.46	孟连	0.86	0.28	开远	1.78	1.19	勐腊	1.17	0.12	香格里拉	1.47	1.99
师宗	0.68	0.04	巧家	0.76	0.87	澜沧	0.76	0.44	蒙自	1.27	0.57	大理	1.46	0.24	德钦	2.19	2.72
罗平	0.87	0.11	盐津	0.92	0.05	西盟	1.06	0.40	弥勒	1.10	0.27	漾濞	0.94	1.18	维西	0.96	0.53
富源	1.01	0.54	大关	0.80	0.18	临翔	1.33	0.01	屏边	0.94	0.42	祥云	0.85	0.14			
会泽	0.78	0.80	永善	0.79	0.74	凤庆	0.83	0.34	建水	1.01	0.16	宾川	0.86	0.22			
沾益	0.99	0.18	绥江	1.34	1.33	云县	1.01	0.24	石屏	0.94	0.09	弥渡	1.03	0.66			

牟定、华坪、昭阳、峨山、昌宁、元谋、澄江、开远、漾濞、双江、景谷、元阳、西山和广南19个县（市、区），其指标值在1.03—1.55；三类地区包括沧源、晋宁、禄丰、武定、巧家、富民、麻栗坡、会泽、福贡、麒麟、江川、双柏、宁蒗、嵩明、大姚、永善、巍山、文山、元江、永平、云龙、鹤庆、弥渡、江城、西畴、华宁、马龙、龙陵、蒙自、富源、剑川、维西和兰坪33个县（市、区），其指标值在0.50—1.02；四类地区包括新平、永胜、泸水、南涧、鲁甸、寻甸、澜沧、屏边、宣威、彝良、陇川、西盟、隆阳、腾冲、宜良、施甸、凤庆、绿春、洱源、通海、泸西、南华、孟连、弥勒、芒市、景东、云县、大理、宾川、大关、沾益、东川、镇沅、建水、祥云、威信、墨江、个旧、镇康、瑞丽、红塔、勐腊、罗平、石屏、耿马、红河、盈江、陆良、盐津、砚山、马关、永德、师宗、金平、楚雄、勐海、丘北、临翔和禄劝59个县（市、区），其指标值均小于0.50（表8-5）。

3. 教育资源供需配置指数的县域类型差异

根据云南省2015年县域义务教育（小学段）教育资源供需配置指数的平均值及其城乡差异，本研究将129个县（市、区）划分为4种基本类型：一类地区为教育资源供需配置指数较高、城乡差异较大的地区，包括五华、盘龙、官渡、西山、呈贡、晋宁、石林、安宁、昌宁、昭阳、绥江、水富、玉龙、思茅、沧源、永仁、元谋、开远、麻栗坡、景洪、梁河、贡山、香格里拉和德钦24个县（市、区）；二类地区为教育资源供需配置指数较高、城乡差异较小的地区，包括宜良、嵩明、麒麟、红塔、镇沅、临翔、楚雄、个旧、蒙自和文山10个县（市、区）；三类地区为教育资源供需配置指数较低、城乡差异较大的地区，包括大理、富民、会泽、澄江、易门、峨山、巧家、镇雄、古城、华坪、宁洱、景谷、双江、牟定、姚安、武定、禄丰、元阳、河口、广南、富宁、漾濞和福贡23个县（市、区）；四类地区为教育资源供需配置指数较低、城乡差异较小的地区，包括东川、禄劝、寻甸、马龙、陆良、师宗、罗平、富源、沾益、宣威、江川、通海、华宁、新平、元江、隆阳、施甸、腾冲、龙陵、鲁甸、盐津、大关、永善、彝良、威信、永胜、宁蒗、墨江、景东、江城、孟连、澜沧、西盟、凤庆、云县、永德、镇康、耿马、双柏、南华、大姚、弥勒、屏边、建水、石屏、泸西、红河、金平、绿春、砚山、西畴、马关、丘北、勐海、勐腊、祥云、宾川、弥渡、南涧、巍山、永平、云龙、洱源、剑川、鹤庆、瑞丽、芒市、盈江、陇川、泸水、兰坪和维西72个县（市、区）（图8-5）。

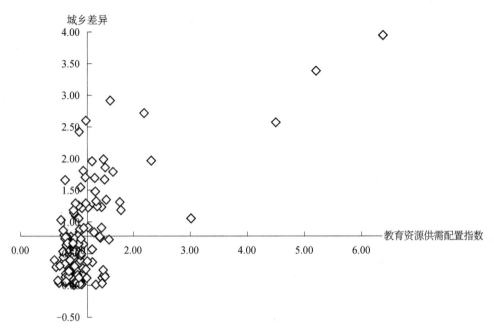

图8-5　2015年云南省城乡义务教育（小学段）教育资源供需配置指数的县域类型

4. 县级市、市辖区与行政县教育资源供需配置指数差距

2013年，云南省31个县级市、市辖区小学段教育资源供需配置指数约为1.20，行政县的这一指数为0.75；县级市、市辖区小学段教育资源供需配置指数的城乡差距为0.28，行政县的城乡差距为0.11。至2015年，云南省31个县级市、市辖区小学段教育资源供需配置指数变化为1.38，行政县的这一指数为0.89；县级市、市辖区小学段教育资源供需配置指数的城乡差距为0.52，行政县的城乡差距为0.20。可见，云南县级市、市辖区与行政县教育资源供需配置指数在升高，但县级市、市辖区与行政县之间差距仍在扩大，县级市、市辖区与行政县城乡之间的差距也在扩大。

5. 自治县与非自治县教育资源供需配置指数差距

2013年，云南省自治县小学段教育资源供需配置指数为0.81，非自治县的这一指数为0.92；自治县小学段教育资源供需配置指数的城乡差距为0.18，非自治县的城乡差距为0.20。至2015年，云南省自治县小学段教育资源供需配置指数约为0.99，非自治县的这一指数为1.02；自治县小学段教育资源供需配置指数的城乡差距为0.22，非自治县的城乡差距为0.29。可见，云南自治县与非自治县教育资源供需配置指数在升高，自治县与非自治县之间的差距在缩小，而自治县与非自治县城乡之间的差距在扩大。

（二）城乡义务教育（初中段）资源供需配置指数及其城乡差距

1. 供需配置指数及其县域差异

2015 年，云南省县域初中段教育资源供需配置指数较高的县（市、区）为维西、德钦、五华、官渡和河口，其教育资源供需配置指数的指标值大于等于 1.54；初中段教育资源供需配置指数较低的县（市、区）为耿马、屏边、勐海、勐腊和澜沧，其教育资源供需配置指数的指标值小于等于 0.56；初中段教育资源供需配置指数最高的县（市、区）和最低的县（市、区）之间相差 8 倍多（表 8-6）。2013—2015 年，在省内县域初中段教育资源供需配置指数的变化状况中，维西、官渡、德钦、鹤庆和华坪 5 个县区的变化较大，变化值在 0.38—2.55。

根据各县（市、区）初中段教育资源供需配置指数的指标值对其进行聚类分析，可将云南省内 129 个县（市、区）划分为 4 个基本区域类型。其中，一类地区包括维西、德钦、五华、官渡、河口、贡山、盐津、石林、金平、嵩明、盘龙、富源、红河、宜良、镇雄、威信、绥江、香格里拉、会泽和鲁甸 20 个县（市、区），其指标值大于等于 1.21；二类地区包括绿春、巧家、南涧、禄劝、水富、永善、彝良、麒麟、楚雄、鹤庆、泸西、云县、昭阳、祥云、文山、华坪、大理、弥渡、永仁、元阳、富宁、罗平、宣威和巍山 24 个县（市、区），其指标值在 1.00—1.21；三类地区包括通海、腾冲、漾濞、江川、寻甸、大关、景东、古城、洱源、开远、峨山、麻栗坡、红塔、广南、澄江、昌宁、宁蒗、隆阳、马龙、石屏、思茅、南华、晋宁、安宁、西畴、芒市、西山、建水、师宗和宁洱 30 个县（市、区），其指标值在 0.81—0.99；四类地区包括蒙自、东川、玉龙、牟定、凤庆、兰坪、禄丰、弥勒、镇康、易门、沾益、西盟、新平、富民、砚山、姚安、元江、丘北、永德、景洪、华宁、梁河、个旧、宾川、元谋、沧源、云龙、临翔、剑川、施甸、江城、马关、双柏、瑞丽、武定、呈贡、泸水、双江、福贡、陇川、永胜、景谷、大姚、墨江、镇沅、永平、龙陵、孟连、陆良、盈江、澜沧、勐腊、勐海、屏边和耿马 55 个县（市、区），其指标值均小于 0.81（表 8-6）。

2. 供需配置指数及其城乡差异

2015 年，云南省县域初中段教育资源供需配置指数城乡差异较大的县（市、区）为呈贡、贡山、宁蒗、绥江和永仁，其教育资源供需配置指数城乡差异的指

表 8-6　2015 年云南省义务教育（初中段）资源供需配置指数指标值及其城乡差异的县域格局

地区	指标值	μ	地区	指标值	μ	地区	指标值	μ	地区	指标值	μ	地区	指标值	μ	地区	指标值	μ
五华	1.56	0.31	宣威	1.01	0.34	镇雄	1.25	0.17	永德	0.72	0.17	泸西	1.07	0.12	南涧	1.14	0.52
盘龙	1.36		红塔	0.88	0.41	彝良	1.10	0.72	镇康	0.76	0.51	元阳	1.02	0.13	魏山	1.00	0.26
官渡	1.56	0.47	江川	0.95	0.24	威信	1.25	0.35	双江	0.62	0.71	红河	1.30	0.68	永平	0.58	0.58
西山	0.81	0.28	澄江	0.87	0.96	水富	1.12		耿马	0.43	0.25	金平	1.38	0.75	云龙	0.68	0.10
东川	0.78	0.43	通海	0.99		古城	0.90	0.49	沧源	0.68	0.35	绿春	1.19	0.73	洱源	0.89	0.41
呈贡	0.62	5.10	华宁	0.71	0.05	玉龙	0.78		楚雄	1.08	0.24	河口	1.54	0.39	剑川	0.67	0.19
晋宁	0.83	0.49	易门	0.76	0.71	永胜	0.61	0.07	双柏	0.64	0.95	文山	1.04	0.31	鹤庆	1.08	0.40
富民	0.74	0.80	峨山	0.89	0.34	华坪	1.04	1.47	牟定	0.78	0.79	砚山	0.74	0.04	瑞丽	0.64	1.08
宜良	1.27	0.23	新平	0.75	0.02	宁蒗	0.86	0.57	南华	0.83	0.35	西畴	0.81	0.27	芒市	0.81	0.14
石林	1.40	0.04	元江	0.73	0.08	思茅	0.84	0.75	姚安	0.73	0.57	麻栗坡	0.89	0.07	梁河	0.71	0.46
嵩明	1.37	0.45	隆阳	0.85	0.29	宁洱	0.81	0.48	大姚	0.59	0.35	马关	0.64	0.11	盈江	0.56	0.01
禄劝	1.13	0.32	施甸	0.67	0.08	墨江	0.59	0.15	永仁	1.03	1.38	丘北	0.73	0.26	陇川	0.61	0.02
寻甸	0.92	0.30	腾冲	0.97	0.37	景东	0.90	0.13	元谋	0.70	0.41	广南	0.88	0.24	泸水	0.62	0.19
安宁	0.82		龙陵	0.58	0.22	景谷	0.60	1.03	武定	0.63	0.04	富宁	1.02	0.20	福贡	0.62	0.44
麒麟	1.09	0.41	昌宁	0.87	0.07	镇沅	0.59	0.71	禄丰	0.77	0.29	景洪	0.72	0.06	贡山	1.53	3.63
马龙	0.85	0.60	昭阳	1.05	0.03	江城	0.67	0.35	个旧	0.71	0.13	勐海	0.49	0.22	兰坪	0.77	0.20
陆良	0.56	0.03	鲁甸	1.21	1.14	孟连	0.57	0.17	开远	0.89	0.83	勐腊	0.54	0.02	香格里拉	1.23	
师宗	0.81	0.35	巧家	1.18	0.17	澜沧	0.56	0.76	蒙自	0.79	0.08	大理	1.03	0.32	德钦	1.66	0.15
罗平	1.01	0.20	盐津	1.52	0.64	西盟	0.75	0.09	弥勒	0.76	0.06	漾濞	0.96		维西	4.08	0.18
富源	1.32	0.18	大关	0.91	0.09	临翔	0.67	0.07	屏边	0.45	0.72	祥云	1.05	0.15			0.20
会泽	1.22	0.39	永善	1.10	0.17	凤庆	0.78		建水	0.81	0.22	宾川	0.70	0.18			
沾益	0.75	0.18	绥江	1.23	1.44	云县	1.07	0.53	石屏	0.85	0.11	弥渡	1.03	0.20			

标值大于等于 1.38；初中段教育资源供需配置指数城乡差异较小的县（市、区）为盈江、新平、陇川、勐腊和昭阳，其教育资源供需配置指数城乡差异值小于等于 0.03；初中段教育资源供需配置指数城乡差异最大的县（市、区）和最小的县（市、区）之间相差 509 倍，差异极为显著（表 8-6）。2013—2015 年，在省内县域初中段教育资源供需配置指数城乡差异的变化状况中，贡山、绥江、镇沅、开远和鲁甸 5 个县市的城乡差异变化较大，变化值在 0.77—3.57，各县（市、区）时段内城乡差异的变化状态相对不稳定。

　　根据 2015 年各县（市、区）初中段教育资源供需配置指数城乡差异的差值对其进行聚类分析，可将云南省内 129 个县（市、区）划分为 4 个基本区域类型。其中，一类地区包括呈贡、贡山、宁蒗、绥江、永仁、鲁甸、瑞丽和镇沅 8 个县（市、区），其指标值大于等于 1.03；二类地区包括澄江、双柏、开远、富民、牟定、西盟、金平、宁洱、绿春、彝良、屏边、易门、江城、双江、红河、盐津、马龙、永平、思茅、姚安、云县、南涧和镇康 23 个县（市、区），其指标值在 0.51—1.03；三类地区包括玉龙、晋宁、墨江、官渡、梁河、嵩明、福贡、东川、红塔、麒麟、洱源、元谋、鹤庆、河口、会泽、腾冲、沧源、孟连、南华、大姚、威信、师宗、峨山、宣威、禄劝、大理、五华、文山和寻甸 29 个县（市、区），其指标值在 0.30—0.50；四类地区包括隆阳、禄丰、西山、西畴、丘北、巍山、耿马、楚雄、广南、江川、宜良、勐海、龙陵、建水、弥渡、兰坪、罗平、富宁、泸水、剑川、富源、宾川、沾益、镇雄、永德、澜沧、巧家、永善、景东、祥云、芒市、个旧、景谷、元阳、泸西、马关、石屏、云龙、大关、临翔、施甸、蒙自、元江、麻栗坡、永胜、凤庆、昌宁、景洪、弥勒、华宁、武定、砚山、石林、陆良、昭阳、勐腊、陇川、新平和盈江 59 个县（市、区），其指标值均小于 0.30；此外，盘龙、安宁、通海等 10 个县（市、区）无该项指标数据（表 8-6）。

　　3. 教育资源供需配置指数的县域类型差异

　　根据云南省 2015 年县域义务教育（初中段）教育资源供需配置指数的平均值及其城乡差异，本研究将云南省 129 个县（市、区）划分为 4 种基本类型：一类地区为教育资源供需配置指数较高、城乡差异较大的地区，包括官渡、嵩明、鲁甸、盐津、绥江、彝良、云县、永仁、开远、红河、金平、绿春、南涧和贡山 14 个县（市、区）；二类地区为教育资源供需配置指数较高、城乡差异较小的地区，包括五华、宜良、石林、禄劝、寻甸、麒麟、罗平、富源、会泽、宣威、江川、峨山、腾冲、昭阳、巧家、大关、永善、镇雄、威信、景东、楚雄、泸西、元阳、河口、文山、麻栗坡、富宁、大理、祥云、弥渡、巍山、洱源和鹤庆 33 个县（市、区）；三类地区为教育资源供需配置指数较低、城乡差异较大的地区，包括呈贡、晋宁、富民、马龙、澄江、易门、玉龙、宁蒗、思茅、宁洱、墨江、镇沅、江城、西盟、镇康、双江、双柏、牟定、姚安、屏边、永平、瑞丽、梁河和福贡 24 个县（市、区）；四类地区为教育资源供需配置指数较低、城乡差异较小的地区，包括西山、东川、陆良、师宗、沾益、红塔、华宁、新平、元江、隆阳、施甸、龙陵、昌宁、永胜、景谷、孟连、澜沧、临翔、凤庆、永德、耿马、沧源、南华、大姚、元谋、武定、禄丰、个旧、蒙自、弥勒、建水、石屏、砚山、西畴、马关、丘北、广南、景洪、勐海、勐腊、宾川、云龙、剑川、芒市、盈江、陇川、泸水和兰坪 48 个区县；此外，盘龙、安宁、通海、水富、古城、华坪、漾濞、香格里拉、德钦和维西 10 个县（市、区）无该项指标数据（图 8-6）。

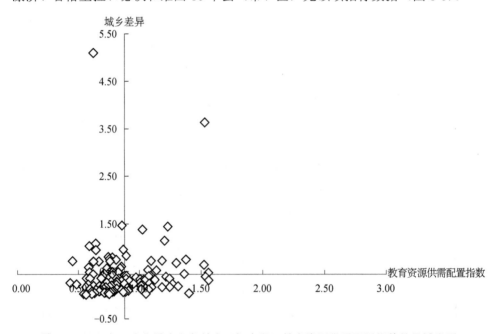

图 8-6　2015 年云南省城乡义务教育（初中段）教育资源供需配置指数的县域类型

4. 县级市、市辖区与行政县教育资源供需配置指数差距

2013 年，云南省 31 个县级市、市辖区初中段教育资源供需配置指数约为 0.83，行政县的这一指数为 0.70；县级市、市辖区初中段教育资源供需配置指数的城乡差距为 0.03, 行政县的城乡差距为 0.01。至 2015 年, 云南省 31 个县级市、市辖区初中段教育资源供需配置指数变化为 0.88, 行政县的这一指数为 0.74; 县级市、市辖区初中段教育资源供需配置指数的城乡差距为 0.03, 行政县的城乡差距为 0.03。可见, 云南省县级市、市辖区与行政县教育资源供需配置指数在升高, 县级市、市辖区与行政县之间的差距在扩大, 县级市、市辖区城乡之间的差距在缩小, 行政县城乡之间的差距在扩大。

5. 自治县与非自治县教育资源供需配置指数差距

2013 年, 云南省自治县初中段教育资源供需配置指数为 0.67, 非自治县的这一指数为 0.86; 自治县初中段教育资源供需配置指数的城乡差距为 0.06, 非自治县的城乡差距为 0.08。至 2015 年, 云南省自治县初中段教育资源供需配置指数约为 0.72, 非自治县的这一指数为 0.89; 自治县初中段教育资源供需配置指数的城乡差距为 0.10, 非自治县的城乡差距为 0.08。可见, 云南省自治县与非自治县教育资源供需配置指数在升高, 且自治县与非自治县之间的差距在缩小, 但自治县与非自治县城乡之间的差距有所扩大。

二、城乡义务教育供需配置类型及其城乡差距

(一) 城乡义务教育 (小学段) 资源供需配置指数及其城乡差距

根据义务教育小学段教育资源的基础设施指数、教育信息化指数和教育人员指数的县域差距以及三个基础指数之间的结构关系, 可将 2013 年云南省义务教育小学段的教育资源供需指数划分为 8 种基本类型。

其中, 一类地区为区域义务教育基础设施水平较高、教育信息化水平较高且教育人员水平较高的地区, 包括禄劝、寻甸、麒麟、陆良、师宗、罗平、富源、会泽、沾益、宣威、隆阳、腾冲、昭阳、镇雄、云县、楚雄、禄丰、屏边、石屏、泸西、砚山、广南、富宁、祥云等 24 个县 (市、区); 二类地区为区域义务教育基础设施水平较高、教育信息化水平较高但教育人员水平较低的地区, 包括巧家、永善、彝良、丘北 4 个县; 三类地区为区域义务教育基础设施水平较高、教育信息化水平较低但教育人员水平较高的地区, 包括五华、盘龙、官渡、西山、宜良、红塔、威信、个旧、蒙自、文山、景洪、大理、芒市等 13 个县 (市、区); 四类

地区为区域义务教育基础设施水平较低、教育信息化水平较高且教育人员水平较高的地区，包括鲁甸、盐津、元阳、红河、金平等 5 个县；五类地区为区域义务教育基础设施水平较低、教育信息化水平较高但教育人员水平较低的地区，包括马龙、华宁、施甸、昌宁、永胜、宁蒗、景东、澜沧、凤庆、耿马、牟定、建水、西畴、麻栗坡、马关、洱源 16 个县（市、区）；六类地区为区域义务教育基础设施水平较低、教育信息化水平较低但教育人员水平较高的地区，包括新平、龙陵、永德 3 个县；七类地区为区域义务教育基础设施水平较高、教育信息化水平较低且教育人员水平较低的地区，包括东川、呈贡、晋宁、富民、安宁、江川、澄江、通海、易门、峨山、元江、大关、绥江、水富、古城、华坪、宁洱、墨江、景谷、镇沅、江城、孟连、西盟、镇康、双江、沧源、双柏、南华、姚安、大姚、永仁、元谋、武定、开远、弥勒、绿春、河口、勐海、勐腊、漾濞、宾川、弥渡、南涧、巍山、永平、云龙、剑川、鹤庆、梁河、盈江、陇川、泸水、福贡、贡山、兰坪、香格里拉、德钦、维西 58 个县（市、区）；八类地区为区域义务教育基础设施水平较低、教育信息化水平较低且教育人员水平较低的地区，包括石林、嵩明、玉龙、思茅、临翔、瑞丽等 6 个县（市、区）。

　　至 2015 年，云南省义务教育小学段的教育资源供给结构的区域类型有所变化，一类地区有所变化，但数量未变，包括宜良、禄劝、寻甸、麒麟、陆良、罗平、富源、会泽、沾益、宣威、隆阳、腾冲、昭阳、镇雄、云县、楚雄、禄丰、建水、泸西、砚山、丘北、广南、富宁、祥云；二类地区增长到 11 个县（市、区），包括五华、盘龙、官渡、西山、红塔、个旧、蒙自、文山、景洪、大理、芒市；三类地区减少到 6 个县（市、区），包括龙陵、昌宁、玉龙、弥勒、麻栗坡、马关；四类地区减少到 4 个县（市、区），包括师宗、巧家、永善、彝良；五类地区减少到 7 个县（市、区），包括鲁甸、盐津、威信、石屏、元阳、红河、金平；六类地区增长到 16 个县（市、区），包括马龙、华宁、新平、施甸、永胜、宁蒗、景东、澜沧、凤庆、永德、耿马、南华、元谋、武定、西畴、洱源；七类地区减少到 6 个县（市、区），包括晋宁、石林、嵩明、思茅、临翔、开远；八类地区增长到 55 个县（市、区），包括东川、呈贡、富民、安宁、江川、澄江、通海、易门、峨山、元江、大关、绥江、水富、古城、华坪、宁洱、墨江、景谷、镇沅、江城、孟连、西盟、镇康、双江、沧源、双柏、牟定、姚安、大姚、永仁、屏边、绿春、河口、勐海、勐腊、漾濞、宾川、弥渡、南涧、巍山、永平、云龙、剑川、鹤庆、瑞丽、梁河、盈江、陇川、泸水、福贡、贡山、兰坪、香格里拉、德钦、维西。

（二）城乡义务教育（初中段）资源供需配置指数及其城乡差距

根据义务教育初中段教育资源的基础设施指数、教育信息化指数和教育人员指数的县域差距以及三个基础指数之间的结构关系，可将2013年云南省义务教育初中段的教育资源供需指数划分为8种基本类型。

其中，一类地区为区域义务教育基础设施水平较高、教育信息化水平较高和教育人员水平较高的地区，包括官渡、西山、寻甸、麒麟、陆良、罗平、富源、会泽、沾益、宣威、红塔、隆阳、腾冲、昭阳、镇雄、禄丰、蒙自、石屏、文山、砚山、丘北、广南、大理、芒市24个县（市、区）；二类地区为区域义务教育基础设施水平较高、教育信息化水平较高但教育人员水平较低的地区，包括五华、盘龙、宜良、禄劝、师宗、云县、楚雄、屏边、富宁、祥云10个县（市、区）；三类地区为区域义务教育基础设施水平较高、教育信息化水平较低但教育人员水平较高的地区，包括晋宁、永胜、凤庆、双柏、河口、马关、宾川等7个县区；四类地区为区域义务教育基础设施水平较低、教育信息化水平较高且教育人员水平较高的地区，包括澜沧、景洪2个县市；五类地区为区域义务教育基础设施水平较低、教育信息化水平较高但教育人员水平较低的地区，包括鲁甸、巧家、盐津、永善、彝良、威信、泸西7个县；六类地区为区域义务教育基础设施水平较低、教育信息化水平较低但教育人员水平较高的地区，包括富民、江川、易门、施甸、龙陵、昌宁、华坪、宁洱、墨江、江城、西盟、耿马、沧源、姚安、大姚、元谋、武定、个旧、开远、弥勒、勐海、勐腊、云龙、剑川、梁河、盈江、泸水、贡山、兰坪、德钦30个县（市、区）；七类地区为区域义务教育基础设施水平较高、教育信息化水平较低且教育人员水平较低的地区，包括石林、嵩明、安宁、新平、金平、弥渡6个县市；八类地区为区域义务教育基础设施水平较低、教育信息化水平较低且教育人员水平较低的地区，包括东川、呈贡、马龙、澄江、通海、华宁、峨山、元江、大关、绥江、水富、古城、玉龙、宁蒗、思茅、景东、景谷、镇沅、孟连、临翔、永德、镇康、双江、牟定、南华、永仁、建水、元阳、红河、绿春、西畴、麻栗坡、漾濞、南涧、巍山、永平、洱源、鹤庆、瑞丽、陇川、福贡、香格里拉、维西43个县（市、区）。

　　至 2015 年，云南省义务教育初中段的教育资源供给结构的区域类型有所变化，一类地区增长到 26 个县（市、区），包括官渡、西山、寻甸、麒麟、罗平、富源、会泽、沾益、宣威、红塔、隆阳、腾冲、昭阳、镇雄、楚雄、禄丰、蒙自、弥勒、建水、文山、砚山、丘北、广南、景洪、大理、芒市；二类地区减少到 8 个县（市、区），包括五华、盘龙、宜良、禄劝、云县、泸西、富宁、祥云；三类地区增长到 10 个县（市、区），包括晋宁、安宁、昌宁、永胜、凤庆、个旧、开远、河口、马关、宾川；四类地区有所变化，但数量未变，包括陆良、澜沧 2 个县；五类地区增长到 10 个县（市、区），包括师宗、鲁甸、巧家、盐津、大关、永善、彝良、威信、元阳、金平；六类地区减少到 28 个县（市、区），包括富民、易门、峨山、新平、施甸、龙陵、玉龙、宁洱、墨江、双江、耿马、沧源、双柏、牟定、姚安、大姚、元谋、武定、屏边、勐海、勐腊、云龙、梁河、盈江、泸水、福贡、贡山、德钦；七类地区减少到 5 个县（市、区），包括嵩明、江川、景东、麻栗坡、弥渡；八类地区减少到 40 个县（市、区），包括东川、呈贡、石林、马龙、澄江、通海、华宁、元江、绥江、水富、古城、华坪、宁蒗、思茅、景谷、镇沅、江城、孟连、西盟、临翔、永德、镇康、南华、永仁、石屏、红河、绿春、西畴、漾濞、南涧、巍山、永平、洱源、剑川、鹤庆、瑞丽、陇川、兰坪、香格里拉、维西。

第九章
云南城乡义务教育与区域发展的
协调性分析

义务教育发展水平是区域经济社会综合发展水平的重要度量指标，区域综合发展协调性体现为两个维度，即要素的协调和空间的协调。其中，要素的协调是指区域经济要素、社会要素、资源环境要素以及教育要素等诸多要素间的协调，因各要素在发展水平、发展速度上不一致，所以存在"要素协调性"的评判问题。空间的协调是指某区域内部的多个次级区域，以及该区域与其他区域之间存在的发展水平和发展速度的差异，所以存在"空间协调性"的评判问题。城乡义务教育资源的供给、需求和配置差异与县域经济社会的协调性分析，是"空间协调性"研究的具体问题，且须在空间协调的基础上综合考虑各县（市、区）发展的要素协调性。

第一节　城乡义务教育资源供需配置差异与县域
经济社会发展的协调性

根据各县（市、区）经济社会发展水平（I_1）与义务教育（小学段）供需配置指数（E）两组数值的高低组合关系，本研究将云南省 129 个县（市、区）划分为 4 种类型（图 9-1）。其中，经济社会发展水平较高、义务教育发展水平城乡差距较大的为 I 类县（市、区），包括五华、盘龙、官渡、西山、呈贡、晋宁、富民、石林、安宁、澄江、易门、峨山、水富、古城、思茅、景谷、禄丰、开远、河口、景洪、香格里拉和德钦，共22个；经济社会发展水平较高、义务教育发展水平城乡差距较小的为Ⅱ类县（市、区），包括会泽、昌宁、昭阳、巧家、绥江、镇雄、玉龙、华坪、宁洱、双江、沧源、牟定、姚安、永仁、元谋、武定、元阳、麻栗坡、广南、富宁、漾濞、梁河、福贡和贡山，共24个；经济社会发展水平较低、义务教育发展水平城乡差距较小的为Ⅲ类县（市、区），包括东川、禄劝、寻甸、马龙、师宗、富源、宣威、隆阳、施甸、腾冲、龙陵、鲁甸、盐津、大关、永善、彝良、威信、永胜、宁蒗、墨江、景东、镇沅、江城、孟连、澜沧、西盟、临翔、凤庆、云县、永德、镇康、耿马、双柏、南华、大姚、屏边、建水、石屏、泸西、红河、金平、绿春、砚山、西畴、马关、丘北、勐海、勐腊、祥云、弥渡、南涧、巍山、永平、云龙、洱源、剑川、鹤庆、芒市、盈江、陇川、泸水、兰坪和维西，共63个；经济社会发展水平较低、义务教育发展水平城乡差距较大的为Ⅳ类县（市、区），包括宜良、嵩明、麒麟、陆良、罗平、沾益、红塔、江川、通海、华宁、新平、元江、楚雄、个旧、蒙自、弥勒、文山、大理、宾川和瑞丽，共20个。

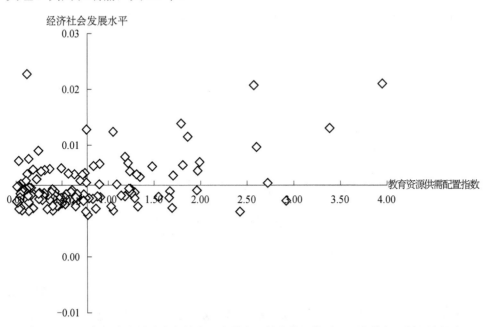

图9-1　2015年云南省城乡义务教育（小学段）教育资源供需配置指数与区域经济社会发展水平的县域类型

根据各县（市、区）经济社会发展水平与义务教育（初中段）供需配置指数两组数值的高低组合关系，本研究将云南省 129 个县（市、区）划分为 4 种类型（图 9-2）。其中，经济社会发展水平较高、义务教育发展水平城乡差距较大的为Ⅰ类县（市、区），包括官渡、呈贡、晋宁、富民、澄江、易门、思茅、开远、嵩明和瑞丽，共 10 个；经济社会发展水平较高、义务教育发展水平城乡差距较小的为Ⅱ类县（市、区），包括绥江、玉龙、宁洱、双江、牟定、姚安、永仁、梁河、福贡、贡山、马龙、鲁甸、盐津、彝良、宁蒗、墨江、镇沅、江城、西盟、云县、镇康、双柏、屏边、红河、金平、绿春、南涧和永平，共 28 个；经济社会发展水平较低、义务教育发展水平城乡差距较小的为Ⅲ类县（市、区），包括会泽、昌宁、昭阳、巧家、镇雄、沧源、元谋、武定、元阳、麻栗坡、广南、富宁、东川、禄劝、寻甸、师宗、富源、宣威、隆阳、施甸、腾冲、龙陵、大关、永善、威信、永胜、景东、孟连、澜沧、临翔、凤庆、永德、耿马、南华、大姚、建水、石屏、泸西、砚山、西畴、马关、丘北、勐海、勐腊、祥云、弥渡、巍山、云龙、洱源、剑川、鹤庆、芒市、盈江、陇川、泸水和兰坪，共 56 个；经济社会发展水平较低、义务教育发展水平城乡差距较大的为Ⅳ类县（市、区），包括五华、西山、石林、峨山、景谷、禄丰、河口、景洪、宜良、麒麟、陆良、罗平、沾益、红塔、江川、华宁、新平、元江、楚雄、个旧、蒙自、弥勒、文山、大理和宾川，共 25 个。

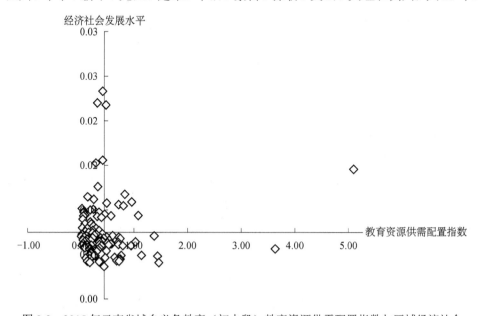

图 9-2 2015 年云南省城乡义务教育（初中段）教育资源供需配置指数与区域经济社会发展水平的县域类型

此外，云南省内盘龙、安宁、古城、华坪、漾濞、维西、通海、水富、香格里拉和德钦 10 个县（市、区）无义务教育资源（初中段）城乡差异数据，所以未被划入区域类型。

第二节　城乡义务教育规模与县域城镇化水平的协调性

本研究从人口城镇化、土地城镇化和经济城镇化视角对云南县域城镇化水平进行综合测度，选取区域城镇人口比重、人口密度、建成区面积、产业结构指数、人均 GDP 和人均收入 6 个指标，形成"云南县域城镇化水平"测度指标集合。经过赋值和运算，得出云南县域城镇化水平，据此可将云南 129 个县（市、区）划分为 4 种区域类型，并以此判别区域城镇化的不同阶段（表 9-1）。

表 9-1　县域城镇化阶段判别及取值区间

区域类型	城镇化阶段	取值区间
Ⅰ	高城镇化阶段	≥0.0100
Ⅱ	较高城镇化阶段	0.0076—0.0100
Ⅲ	较低城镇化阶段	0.0051—0.0075
Ⅳ	低城镇化阶段	<0.0051

2015 年，云南县域城镇化水平较高的县（市、区）为官渡、五华、盘龙、西山和红塔，其城镇化水平的指标值均高于 0.0188，县域城镇化水平较低的县（市、区）为绿春、宁蒗、红河、元阳和彝良，其城镇化水平的指标值均低于 0.0041（表 9-2）。根据县域城镇化阶段划分，云南处于高城镇化阶段的县（市、区）包括官渡、五华、盘龙、西山、红塔、呈贡、麒麟、安宁、大理、古城、楚雄、开远、思茅、蒙自、景洪、文山、瑞丽、嵩明、个旧、香格里拉、晋宁和宜良，共 22 个；处于较高城镇化阶段的县（市、区）包括沾益、宣威、水富、澄江、临翔、通海、易门、昭阳、隆阳、富民、石屏、罗平、石林、弥勒、河口、峨山、新平、芒市、华宁、禄丰、东川、陆良、祥云、孟连、腾冲和砚山，共 26 个；处于较

低城镇化阶段的县（市、区）包括建水、盈江、元江、江川、勐海、泸西、富源、马龙、宾川、华坪、勐腊、永平、玉龙、会泽、师宗、绥江、耿马、昌宁、屏边、景谷、陇川、泸水、云县、宁洱、江城、鹤庆、德钦、寻甸、元谋、南涧、马关、永仁、双江、云龙、兰坪、沧源、南华、弥渡、永胜、姚安、禄劝、洱源、武定、剑川、龙陵、牟定、大姚、富宁、漾濞、凤庆、镇康、维西、镇沅、麻栗坡、双柏、丘北、施甸、贡山、永善和巍山，共 60 个；处于低城镇化阶段的县（市、区）包括广南、永德、景东、镇雄、大关、福贡、盐津、墨江、鲁甸、西盟、梁河、澜沧、金平、威信、巧家、西畴、绿春、宁蒗、红河、元阳和彝良，共 21 个（表 9-2）。

根据各县（市、区）城镇化水平与城镇义务教育规模两组指标数值的高低组合关系，本研究将云南省 129 个县（市、区）划分为 4 种类型（图 9-3）。城镇教育规模大、城镇化水平高的为Ⅰ类县（市、区），包括官渡、五华、盘龙、西山、红塔、呈贡、麒麟、安宁、大理、古城、楚雄、思茅、蒙自、景洪、文山、瑞丽、个旧、香格里拉、晋宁、宜良、宣威、水富、通海、易门、富民、石屏、石林、弥勒、河口、峨山、东川和祥云，共 32 个；城镇教育规模大、城镇化水平低的为Ⅱ类县（市、区），包括孟连、建水、元江、江川、勐海、华坪、师宗、绥江、景谷、陇川、泸水、宁洱、江城、德钦、南涧、永仁、双江、南华、弥渡、禄劝、武定、漾濞、维西、镇沅、双柏、景东、大关、墨江、西盟和威信，共 30 个；城镇教育规模小、城镇化水平高的为Ⅲ类县（市、区），包括开远、嵩明、沾益、澄江、临翔、昭阳、隆阳、罗平、新平、芒市、华宁、禄丰和陆良，共 13 个；城镇教育规模小、城镇化水平低的为Ⅳ类县（市、区），包括腾冲、砚山、盈江、泸西、富源、马龙、宾川、勐腊、永平、玉龙、会泽、耿马、昌宁、屏边、云县、鹤庆、寻甸、元谋、马关、云龙、兰坪、沧源、永胜、姚安、洱源、剑川、龙陵、牟定、大姚、富宁、凤庆、镇康、麻栗坡、丘北、施甸、贡山、永善、巍山、广南、永德、镇雄、福贡、盐津、鲁甸、梁河、澜沧、金平、巧家、西畴、绿春、宁蒗、红河、元阳和彝良，共 54 个。

表9-2　2015年云南区域城镇化水平指数值与义务教育规模协调类型的县域格局

地区	指数值	类型	地区	指数值	类型	地区	指数值	类型	地区	指数值	类型	地区	指数值	类型	地区	指数值	类型
五华	0.0230	I	宣威	0.0093	I	镇雄	0.0049	IV	永德	0.0049	IV	泸西	0.0072	IV	南涧	0.0060	II
盘龙	0.0209	I	红塔	0.0188	I	彝良	0.0032	IV	镇康	0.0054	IV	元阳	0.0036	IV	巍山	0.0051	IV
官渡	0.0245	I	江川	0.0073	II	威信	0.0044	II	双江	0.0059	II	红河	0.0038	IV	永平	0.0066	IV
西山	0.0200	I	澄江	0.0092	III	水富	0.0092	I	耿马	0.0065	IV	金平	0.0045	IV	云龙	0.0058	IV
东川	0.0079	I	通海	0.0090	I	古城	0.0140	I	沧源	0.0058	IV	绿春	0.0041	IV	洱源	0.0056	IV
呈贡	0.0182	I	华宁	0.0080	III	玉龙	0.0066	IV	楚雄	0.0139	I	河口	0.0081	I	剑川	0.0055	IV
晋宁	0.0101	I	易门	0.0089	I	永胜	0.0057	IV	双柏	0.0052	II	文山	0.0114	I	鹤庆	0.0061	IV
富民	0.0083	I	峨山	0.0081	I	华坪	0.0069	II	牟定	0.0055	IV	砚山	0.0076	IV	瑞丽	0.0112	I
宜良	0.0100	I	新平	0.0081	III	宁蒗	0.0041	IV	南华	0.0057	II	西畴	0.0043	IV	芒市	0.0081	III
石林	0.0082	III	元江	0.0073	II	思茅	0.0119	I	姚安	0.0057	IV	麻栗坡	0.0052	IV	梁河	0.0047	IV
嵩明	0.0108	III	隆阳	0.0087	III	宁洱	0.0062	II	大姚	0.0054	IV	马关	0.0059	IV	盈江	0.0073	IV
禄劝	0.0056	II	施甸	0.0052	IV	墨江	0.0047	II	永仁	0.0059	II	丘北	0.0052	IV	陇川	0.0063	II
寻甸	0.0061	IV	腾冲	0.0077	IV	景东	0.0049	II	元谋	0.0061	IV	广南	0.0050	IV	泸水	0.0063	II
安宁	0.0172	I	龙陵	0.0055	IV	景谷	0.0064	II	武定	0.0056	II	富宁	0.0054	IV	福贡	0.0048	IV
麒麟	0.0174	I	昌宁	0.0064	IV	镇沅	0.0053	II	禄丰	0.0079	III	景洪	0.0115	I	贡山	0.0051	IV
马龙	0.0071	IV	昭阳	0.0087	III	江城	0.0061	II	个旧	0.0102	I	勐海	0.0072	II	兰坪	0.0058	IV
陆良	0.0078	III	鲁甸	0.0047	IV	孟连	0.0077	II	开远	0.0121	III	勐腊	0.0068	IV	香格里拉	0.0102	I
师宗	0.0065	II	巧家	0.0044	IV	澜沧	0.0046	IV	蒙自	0.0117	I	大理	0.0158	I	德钦	0.0061	II
罗平	0.0082	III	盐津	0.0047	IV	西盟	0.0047	II	弥勒	0.0082	I	漾濞	0.0054	II	维西	0.0053	II
富源	0.0071	IV	大关	0.0048	II	临翔	0.0090	III	屏边	0.0064	IV	祥云	0.0078	I			
会泽	0.0066	IV	永善	0.0051	IV	凤庆	0.0054	IV	建水	0.0075	II	宾川	0.0070	IV			
沾益	0.0093	III	绥江	0.0065	II	云县	0.0062	IV	石屏	0.0083	I	弥渡	0.0057	II			

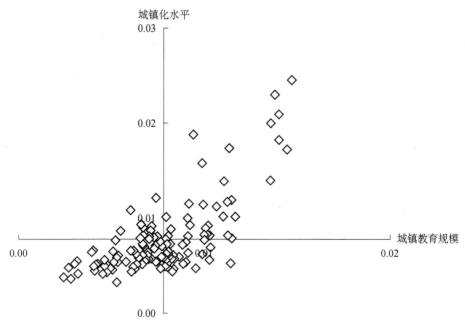

图9-3　2015年云南省城镇教育规模与区域城镇化水平的县域类型

第三节　城镇人口比重与城镇义务教育在校生规模的协调关系

　　在度量县域城镇化的诸多相关指标中，2015年云南县域城镇在校生规模与城镇人口数的拟合关系最为密切，$R^2=0.7555$（图9-4）。根据县域义务教育城镇在校生规模与县域城镇人口数的对应关系，本研究将云南省129个县（市、区）划分为如下四类地区。城镇义务教育在校生规模远高于城镇人口数的县（市、区）（Ⅰ类地区），包括彝良、镇雄、寻甸、南华、石林、西盟、元阳、富宁、绿春、红河、富源、泸西、江川、镇康、广南、石屏、东川、宁蒗、马龙、巧家和巍山，共21个；城镇义务教育在校生规模高于城镇人口数的县（市、区）（Ⅱ类地区），包括金平、师宗、大关、施甸、个旧、永仁、双柏、永胜、姚安、漾濞、罗平、会泽、禄劝、建水、澄江、陆良、嵩明、凤庆、剑川、景谷、洱源、弥勒、马关、陇川、龙陵、贡山、丘北、福贡、宣威、昭阳、德钦、牟定、鲁甸、华宁、西畴、鹤庆、墨江、勐腊、永德、文山、水富、兰坪、玉龙、耿马、屏边、元谋、通海、芒市、河口、勐海、蒙自、武定、维西、元江和绥江，共 55 个；城镇义务教育在校生规模低于城镇人口数的县（市、区）（Ⅲ类地区），包括景东、澜沧、禄丰、新平、宾川、镇沅、安宁、梁河、威信、景洪、盈江、弥渡、大姚、呈贡、永善、宁洱、云龙、宜良、峨山、官渡、麻栗坡和香格里拉，共 22 个；城镇义务教育在校生规模远低于城镇人口数的县（市、区）（Ⅳ类地区），包括麒麟、腾冲、红塔、泸水、华坪、晋宁、大理、瑞丽、孟连、楚雄、沾益、思茅、古城、盐津、永平、昌宁、砚山、西山、五华、易门、开远、江城、盘龙、隆阳、云县、富民、双江、临翔、祥云、南涧和沧源，共 31 个。

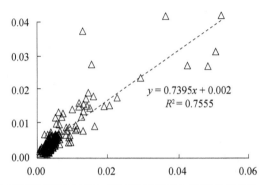

图 9-4　云南县域城镇人口数与县域城镇在校生规模的相关性（2015 年）

可以看出，除个别县（市、区）外，经济发展水平较高、区域城镇化水平较高的县（市、区），特别是市辖区内，其义务教育在校生规模往往低于城镇人口数；而经济发展水平较差、区域城镇化水平较低的县（市、区），其城镇义务教育在校生规模往往高于城镇人口数，由义务教育城镇化引起的教育需求集中现象多分布在这一类型县域，区域城镇化与义务教育城镇化之间的极化现象较为明显。

第十章
云南城乡义务教育资源协调配置的县域推进对策

推进县域城乡义务教育资源的均衡配置，需要有理性的区域配置导向，并清晰界定县域义务教育资源结构和配置结构的要素关系以及这些要素与区域结合所产生的空间关系，借此完善推进县域义务教育资源均衡配置的整体思路，并在实证研究的基础上探索城乡义务教育资源均衡配置县域推进的有效策略。

第一节 县域城乡义务教育资源协调配置的区域导向

地理环境多样性是义务教育发展水平和均衡状况产生差异的重要原因，表现为在地理环境多样性的影响下，区域义务教育在空间格局中存在不对等的教育发展条件、不均衡的教育投入、迥异的教育内容、倾斜的教育政策、丰富的教育形式、多样的教育文化等差异性因素，这些差异性因素导致云南省义务教育的县域之间、乡镇域之间、民族地区与非民族地区之间显著的差异，这些差异直接影响了云南省义务教育的均衡状态，也为云南省义务教育均衡政策的实施提出了区域导向性的科学诉求。

一、义务教育协调的区域整体性导向

义务教育均衡政策实施的区域整体性，是将云南省义务教育均衡的科学调控问题置于空间尺度内进行研究区域（云南省）、背景地域（全国）、相关地域（其他地区）和次级地域（研究区域内的州市级、县级和乡镇级地域）的整体性关系研究。

第一，研究区域义务教育均衡政策与背景地域义务教育均衡政策之间的整体性关系问题，关注研究区域义务教育均衡目标和调控政策在背景地域义务教育均衡目标和调控政策中的位置及其对背景地域义务教育均衡政策实施的影响和贡献，从而实现研究区域与背景地域在义务教育均衡政策实施中的相互协调、整体发展的目标。

第二，研究区域义务教育均衡政策与其相关地域义务教育均衡政策之间的整体性关系问题，侧重研究区域义务教育均衡目标和调控政策对其相关地域义务教育均衡目标及调控政策的"正-负"态势影响和"约束-促进"作用，从而实现研究区域与其相关地域在义务教育均衡政策实施的相互协调、整体发展的目标。

第三，研究区域义务教育均衡政策与其次级地域义务教育均衡政策之间的整体性关系问题，关注次级地域义务教育均衡目标和调控政策在研究区域义务教育均衡目标和调控政策中的位置及其对研究区域义务教育均衡政策实施的影响和贡献，从而实现研究区域与其次级地域在义务教育均衡政策实施中的相互协调、整体发展的目标。

二、义务教育协调的区域差异性导向

义务教育均衡政策实施的区域差异性，是将义务教育均衡问题置于空间尺度内进行研究区域、背景地域、相关地域和次级地域的差异性关系研究。

第一，研究区域义务教育均衡政策与背景地域义务教育均衡政策之间的差异性关系问题，关注研究区域义务教育均衡目标和调控政策与背景地域义务教育均衡目标及调控政策的差异性，以及其与背景地域义务教育均衡政策之间差异的科学调控，从而使得研究区域与背景地域的义务教育发展在符合研究区域教育功能实现的前提下进行差异性调控。

第二，研究区域义务教育均衡政策与其相关地域义务教育均衡政策之间的差异性关系问题，关注研究区域义务教育均衡目标和调控政策与其相关地域义务教育均衡目标及调控政策的差异性，以及其与相关地域义务教育均衡政策之间差异的科学调控，从而使得研究区域与相关地域的义务教育发展在符合研究区域教育功能实现的前提下进行差异性调控。

第三，研究区域义务教育均衡政策与其次级地域义务教育均衡政策之间的差异性关系问题，关注研究区域义务教育均衡目标和调控政策与其次级地域义务教育均衡目标及调控政策的差异性，以及其与次级地域义务教育均衡政策之间差异的科学调控，从而使得研究区域与次级地域的义务教育发展在符合研究区域教育功能实现的前提下进行差异性调控。

三、义务教育协调的区域要素关联性导向

云南省义务教育均衡政策实施的区域要素关联性，即对构成义务教育内部基本要素和支撑义务教育发展的外部区域条件之间的关系和影响机制进行科学调控，以实现区域义务教育均衡发展的调控目标。

第一，义务教育内部基本要素之间的关联性。校点、学生、教师、教育经费、固定资产、学校占地面积、课程设置等义务教育的基本要素之间存在具有区域特征的相关关系，这些基本要素在不同的义务教育发展状态下表现出不同的组合特点。云南省义务教育均衡政策的实施，需要对这些基本要素之间的结构形态和组合方式进行科学调控，以期达到调控区域义务教育均衡的政策目标。

第二，义务教育外部支撑条件之间的关联性。区域经济发展水平、人口规模、民族结构、就业结构等义务教育的外部条件之间存在具有区域特征的相关关系，这些外部条件及其组合特征会对区域义务教育发展产生不一致的影响。云南省义务教育均衡政策的实施，需要把握这些外部条件之间的结构形态和组合方式对义务教育发展的作用和影响，并制定符合区域发展的义务教育均衡目标。

第三，义务教育内部基本要素与外部支撑条件之间的关联性。义务教育的内部基本要素与外部支撑条件之间存在相关关系，既可表现为内部基本要素和外部支撑条件之间一一对应的关系，又可表现为一对多和多对一的对应关系，这一相关关系极为复杂、繁冗。探索和辨别这一复杂、繁冗的相关关系，有助于通过对

义务教育发展外部支撑条件的调控实现区域义务教育均衡的政策目标，也有助于通过对义务教育基本要素的调控缩小区域间发展程度的差距，实现义务教育促进区域发展的重要功能。

第二节　县域城乡义务教育资源协调配置的基本思路

区域城乡义务教育资源均衡配置对策是义务教育非协调问题研究的决策化，其关键在于将基础研究的实证结论转化为应用策略，这一过程需要在确定相关影响因子的基础上建立因子间的反馈关系，并以这种反馈关系为基础，确定城乡义务教育资源均衡配置的决策思路。

一、城乡义务教育资源协调配置的因子反馈关系

（一）相关因子的确定

根据研究预期，城乡义务教育资源协调配置的相关因子可归为两种基本类型，即要素因子和空间因子。要素因子指区域内义务教育发展的相关构成要素，以及区域内与义务教育发展紧密联系的其他环境要素。在具体研究中，可据要素类型将其划分为义务教育发展要素和义务教育影响要素，且根据这两种要素类型的结构能够遴选出主要变量（表10-1）。空间因子指研究所涉及的区域尺度和区域解析尺度，本研究的区域尺度为云南省，区域解析尺度为云南县域和县域城乡。

表 10-1　城乡义务教育资源协调配置研究的要素类型和主要变量

要素类型	主要变量
义务教育发展要素	教育规模需求：在校生规模、学龄人口规模
	教育资源供给：教育设施、教育人员、教育经费
	教育配置状态：校点布局、班额布局
义务教育影响要素	经济社会环境因素：人口数量、地区 GDP、人均收入
	空间布局影响因素：人口密度、地形起伏度指数、交通通达度、城镇化率

（二）要素因子反馈关系的建立

义务教育发展不是单一的教育发展问题，而是区域综合发展基础上的教育发展问题。对义务教育发展水平及区域间义务教育发展差距的测度，应建立在区域综合发展的基础上，来探讨义务教育发展条件与发展水平之间、发展条件差距与发展水平差距之间的相关关系。义务教育发展要素和影响要素应然存在这样的反馈关系，即义务教育发展条件较好的地区，义务教育发展水平也应该较高；义务教育发展条件区域间差距较小的地区，义务教育发展水平的区域间差距也应该较小。

基于区域教育供需关系，可将义务教育发展要素划分为教育规模需求和教育供给水平两方面内容，此外，区域教育规模需求和教育供给水平之间还存在教育资源配置差异，表现为教育配置状态变量。在反馈关系上，教育资源通过配置满足区域教育规模需求，不同的资源配置状态下等量教育规模所需的教育资源不同（P_1），不同的资源配置状态下等量教育资源可满足不同的教育规模需求（P_2）。

区域义务教育规模主要受学生变量的影响，在校生规模与教育规模之间呈正反馈关系：区域义务教育在校生规模的增加，势必引起区域教育设施、教育人员和教育经费的增加；区域义务教育在校生规模的减少，也会对义务教育既有的配置状态提出重新配置的需求。学生变量即在校生规模与学龄人口数，主要受社会环境影响要素中的人口数量与结构变量的影响。区域义务教育资源供给主要涉及教育设施、教育人员及教育经费，义务教育资源供给水平与其变量之间呈正反馈关系：区域义务教育设施、人员及经费的增加以区域经济社会发展为基础，同时也促进区域经济社会的发展，二者呈双向显性正反馈关系。区域义务教育配置状态主要涉及校点布局和班额布局的差异，既受区域义务教育规模的影响，也受区域人口、经济空间布局的影响（图 10-1）。

（三）空间因子反馈关系建立

如图 10-2 所示，异质空间（区域）R_1、R_2 和 R_3 之间的 $\overline{R}$ 为 R_1、R_2 和 R_3 的相对均质空间，d_1、d_2 和 d_3 为 R_1、R_2 和 R_3 间的相互距离。

1. 布局关系

R_1、R_2、R_3 与 $\overline{R}$ 之间的布局关系可表达如下

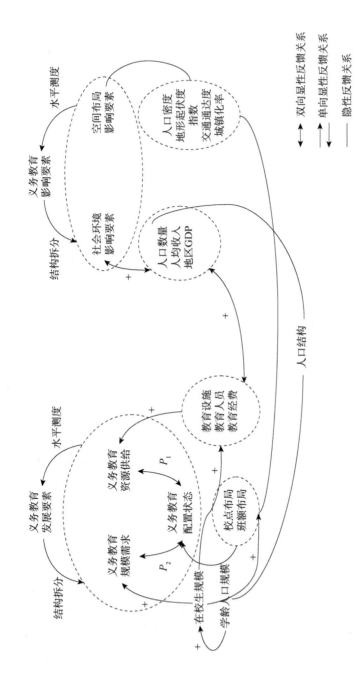

图 10-1　义务教育发展要素与影响要素间的反馈关系示意图

注：实线为标准区域，虚线为现实区域。下同。

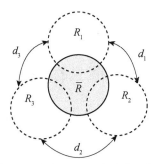

图 10-2　空间因子反馈关系示意图

$$\left\{ \begin{array}{l} \displaystyle\sum_{i=1}^{3}\left|R_i - \overline{R}\right| \xrightarrow{\ \infty\ } \\[3mm] \displaystyle\sum_{i=1}^{3}\left|R_i - \overline{R}\right| \xrightarrow{\ 0\ } \end{array} \right.$$
（10-1）

（10-2）

其中，式 10-1 所示的 R_1、R_2 和 R_3 与 $\overline{R}$ 之间的距离无限远离，空间因子之间的差距趋向最大；式 10-2 所示的 R_1、R_2 和 R_3 与 $\overline{R}$ 之间的距离无限接近，空间因子之间的差距趋向最小。这种空间因子之间的趋向关系称为空间因子的布局关系，反映的是要素在区域之间布局的差异程度。

2. 类型关系

R_1、R_2 和 R_3 之间存在如下 6 种类型关系。

1）若 $d_1 > d_2 > d_3$，则 R_1 与 R_2 之间的类型差异最大，补偿关系最显著；R_1 与 R_3 之间的类型差异最小，竞争关系最显著。

2）若 $d_1 > d_3 > d_2$，则 R_1 与 R_2 之间的类型差异最大，补偿关系最显著；R_2 与 R_3 之间的类型差异最小，竞争关系最显著。

3）若 $d_2 > d_1 > d_3$，则 R_2 与 R_3 之间的类型差异最大，补偿关系最显著；R_1 与 R_3 之间的类型差异最小，竞争关系最显著。

4）若 $d_2 > d_3 > d_1$，则 R_2 与 R_3 之间的类型差异最大，补偿关系最显著；R_1 与 R_2 之间的类型差异最小，竞争关系最显著。

5）若 $d_3 > d_1 > d_2$，则 R_1 与 R_3 之间的类型差异最大，补偿关系最显著；R_2 与 R_3 之间的类型差异最小，竞争关系最显著。

6）若 $d_3 > d_2 > d_1$，则 R_1 与 R_3 之间的类型差异最大，补偿关系最显著；R_1 与 R_2 之间的类型差异最小，竞争关系最显著。

空间因子之间的类型关系主要取决于因子内部各要素的组合结构，以及因子之间要素组合结构的差异。

二、城乡义务教育资源协调配置的决策思路

教育与经济发展之间的相互关系已被大众所认同，义务教育作为一项国家教育投入行为，在缩小区域差距、实现区域间协调发展方面承担着不可或缺的责任，同时也是区域功能实现的重要途径。受历史原因和自然环境的影响，云南县域之间经济社会发展较为不均衡，对县域、县域城乡义务教育资源进行优化配置，以义务教育促进区域经济社会发展的基本功能加快县域、县域城乡之间协调发展目标的实现，是云南县域义务教育发展的必要责任。城乡义务教育资源均衡配置的决策应考虑区域教育要素结构合理，义务教育发展条件与发展水平相适应，在此基础上实现对云南一个区域、四种尺度和多种类型的综合调控。

（一）一个区域

一个区域指对研究区域整体（云南省）的调控，包括云南省义务教育资源供给水平和供给结构的调控、义务教育资源配置水平和配置状态的调控，以及义务教育发展与区域经济社会发展协调性的调控。

（二）四种尺度

四种尺度指研究所涉及的县域尺度、县域城乡尺度、区市与县尺度、民族县与非民族县尺度，包括云南县域内的镇、乡之间义务教育资源配置不均衡状态的协调，云南县域间义务教育资源配置不均衡状态的协调，云南区市与县之间义务教育资源配置不均衡状态的的协调，云南民族县与非民族县之间义务教育资源配置不均衡状态的协调。

（三）多种类型

为达到义务教育资源投入调控效益的最大化，须将有限的义务教育资源按照县域需求的迫切程度进行梯度分配，以形成义务教育资源的投入梯次。根据义务教育发展水平与区域经济社会发展水平的关系、义务教育发展差距与区域经济社会发展水平的关系，以及义务教育城乡发展差距与区域经济社会城乡发展差距之

间的关系，存在以下多种类型区域的梯度分配或梯度调控。

1. 基于义务教育发展水平与区域经济社会发展水平关系的梯度分配

1）义务教育资源的投入梯次Ⅰ：义务教育发展水平较低同时经济社会发展水平较低的县域。

2）义务教育资源的投入梯次Ⅱ：义务教育发展水平较低但区域经济社会发展水平较高的县域。

3）义务教育资源的投入梯次Ⅲ：义务教育发展水平与区域经济社会发展水平均较高的县域。

4）义务教育资源的投入梯次Ⅳ：义务教育发展水平较高但区域经济社会发展水平较低的县域。

2. 基于义务教育发展差距与区域经济社会发展水平关系的梯度调控

1）科学调控梯次Ⅰ：经济社会发展水平较高但义务教育发展水平城乡差距较大的区域；

2）科学调控梯次Ⅱ：经济社会发展水平较低且义务教育发展水平城乡差距较大的区域；

3）科学调控梯次Ⅲ：经济社会发展水平较低但义务教育发展水平城乡差距较小的区域；

4）科学调控梯次Ⅳ：经济社会发展水平较高且义务教育发展水平城乡差距较小的区域。

第三节　县域城乡义务教育资源协调配置的推进举措

县域城乡义务教育资源均衡配置是一项系统工程，其推进举措整体上包括建立一个省级义务教育综合研究平台、协调教育城镇化与区域城镇化发展、切实提高义务教育资源使用效率、合理调控义务教育资源组合结构和梯度配置义务教育资源空间流向。

一、建立省级义务教育综合研究平台

本书建议在省级层面设立"省级义务教育发展监测委员会",建立省级义务教育综合研究平台,通过省级统筹、县域推进和校级联动,促使义务教育的监管、评价与预警形成完整体系;通过综合研究平台使省内相关政府机构、科研机构和义务教育学校之间构成协同关系,做到资源信息共享、价值选择一致,促使义务教育管理、义务教育研究和义务教育实施之间形成协同互补的良性互动机制。

二、协调教育城镇化与区域城镇化发展

区域义务教育资源均衡配置问题,是区域发展的综合问题,区域义务教育的投入水平、投入模式和教育结构的选择须以区域发展的基本状态为主要参照,并对教育规模、教育结构、教育质量和区域差距进行主动优化,以实现区域教育遵循平等原则及适应性发展的调控目标。

(一)促进人口城镇化与教育城镇化协调发展

义务教育发展与区域经济社会发展在一定程度上保持相对一致性,同时区域义务教育投入水平适度超前于区域经济社会发展水平,可发挥义务教育协调区域间发展差距的杠杆作用。云南县域义务教育城镇化发展快于人口城镇化发展,因此,需要进一步放开城镇区域落户限制,打破省内区市与县之间、县域城乡之间的壁垒,以使县域人口城镇化水平与义务教育城镇化协调发展。既要使在城镇务工人员留下来,也要解决其随迁子女的上学问题,解决这一问题,不仅需要教育部门大力支持和管控义务教育发展,也需要其他职能部门共同努力,推动教育城镇化与人口城镇化协调发展。

(二)促进县域间义务教育城镇化均衡发展

对处于高城镇化阶段的地区,要合理规划和增加义务教育配套设施,优化义务教育班额配置,提高义务教育办学水平,同时完善学校管理,做好外来生、插班生、借读生的引导和教育工作。一方面,对处于中低教育城镇化水平的地区,应继续通过人口城镇化促进教育城镇化;另一方面,对于农村学校和留守儿童,

必须兼顾教育公平和教育效率，合理配置城乡义务教育资源，改善农村学校办学条件，提高办学水平。由学校撤并带来的上学不方便的问题，可通过办寄宿制学校、提供寄宿补助、开通校车等途径确保农村儿童接受良好的义务教育。

（三）以区域人口城镇化促进义务教育城镇化

从义务教育城镇化影响因素的角度来看，人口城镇化率对教育城镇化作用最明显。2015年，云南县域城镇在校生规模与城镇人口数的拟合关系最为密切，线性相关值 R^2=0.7555。除个别县（市、区）外，经济发展水平较高、区域城镇化水平较高的县（市、区），特别是市辖区内，城镇义务教育在校生规模低于城镇人口数；而经济发展水平较差、区域城镇化水平较低的县（市、区），其城镇义务教育在校生规模高于城镇人口数，义务教育城镇化所引起的教育需求集中的现象多分布在这一类型县域，区域城镇化与义务教育城镇化之间的极化现象较为明显。所以，要促进教育城镇化良性发展，首先应推动人口的城镇化，教育城镇化落后地区要大力发展产业，吸引人口的涌入，同时加大义务教育投入，提升义务教育办学质量，防止区域城镇化过程中城乡教育差距的进一步拉大。

三、切实提高义务教育资源使用效率

（一）完善义务教育教师培训和流动政策

教师既是义务教育的核心资源，也是义务教育实施环节的重要参与者。义务教育的教师水平，包括数量规模水平和综合素质水平，这都深刻地影响区域义务教育资源配置水平和城乡差异。云南县域和县域城乡之间义务教育人员的供给水平和规模需求之间不协调：2015年，小学段教育人员供给水平最大的县（市、区）和最小的县（市、区）之间相差约4.2倍，城乡差异最大的县（市、区）和最小的县（市、区）之间相差约486倍；小学段在校生规模最大的县（市、区）和最小的县（市、区）之间相差约63倍，城乡差异最大的县（市、区）和最小的县（市、区）之间相差约311倍。2015年，初中段校内外教育人员供给水平最大的县（市、区）和最小的县（市、区）之间相差约3.8倍，城乡差异最大的县（市、区）和最小的县（市、区）之间相差约91倍；在校生规模最大的县（市、区）

和最小的县（市、区）之间相差约 67 倍，城乡差异最大的县（市、区）和最小的县（市、区）之间相差约 468 倍。义务教育教师配比在这样的县域和城乡差异状态下，应继续加大教育落后县（市、区）教师资源的引流工作，以缩小县（市、区）间、城乡间教师配备差距。

1）持续完善城乡义务教育教师同工同酬的待遇保障体系。通过义务教育财政的区域倾向性支持，以及对义务教育学校预算外收入的监管，持续加大财政工资部分在义务教育教师工资收入总额中的比例，持续下调学校补贴部分所占比例，实现城乡教师工资水平大致相当，从根本上保证义务教育城乡教师同工同酬。

2）合理引导城乡义务教育教师双向流动。城乡间义务教育教师的流动问题在区域城镇化过程中不断凸显，表现为优秀教师大规模向基础设施更好、福利待遇更高的城镇地区流动，导致义务教育教师配备的城乡差距进一步扩大。合理引导城乡间义务教育教师的流动，需要将教师职业道德对教师流动动机的约束、教师聘任考核晋级对教师流动方向的鼓励，以及公众舆情对教师流动的认可结合起来，形成合理的引导-鼓励-评价体系。

3）促进农村义务教育教师队伍专业能力的提升。针对义务教育教师资源城乡不均衡的现状，最根本的解决方法是加强对教师的培养，特别是对落后县（市、区）和弱势学校教师的培养。在具体施行中，要建立以校本培训为重点，增加校际教师培训交流，拓展县级、省级和国家级教师培训渠道，形成层次合理、特色突出的适合农村义务教育学校的教师培训制度。继续实施"国培计划""万名校长培训计划"等教师专项培训计划，并在培训人员比例上向义务教育教师配备水平低、城乡差距大的县（市、区）倾斜。

（二）提高义务教育资源薄弱地区的信息化水平

在义务教育资源薄弱地区，将信息技术手段有效应用于教学与教研、教育信息资源的开发与利用上，可在时间和空间上有效缩小教育不均衡带来的区域差距，以信息技术实现义务教育优质教育资源的区域共享。教育信息化水平的提升需要从硬件资源、软件资源和中间管理三方面入手：在硬件资源方面，加大对薄弱学校特别是偏远地区农村学校的信息化硬件投入，以使义务教育信息化终端入校、入班、入手；在软件资源方面，县级政府主管部门可以通过资源共享、结对帮扶等形式为义务教育学校获取优质的教育软件资源；此外，义务教育学校应加强对已配备入校的信息化资源的管理和使用，管起来，用起来，并将信息化教学融入课堂教学之中。

四、合理调控义务教育资源组合结构

（一）实现义务教育校点合理布局

2001 年，《国务院关于基础教育改革与发展的决定》提出了"按照小学就近入学、初中相对集中、优化教育资源配置的原则，合理规划和调整学校布局"。此后，云南县域中小学进行了一系列的校点调整和撤并。但是，义务教育学校布局问题不是简单的空间均衡分布，而是要考虑区域人口数量与结构、经济发展水平、城镇化水平、地貌环境、交通状况等一系列影响因素。就校点布局而言，单纯的学校数、每万人学校数、适龄人口学校数等一系列测度指标都不能综合反映县域之间的校点布局差异及其合理性。所以，实现城乡区域义务教育校点合理布局的关键在于科学判断和预测义务教育城乡人口结构和集聚趋势，研究适于云南特殊地理环境的县域义务教育学校校点动态布局模式。

（二）推行义务教育学校标准化建设

标准化建设的实质在于推进薄弱学校办学条件的基本达标，包括推进学校师资力量基本达标、教学设施达标和教育信息化达标等具体内容。标准化建设的意义在于优化义务教育资源构成要素之间的结构，既减少由单一要素资源配置过量造成的资源闲置，也防止因单一要素资源配置不足引起的"木桶效应"。

（三）控制义务教育学校班额

班级规模对学生的学业成绩和情感发展、教师的工作效率等都有重要的影响和作用。自"十一五"以来，云南县域许多农村初中和小学相继被撤并，城市和县镇部分初中和小学的办学规模不断扩大，出现了相当数量的大规模（或超大规模）初中和小学。这些大规模（或超大规模）初中和小学的出现，使义务教育学校管理质量效益和教学质量效益方面出现了较多问题。解决这些问题，应合理分配义务教育学校的教育教学资源，提高教育资源利用率，以逐步缩小县域差距和城乡差距。均衡城乡办学条件，教育人员、教育设施、经费投入等方面要向薄弱学校倾斜，均衡教育资源分配；缩小学校间的差距，加强优质学校与薄弱学校间的帮扶、合作和交流，以解决硬件设施和教学手段落后的问题；均衡师资队伍，对在农村学校服务满两年的城市学校教师，在评职称、评优、进修等方面予以倾斜。

五、梯度配置义务教育资源空间流向

根据各县（市、区）经济社会发展水平与义务教育发展水平城乡差距之间、义务教育城镇教育规模与区域城镇化水平之间的关系，可以对云南县域义务教育进行资源梯度配置，以将优质教育资源优先分配给最需要调控类型的区域。

（一）基于义务教育发展水平城乡差距与区域经济社会发展水平关系的梯度调控

1）科学调控梯次Ⅰ：经济社会发展水平较高但义务教育发展水平城乡差距较大的区域；义务教育小学段的该类型区域包括五华、盘龙、官渡、西山、呈贡、晋宁、富民、石林、安宁、澄江、易门、峨山、水富、古城、思茅、景谷、禄丰、开远、河口、景洪、香格里拉和德钦，共22个；义务教育初中段的该类型区域包括官渡、呈贡、晋宁、富民、澄江、易门、思茅、开远、嵩明和瑞丽，共10个。

2）科学调控梯次Ⅱ：经济社会发展水平较低且义务教育发展水平城乡差距较大的区域；义务教育小学段的该类型区域包括会泽、昌宁、昭阳、巧家、绥江、镇雄、玉龙、华坪、宁洱、双江、沧源、牟定、姚安、永仁、元谋、武定、元阳、麻栗坡、广南、富宁、漾濞、梁河、福贡和贡山，共24个；义务教育初中段的该类型区域包括绥江、玉龙、宁洱、双江、牟定、姚安、永仁、梁河、福贡、贡山、马龙、鲁甸、盐津、彝良、宁蒗、墨江、镇沅、江城、西盟、云县、镇康、双柏、屏边、红河、金平、绿春、南涧和永平，共28个。

3）科学调控梯次Ⅲ：经济社会发展水平较低但义务教育发展水平城乡差距较小的区域；义务教育小学段的该类型区域包括东川、禄劝、寻甸、马龙、师宗、富源、宣威、隆阳、施甸、腾冲、龙陵、鲁甸、盐津、大关、永善、彝良、威信、永胜、宁蒗、墨江、景东、镇沅、江城、孟连、澜沧、西盟、临翔、凤庆、云县、永德、镇康、耿马、双柏、南华、大姚、屏边、建水、石屏、泸西、红河、金平、绿春、砚山、西畴、马关、丘北、勐海、勐腊、祥云、弥渡、南涧、巍山、永平、云龙、洱源、剑川、鹤庆、芒市、盈江、陇川、泸水、兰坪和维西，共63个；义务教育初中段的该类型区域包括会泽、昌宁、昭阳、巧家、镇雄、沧源、元谋、武定、元阳、麻栗坡、广南、富宁、东川、禄劝、寻甸、师宗、富源、宣威、隆阳、施甸、腾冲、龙陵、大关、永善、威信、永胜、景东、孟连、澜沧、临翔、凤庆、永德、耿马、南华、大姚、建水、石屏、泸西、砚山、西畴、马关、丘北、勐海、勐腊、祥云、弥渡、巍山、云龙、洱源、剑川、鹤庆、芒市、盈江、陇川、泸水和兰坪，共56个。

4）科学调控梯次Ⅳ：经济社会发展水平较高且义务教育发展水平城乡差距较小的区域。义务教育小学段的该类型区域包括宜良、嵩明、麒麟、陆良、罗平、沾益、红塔、江川、通海、华宁、新平、元江、楚雄、个旧、蒙自、弥勒、文山、大理、宾川和瑞丽，共20个；义务教育初中段的该类型区域包括五华、西山、石林、峨山、景谷、禄丰、河口、景洪、宜良、麒麟、陆良、罗平、沾益、红塔、江川、华宁、新平、元江、楚雄、个旧、蒙自、弥勒、文山、大理和宾川，共25个。

（二）基于义务教育城镇教育规模与区域城镇化水平关系的梯度调控

1）科学调控梯次Ⅰ：城镇教育规模大且城镇化水平高的县（市、区），包括官渡、五华、盘龙、西山、红塔、呈贡、麒麟、安宁、大理、古城、楚雄、思茅、蒙自、景洪、文山、瑞丽、个旧、香格里拉、晋宁、宜良、宣威、水富、通海、易门、富民、石屏、石林、弥勒、河口、峨山、东川和祥云，共32个。

2）科学调控梯次Ⅱ：城镇教育规模大但城镇化水平低的县（市、区），包括孟连、建水、元江、江川、勐海、华坪、师宗、绥江、景谷、陇川、泸水、宁洱、江城、德钦、南涧、永仁、双江、南华、弥渡、禄劝、武定、漾濞、维西、镇沅、双柏、景东、大关、墨江、西盟和威信，共30个。

3）科学调控梯次Ⅲ：城镇教育规模小但城镇化水平高的县（市、区），包括开远、嵩明、沾益、澄江、临翔、昭阳、隆阳、罗平、新平、芒市、华宁、禄丰和陆良，共13个。

4）科学调控梯次Ⅳ：城镇教育规模小且城镇化水平低的县（市、区），包括腾冲、砚山、盈江、泸西、富源、马龙、宾川、勐腊、永平、玉龙、会泽、耿马、昌宁、屏边、云县、鹤庆、寻甸、元谋、马关、云龙、兰坪、沧源、永胜、姚安、洱源、剑川、龙陵、牟定、大姚、富宁、凤庆、镇康、麻栗坡、丘北、施甸、贡山、永善、巍山、广南、永德、镇雄、福贡、盐津、鲁甸、梁河、澜沧、金平、巧家、西畴、绿春、宁蒗、红河、元阳和彝良，共54个。

安晓敏. 2012. 义务教育公平指标体系研究——基于县域内义务教育校际差距的实证分析. 北京：教育科学出版社.

财政部教科文司，教育部财务司，上海财经大学公共政策研究中心课题组. 2005. 中国农村义务教育转移支付制度研究. 上海：上海财经大学出版社.

常锡光. 2008. 农村义务教育经费保障机制改革与软预算约束——基于贫困民族边疆地区的调查研究. 云南师范大学学报（哲学社会科学版），（2）：44-49.

成巧云，施涌. 2005. 宁海模式的启示——东部地区帮助西部民族地区发展基础教育的典范. 中国教育学刊，（2）：5-7.

程广文. 2008. 西南少数民族地区基础教育研究. 北京：中央文献出版社.

地理学名词审定委员会. 2006. 地理学名词（第二版）. 北京：科学出版社.

杜育红. 2011. 教育政策的监测与评价研究：以西部地区基础教育发展项目影响力评价为例. 北京：人民教育出版社.

段晓芳. 2009. 均衡发展视域下的义务教育资源配置. 基础教育，（1）：35-37.

冯春林，赵治国. 1995. 云南少数民族基础教育发展的特殊背景及模式探讨. 中国民族教育，（Z1）：11-13.

傅禄建，汤林春. 2013. 义务教育均衡发展程度测评：综合教育基尼系数方法. 上海：华东师范大学出版社.

高庆彦. 2014. 我国义务教育均衡发展预警研究. 教育导刊，（2）：39-42.

贵州省侗学研究会. 2003. 侗学研究（五）——民族地区基础教育论坛. 贵阳：贵州民族出版社.

国家教育督导团. 2006. 国家教育督导报告2005——义务教育均衡发展：公共教育资源配置状况. 教育发展研究，（9）：1-8.

国家教育督导团. 2009. 国家教育督导报告2008（摘要）：关注义务教育教师. 教育发展研究，（1）：1-5.

国家教育发展研究中心专题组. 2002. 实现基础教育均衡发展的现状分析及对策选择. 人民教育, (5): 8-11.

何艳. 2006. 试析跨境民族地区发展基础教育的制约因素: 以文山州为例. 中山大学学报论丛, (4): 154-157.

黄澄. 2008. 试论民族地区基础教育中人文素质教育的问题——基于湖北恩施土家族地区基础教育发展现状的分析. 现代中小学教育, (10): 7-10.

黄玉玲. 2005. 北京教育地图. 北京: 中国地图出版社.

教育部基础教育一司, 中国教育科学研究院, 国家教育咨询委员会义务教育均衡发展工作组. 2012a. 2010—2012 义务教育均衡发展: 高端视点. 北京: 教育科学出版社.

教育部基础教育一司, 中国教育科学研究院, 国家教育咨询委员会义务教育均衡发展工作组. 2012b. 2010—2012 义务教育均衡发展: 省域统筹. 北京: 教育科学出版社.

教育部基础教育一司, 中国教育科学研究院, 国家教育咨询委员会义务教育均衡发展工作组. 2012c. 2010—2012 义务教育均衡发展: 县域实施. 北京: 教育科学出版社.

教育部基础教育一司, 中国教育科学研究院, 国家教育咨询委员会义务教育均衡发展工作组. 2012d. 2010—2012 义务教育均衡发展: 市域推进. 北京: 教育科学出版社.

金东海, 任强, 郭秀兰. 2010. 西北民族地区农村义务教育阶段学校教师资源配置效率现状调查. 当代教育与文化, (2): 1-6.

李官, 王凌. 2013. 云南民族自治县农村义务教育均衡发展的成效及经验. 学术探索, (10): 141-145.

李慧勤, 刘虹. 2012. 县域间义务教育均衡发展的影响因素及对策思考——以云南省为例. 教育研究, (6): 86-90.

李文钢. 2013. 西部民族地区农村基础教育非均衡发展原因分析: 基于云南省昭通市小龙洞回族彝族乡的调查. 云南农业大学学报 (社会科学版), (3): 27-31.

刘芳, 李劲松. 2013. 义务教育对跨境民族学生国家认同的影响研究. 学术探索, (4): 140-144.

刘明新. 2012. 散杂居少数民族基础教育现状研究. 北京: 中央民族大学出版社.

刘生旺, 陈鑫. 2012. 我国基础教育的地区差异及影响因素分析. 江西社会科学, (4): 243-246.

柳海民, 杨兆山. 2007. 我国义务教育均衡发展问题研究. 长春: 东北师范大学出版社.

柳海民, 周霖. 2007. 义务教育均衡发展的理论与对策研究. 长春: 东北师范大学出版社.

楼世洲. 2012. 区域教育可持续发展指标体系研究. 北京: 教育科学出版社.

卢晓旭, 陆玉麒, 尚正永, 等. 2011. 学校体系规模调整和空间演化特征的测度与分析——以南京市普通高级中学为例地理科学, (12): 1454-1460.

卢晓旭, 陆玉麒, 袁宗金, 等. 2010. 基于可达性的城市普通高中生源区研究. 地理科学进展, (12): 1541-1547.

罗明东. 2000. 教育研究的地理学方法论. 云南师范大学学报, 20 (4): 43-47.

罗明东. 2001a. 教育地理学的研究对象与性质. 云南师范大学学报，2（2）：5-7.

罗明东. 2001b. 教育地理学的研究内容与学科体系. 云南师范大学学报，2（5）：21-24.

罗明东. 2003. 教育地理学. 昆明：云南大学出版社.

罗明东. 2016. 教育地理学：反思与前瞻. 学术探索，（1）：137-144.

马丽娟. 2009. 云南边境民族地区基础教育中的主要问题和对策. 民族教育研究，（6）：71-74.

孟小军. 2007. 断裂与链接：西南民族地区基础教育类型研究. 桂林：广西师范大学出版社.

潘玉君. 2005. 地理学基础（第一版）. 北京：科学出版社.

潘玉君，罗明东，华红莲，等. 2013a. 义务教育发展区域均衡系统研究（第 1 卷）. 北京：北京大学出版社.

潘玉君，罗明东，华红莲，等. 2013b. 义务教育发展区域均衡系统研究（第 2 卷）. 北京：北京大学出版社.

潘玉君，罗明东，张谦舵，等. 2014a. 义务教育均衡发展监测、评价与预警（第 1 卷）. 北京：北京大学出版社.

潘玉君，罗明东，张谦舵，等. 2014b. 义务教育均衡发展监测、评价与预警（第 2 卷）. 北京：北京大学出版社.

潘玉君，武友德. 2014. 地理科学导论（第二版）. 北京：科学出版社.

潘玉君，姚辉. 2017. 县域义务教育资源配置结构及空间差异实证——以云南 25 个边境县为例. 学术探索，（4）：151-156.

潘玉君，张谦舵，肖翔，等. 2015. 教育地理区划研究——云南省义务教育地理区划实证与方案. 北京：科学出版社.

彭世华，伍春辉，张晓春. 2012. 义务教育均衡发展目标与标准研究. 北京：教育科学出版社.

彭义敏. 2014. 云南边境民族地区义务教育均衡发展研究. 昆明：云南财经大学硕士学位论文.

普成林，蜂建金，潘玉君. 2010. 云南省贫困、民族、山区县义务教育均衡发展的初步研究：以墨江哈尼族自治县为例. 西南农业大学学报（社会科学版），（6）：218-222.

瞿瑛. 2010. 义务教育均衡发展政策问题研究：教育公平的视角. 杭州：浙江大学出版社.

上海市测绘院. 2004. 上海市文化教育地图. 上海：上海科学普及出版社.

《上海市教育地图集》编纂委员会. 2003. 上海市教育地图. 北京：中国地图出版社.

苏德. 2013. 民族基础教育质量保障的政策研究. 北京：教育科学出版社.

田芬. 2004. 基础教育均衡发展研究. 苏州：苏州大学博士学位论文.

田琳，于·布仁巴雅尔. 2008. 民族基础教育实践与研究. 北京：中央民族大学出版社.

王传三. 2008. 新世纪西部少数民族地区基础教育创新型教师的培养. 桂林：广西师范大学出版社.

王根顺，饶慧. 2012. 中国西部地区基础教育可持续发展战略研究. 北京：民族出版社.

王嘉毅，吕国光. 2006. 西北少数民族基础教育发展现状与对策研究. 北京：民族出版社.

王凌，曹能秀. 2000. 论边疆少数民族地区基础教育与职业教育相结合的现实意义. 学术探索，（2）：73-75.

王秀云，从春侠. 2001. 西部基础教育现状与发展研究. 北京：民族出版社.

伍秋婵. 2014. 民族自治县义务教育城乡师资均衡发展研究——以云南新平彝族傣族自治县为个案. 昆明：云南师范大学硕士学位论文.

谢旭辉. 2009. 云南少数民族基础教育中的几个理论问题探索. 民族教育研究，（3）：59-63.

谢雨洁. 2014. 初探"教育地理学"：教育主体、学习空间及邻里社群. 地理研究，60（5）：87-106.

杨军. 2006. 西北少数民族地区基础教育均衡发展研究. 北京：民族出版社.

姚辉，苏慧. 2017. 云南义务教育区域均衡政策实施的理论分析. 学术探索，（1）：144-148.

姚辉，伊理. 2020. 义务教育均衡的城乡统筹：基于云南的市域研究. 北京：科学出版社.

于建福. 2002. 教育均衡发展：一种有待普遍确立的教育理念. 教育研究，（2）：10-13.

袁晓文. 2003. 四川民族地区基础教育现状调查分析与对策研究. 成都：四川民族出版社.

袁振国. 2003. 建立教育发展均衡系数，切实推进教育均衡发展. 人民教育，（6）：11-13.

翟博. 2002. 教育均衡发展：现代教育发展的新境界. 教育研究，（2）：8-10.

翟博. 2006. 教育均衡发展：理论、指标及测算方法. 教育研究，（3）：16-28.

翟博. 2007. 中国基础教育均衡发展实证分析. 教育研究，（7）：22-30.

翟博. 2013. 基础教育均衡发展理论与实践：中国基础教育均衡发展研究报告. 北京：教育科学出版社.

张珏，张振助. 2011. 中国义务教育公平推进实证研究. 北京：教育科学出版社.

张谦舵. 2014. 我国义务教育教师学历结构省域变动与当前策略. 教育导刊（上半月），（9）：37-40.

张谦舵，潘玉君，高庆彦. 2014. 我国民族地区义务教育发展及其差距实证研究. 学术探索，（8）：138-143.

张谦舵，潘玉君，伊继东，等. 2014. 论教育空间与社会空间. 云南师范大学学报（哲学社会科学版），（6）：122-128.

赵芳，杨海波，王宗敏. 2011. 基于 MapServer 的教育地理信息系统构建. 测绘科学，31（1）：180-183.

赵新国，毛晓玲. 2012. 现阶段云南发展民族基础教育面临的问题及原因探析. 西南民族大学学报（人文社会科学版），（8）：221-224.

中央教育科学研究所教育督导评估研究中心. 2010. 义务教育均衡发展报告·2010. 北京：教育科学出版社.

周守军. 2013. 县域义务教育均衡发展研究. 北京：光明日报出版社.

朱益明，贺绍禹. 2000. 我国小学与初中教师学历提升问题的初步研究. 教育发展研究，（3）：31-34.

Allinson J. 2006. Over-educated，over-exuberant and over here? The impact of students on cities. Planning Practice & Research，21（1）：79-94.

Ashton D N，Green F. 1996. Education，Training and the Global Economy. Cheltenham：Edward Elgar.

Brock C. 2013. The geography of education and comparative education. Comparative Education，49（3）：275-289.

Duncan S，Smith D. 2002. Family geographies and gender cultures. Social Policy and Society，1（1）：21-34.

Elsen E E. 1951. The geography of education. Journal of Geography，50（2）：374-385.

Holloway S L. 1998. Local childcare cultures：Moral geographies of mothering and the social organisation of pre-school education. Gender，Place and Culture，5（1）：29-53.

Holloway S L，Brown G，Pimlott-Wilson H. 2011. Editorial introduction：Geographies of education and aspiration. Children's Geographies，9（1）：1-5.

Kenway J，Youdell D. 2011. The emotional geographies of education：Beginning a conversation. Emotion，Space and Society，4（3）：131-136.

Kraft P. 2013. Towards geographies of "alternative" education：A case study of UK home schooling families. Transactions of the Institute of British Geographers，38（3）：436-450.

Lauglo J. 1995. Forms of decentralisation and the implications for education. Comparative Education，31（1）：5-30.

Lee M，Louis K S，Anderson S. 2012. Local education authorities and student learning：The effects of policies and practices. School Effectiveness and School Improvement，23（2）：133-158.

McNee R B. 1966. The structure of geography and its potential contribution go generalist education for planning. The Professional Geographer，18（2）：63-68.

Phillips R. 2003. Education policy，comprehensive schooling and devolution in the disUnited Kingdom：An historical "home international" analysis. Journal of Education Policy，18（1）：1-17.

Rugg J，Ford J，Burrows R. 2004. Housing advantage? The role of student renting in the constitution of housing biographies in the United Kingdom. Journal of Youth Studies，7（1）：19-34.

Valentine G，Holloway S L，Bingham N. 2002. The digital generation：Children，ICT and the everyday nature of social exclusion. Antipode，34（2）：296-315.

Vouras P P. 1952. Location of schools：A problem in educational geography. Journal of Geography，51（3）：121-125.

Witten K，McCreanor T，Kearns R，et al. 2001. The impacts of a school closure on neighbourhood social cohesion：Narratives from Invercargill，New Zealand. Health & Place，7（4）：307-317.